기업가적 과정

창업론

문근찬 | 저

ENTREPRENEURSHIP

한티미디어

머리말

창업은 자기 스스로 일자리를 만드는 자기고용을 통해 새로운 기회를 모색하는 일이며, 큰 부와 명예를 쌓으면서 자아실현 하는 지름길로 인식되고 있다. 또한 지식·정보화 사회로의 진전에 따라 네트워크화 된 소규모 기업의 역할이 대두되면서 창업은 더욱 큰 관심의 대상이 되고 있다. 창업은 창업자 개인에게는 새로운 삶을 열어주며, 관료적인 조직에 안주하기를 원하지 않는 진취적인 사람들에게 새로운 일자리를 제공하고, 나라의 산업구조를 보다 효율적으로 재편되도록 한다. 예를 들어 인터넷을 이용한 새로운 사업의 창출, 서비스 산업의 다양한 전개, 바이오 테크놀로지, 전자상거래에 기반한 새로운 분야를 열어가는 과정에서 새로운 벤처기업들은 과거에는 경험할 수 없었던 독특한 제품, 서비스 그리고 생산성의 향상을 가져오고 있다.

이 책의 목적은 스스로 벤처기업을 창업하려는 사람들에게 기업가정신에 바탕을 둔 실무적인 창업과정을 안내하고자 하는 것이다. 회사를 성공적으로 창업하고, 나아가 중소 영세기업의 범주에서 벗어나 고도 성장조직으로 발전시키는 데 요구되는 창업경영의 실무를, 최초 기회발견에서부터 시작하여 성장으로 이행하는 순서에 따라 전개하고 있다.

물론 창업 메카닉스의 본질은 단순히 어떤 과정을 순서대로 따르는 것이라기 보다는 하나의 창조적 프로세스다. 즉 기업가정신에 투철한 창업자가 사업기회와 자원을 결합하여 새로운 가치를 창출하고 또한 경쟁우위를 확보하여 지속 가능한 사업으로 키우는 과정이 창업으로서, 여기에서 그 핵심은 기회나 자원보다는 기업가정신을 가진 창업자이다. 창업의 본질을 제대로 알고 실천하는 기업가가 있다면 나머지는 자연히 따라 올 것으로 기대되기 때문이다.

이 책에서 서술하고 있는 창업의 과정은 전반적으로 기업가정신에 그 바탕을 두고 있다. 구체적인 창업의 과정은 업태와 환경의 차이에 따라 달라질 것이다. 그러나 그 과정의 저변에는 공통적으로 지켜져야 할 요소들이 있으며, 이런 요소들이 총체적으로 기업가정신을 형성한다고 볼 수 있다. 요컨대 성공적인 창업 기업가가 되려면 기업가정신에 그 뿌리를 두고, 일련의 창업 과정에 걸쳐 실천에 투철해야 한다.

따라서 이 책은 단순히 창업 요령을 다루는 핸드북이라기보다는 창업의 흐름과 실무 속에 내재된 기본 원리를 이해하는 데 그 목적이 있다. 이런 관점에 따라 창업의 전체 과정을 개관함으로써 예비창업자는 단지 겉 포장이 아닌, 내실 있고 지속적으로 성장할 수 있는 사업을 성공적으로 일으킬 가능성을 한층 높일 수 있을 것이다.

이 책을 통해서 다른 기업에 고용되기보다는 스스로 생업을 창출하고 이를 지속 가능한 기업으로 키워 자신의 노력에 대한 대가를 얻고, 또한 남들에게도 취업의 기회를 나누어 주기를 희망하는 사람들이 창업을 공부하고, 연구하며, 실무를 익히고 연마하는 계기가 되기를 바란다.

문 근 찬

차 례

1 창업의 도전과 기회

벤처창업의 시대적 의미

읽기 - 벤처 키우기

제 1 장 창업의 도전과 기회

우리가 사는 사회를 지탱하는 원천은 오직 기업이 창출하는 부(wealth)에 있다. 그리고 기업은 창의력과 추진력을 겸비한 창업 기업가에 의해서 생겨난다. 따라서 새로운 창업이 지속적으로 이루어지는 나라는 그 미래가 밝다고 할 수 있다.

벤처창업의 시대적 의미

벤처창업은 지난 20 여년간 세계적인 조류로서 나타난 현상이다. 미국의 경우 80년대 이전까지는 포춘(Fortune) 500대 기업으로 불리우는 전통적 대기업이 산업발전을 주도하다가 이들 기업이 성숙단계로 접어들면서 글로벌 차원에서 산업의 구조조정이 일어 났다. 이와 같은 변화의 근본 동인은 산업사회에서 지식정보화 사회로의 전환이다. 과학기술의 발달에 따른 혁신활동의 급속한 증가와 이를 바탕으로 한 새로운 상품과 서비스의 출현은 결과적으로 수 많은 벤처 기업이 출현하게 하는 동인이 되었고, 다양한 연관사업과 벤처 지원 네트워크 등이 활발하게 전개되기 시작했다.

이들 기술 기반의 벤처들은 디지털, 인터넷 및 글로벌 시대라는 다양한 흐름에 부응하여 시장에는 새로운 가치를 창조하고, 또한 내적으로는 도전정신과 창의성, 정직과 투명성, 네트워킹 학습 추구 등 특유의 벤처문화를 형성하였다. 특히 벤처기업은 기존의 중소기업이나 대기업에 비해서 기업경영상의 투명성을 강조하고, 투자 면에서도 창업자가 모든 위험을 전담하는 형태가 아니라 외부 자금을 유치하는 식의 위험 분산형이라는 특징을 포함한다. 결과적으로 벤처 창업이라는 현상은 과거 경제성장을 주도해 왔던 산업경제 시대를 대체할 지식경제시대의 도래를 촉진시킬 것으로 기대 되고 있다.

한국 벤처생태계의 발전 단계

벤처생태계란 벤처기업 및 벤처를 지원하는 투자 및 회수 시장, 지원기능 등을 총체적으로 일컫는 말이다. 전반적으로 보면 한국의 벤처 생태계는 그림 1-1과 같이 4 단계의 과정을 거치며 발전해 오고 있다.

	태동기 1980~1994이전	기반구축기 1995~1999	조정기 2000~2004	재도약기 2005~
테마	• "사막에 나무심기"	• "벤처열풍 한반도 강타"	• "벤처비리와 옥석구분"	• "신산업발전의 견인차"
특 징	• 1세대 벤처기업 출현 •창업지원법에 의해 민간 창투 설립 •회수시장 부재 •벤처창업에 대한 낮은 사회적 인식 •기술격차로 수입대체형 국산화 기술 치중	•회수시장(KOSDAQ) 형성(1996) •벤처육성을 위한 제도적 환경 구축 •IMF경제위기 이후 새로운 성장엔진으로 중요성 부각 및 미국식 벤처모델 추구 •벤처기업육성법(1997) 제정 등 정부의 본격적 육성 •KOVA출범(1995)	•정부지원의 역기능에 대한 비판 •반벤처정서의 형성 •사이비벤처에 대한 법적 제재 •거품이후의 침체기(post bubble effect) •기업가정신의 재발견	•사회적 신뢰 회복 • 시장 인프라 성숙 • 투명성/신뢰성 있는 경제질서 구축 • VC의 선순환 사이클 • 세계화, 지방화, 산업별 성장, 풀뿌리 성장
대표 기업	•휴맥스, 터보테크, 핸디소프트, 큐닉스, 비트컴퓨터, 미래산업 메디슨 등	•안철수연구소, 옥션 네띠앙, 인터파크 등	•NC Soft, Daum 등	
정부역할	•탐색자(explorer)	•주도자(initiator)	•촉진자(facilitator)	•후원자(supporter)

그림 1-1 한국 벤처기업의 발전과정

한국의 벤처산업 역사는 1980년대 초, 중반에 시작되었다. 이 때부터 전통적인 제조기업과 차별되는 기술 중심의 벤처기업들이 등장했다. 그러나 본격적으로 벤처기업이 탄생하기 시작한 것은 1990년대 중반부터이다. 특히 1997년 '벤처기업 육성에 관한 특별조치법'이 발효되면서 본격적으로 벤처기업이 탄생하게 되었다. 이제 벤처기업은 산업조직의 한 형태를 이루어, 21세기의 지식산업사회를 형성하는 한 축을 담당하게 되었다.

태동기(1980–1994)

80년대 초부터 96년 코스닥이 생기기 직전까지를 한국 벤처의 태동기라고 할 수 있다. 이 시기에 큐닉스, 메디슨, 비트컴퓨터, 미래산업, 삼보컴퓨터, 카스, 한글과 컴퓨터 등의 선구적인 벤처기업들이 창업되었다. 이들 기업은 단기간에 놀라운 경영성과를 거두면서 벤처기업의 성공 가능성을 제시하였다. 태동기의 특징은 벤처금융이 취약했던 시대라는 점이다. 일부 창업지원법(1986)에 의해 벤처캐피털 회사가 만들어지기 시작했으나 회수시장이 빈약하고, 벤처창업에 대한 낮은 사회적 인식으로 실질적인 투자가 이루어지기 어려운 여건 하에 있었던 시기다.

기반 구축기(1995–1999)

기반 구축기의 특징은 코스닥(KOSDAQ)이라는 회수시장이 형성되었다는 점이다. 코스닥은 우수중소기업의 주식거래 활성화를 통한 직접금융을 확대하기 위해 미국의 나스닥(NASDAQ)을 모델로 하여 1996년 7월에 개설된 증권시장이다. 이 때부터 벤처 투자회사나 투자 조합 등 벤처육성을 위한 각 종 제도적 환경이 구축되기 시작하였고, 이런 여건에 힘 입어 단기간 내에 코스닥 시장의 폭등으로 많은 벤처 스타 기업들이 등장하면서 사회적 자원이 벤처 쪽으로 이동하는 현상을 보였다. 이 시기는 정부가 나서서 IMF 경제위기 이후 한국 산업의 새로운 성장엔진으로서 벤처 육성에 역점을 두었던 시기이다. 특히 '벤처기업 육성에 관한 특별조치법'은 벤처산업 육성에 대한 정부의 적극적인 정책을 반영하여 1999년 말에는 중소기업청에 등록된 벤처기업의 수가 4,934개에 육박하게 되었다.

조정기(2000-2004)

정부가 지나치게 관여한 규제나 지원책은 결국 부작용을 낳기 쉽다. 벤처 정책도 결국 많은 역기능들이 생겼고, 특히 코스닥 주가는 2000년 2/4분기 이후 계속해서 하락하여 투자자들은 많은 손실을 입게 되었다[1]. 더욱이 코스닥 등록 업체들이 투명한 경영과 정확한 공시로 투자자들의 신뢰를 받아야 함에도 불구하고 시장의 신뢰를 저버리는 행태가 많이 발생하였다. 결국 이에 대한 반작용으로 반 벤처정서가 형성되기에 이르렀다.

2003년 이후에는 벤처 기업들의 옥석이 가려지고 초기의 문제점들이 많이 보완되면서 시장 인프라가 성숙되고 벤처기업에 대한 사회적 신뢰를 회복하기 위한 벤처경영인들의 노력이 많이 점차 효과를 보게 되었다.

---

[1] 코스닥 지수는 2000년 3월 10일 2834의 최고치를 기록한 후 9개월이 지난 2000년 말에는 1/5 수준인 650으로 떨어졌다.

재도약기(2005 이후)

벤처산업은 4년 여에 걸친 긴 시련기를 거치면서 성장과정에서 나타난 문제점을 개선할 수 있었고, 벤처기업의 체질개선을 할 수 있었다. 그 결과 벤처기업에 대한 신뢰가 회복되고 벤처캐피탈의 선순환 사이클이 형성되는 등 벤처산업의 재도약을 위한 발판이 마련되었다.

한국 벤처생태계의 특징

한국 벤처생태계의 주요 변화

이상 4 단계의 발전단계를 거치면서 한국의 벤처는 표 1-1과 같이 나름대로 특유의 생태계를 형성하고 있다.

표 1-1 한국 벤처생태계의 새로운 변화

주요 변화	내 용
새로운 유형의 벤처기업가 집단 출현	전문인 창업(교수, 연구원) 청년 창업(20대, 30대) 여성 창업
창업자본의 조달 형태의 변화	지분출자 창업기의 자금조달 용이
지원 인프라의 구축	창업보육 기술이전 및 거래 창업교육/컨설팅
공격적 해외진출	창업초기 단계에서 해외시장 진출 해외직접투자, 기술습득, 네트워크 구축 신속한 현지화

예를 들면 교수나 연구원에 의한 전문인 창업, 청년 창업, 여성 창업 등 새로운 유형의 벤처기업가 집단이 출현하고 있

다. 그리고 엔젤, 투자조합 등 지분참여에 의한 자금조달이 좀 더 용이해졌다. 기타 창업보육 기능 등 창업기에 요구되는 지원, 컨설팅이 활발하게 전개되고 있다.

이와 같이 한국의 벤처 생태계는 그 역사가 길지 않음에도 불구하고 일부 시행 착오를 겪긴 했지만 전반적으로는 많은 가능성을 보인다고 볼 수 있다.

촉진요인과 저해 요인

그러나 이와 같은 긍정적 측면에도 불구하고 벤처에 대해서는 아직도 여러 가지 우려와 부정적 느낌을 갖게 하는 것도 사실이다. 벤처에 대한 부정적 측면의 예를 들면, 단 기간에 부를 축적할 수 있다는 환상, 새로운 부익부 빈익빈 현상, 준비부족으로 실패한 기업의 양산 등을 들 수 있다.

표 1-2 우리나라 벤처창업의 촉진요인과 저해요인

벤처창업 촉진요인	벤처창업 저해요인
성공모델의 출현 매스미디어의 집중적 조명 정부의 정책의지 및 지원 벤처캐피털의 성장 투자회수시장(코스닥)의 형성 대기업의 고용불안 파생창업(spin-off)과 아웃소싱 증가	높은 실패율 창업기업에 대한 낮은 사회적 인식 정책지원의 역기능 벤처에 대한 부정적 인식 확산 벤처캐피털의 전문성 취약 코스닥의 침체 및 신뢰 저하 내수시장 규모 한계 및 신각한 경기침체 지속

표 1-2는 우리나라 벤처창업의 촉진요인과 저해요인을 대비한 것이다. 우리나라는 정부 주도의 벤처 지원책 등 정책 의지와 코스닥 시장 등 여러 가지 요인들이 벤처 창업을 촉진하는 요인으로 작용하였다. 반면에 벤처에 대한 전반적인 인식이 낮고, 정부의 지원책을 지나치게 의존하거나 악용하는 등의 역기능으로 높은 실패율을 기록하는 부작용도 경험한 바 있다.

읽기 - 벤처 키우기[2]

창업가는 경제 여건의 불균형 상태에서 사업기회를 발견하고 틈새를 추구하여 새로운 가치를 창출하는 역할을 한다. 그 과정에는 기업가정신을 가진 창업자, 기회발견과 창업자의 혁신, 조직을 창조하고 운영하기 위한 자원 동원 등의 요인이 복합적으로 작용한다. 다음 글은 벤처 기업을 창업했고 현재는 모험자본가(venture capital: VC)로서 벤처기업에 투자하여 창업을 지원하는 일을 하고 있는 비노드 코슬라(Vinod Khosla)에 대한 인터뷰 기사다. 창업의 베테랑이 피력하는 창업에 대한 견해를 들어보자.

인터넷의 등장에 의해 창업가에게는 역사상 없었던 비즈니스 찬스가 열렸다. 그러나 신흥 벤처기업이 자금을 조달해 그 시장에 참여하는 방법에 대해, 또 그 장기적인 전망에 관

[2] 다이아몬드하버드비즈니스리뷰, 2000. 2.

해 지금 차가운 의문의 눈길이 던져지고 있다. 창업가와 그 후원자들의 눈 앞에 놓여있는 비즈니스 찬스와 도전에 관해 논하기에, 코슬라처럼 이상적인 인물은 없다.

그는 1980년대 초에 설립된 선마이크로시스템즈(이하 선)의 공동창업자 중 한 명이다. 또 1986년에 벤처캐피털 회사인 클라이너 파킨즈에 가세한 이후에는 아마존닷컴, 광섬유 네트워크 회사인 쥬니퍼 네트워크, 광통신기술회사 세렌트 등을 성공으로 이끌었다. 본 기사는 다이아몬드하버드비즈니스 지가 2000년 2월에 실리콘밸리에서 코슬라와 만나 인터뷰한 내용이다.

이하 인터뷰 기사에는 현 네트워크 경제 하에서의 벤처창업의 기회, 신흥벤처의 창설과 자금조달의 문제, 창업가로 성공하기 위한 비결, 새로운 비즈니스의 아이디어를 자본화(투자의 대상으로 함)하는 방법, 기존의 대기업은 왜 벤처창업에 부적절한가 등의 내용이 포함되어 있다. 이 글을 읽고 벤처창업의 전반에 대해서 개관해 보자.

코슬라와의 인터뷰 기사

Q : 선을 창립했던 20년 전에 비해 창업가의 KFS(Key Factors for Success : 핵심성공요인)가 바뀌었나요?

A : 달라진 면도 있고 달라지지 않은 면도 있습니다. 지금까지는 창업가로 성공하기 위해서는 "천진난만함과 대담함을 조화롭게 겸비하고 있어야 한다"고 여겨져 왔는데, 이 점은 지금도 여전히 바뀌지 않았습니다.

내 개인적인 일을 말하자면, 몇 년인가 전에 행글라이더를 배웠는데, 어느 날 연습 비디오를 보다가 "꿈을 그리고 그 꿈을 실현하기 위해 노력하는 그런 어리석은 사람에게 바친다"는 구절을 보게 되었습니다.

우리가 선을 설립했을 때만해도 우리는 꿈을 좇는 젊은이였고, 컴퓨터회사를 설립하는 것이 얼마나 힘든 일인가를 미리 알고 있었다면 처음부터 도전하지 않았을지도 모릅니다. 아직 20대였고, 어떤 어려움이 기다리고 있는지 전혀 상상하지 못하고 있었습니다. 여러 가지 어려움이 다가왔지만 오로지 전진만이 있었습니다. 장벽이 하나 막아 설 때마다 그것은 극복해야 할 대상이 되었습니다. 창업가들은 모두 이런 식이 아닐까 싶습니다.

그러나 환경이 바뀌었습니다. 지금은 모든 일이 예전보다 빨리 움직이고 있습니다. 이것은 실수를 범할 여지가 그만큼 적어졌다는 것을 의미합니다. 80년대 초에 IBM은 선이 무슨 일을 하는가 따위는 화제로 조차도 삼지 않았을 겁니다. 우리 같은 사람들은 살금살금 일하는 하찮은 신흥기업에 불과했었으니까요. 우리의 수익이 1억 달러에 도달했을 때에도 IBM의 수익인 몇 십억 달러와는 비교도 안 되는 상황이었으니까 신경도 쓰지 않았습니다. 그 당시에는 대기업의 시계(視界)에 들려면 오랜 도움닫기 기간이 필요했습니다.

그러나 요즘은 양상이 달라졌습니다. 아마존도 처음에는 반즈앤노블(Barnes & Noble)의 시계 밖에서 비행을 했을지 모르지만, 그래도 우리가 일을 시작했을 때보다는 무임승차를 할 수 있는 시간이 훨씬 짧았을 것입니다.

나는 그전부터 "창업가는 비즈니스 플랜(사업계획서)을 작성하는데 많은 시간을 소요해야 한다"는 주장을 웃기는 것이라고 생각해 왔는데, 지금은 어느 누가 봐도 그렇게 생각할 것입니다. 옛날에는 비즈니스 플랜을 일단 한번 쓰면 2, 3년은 수정할 필요가 없었습니다. 지금은 잉크도 마르기 전에 변경을 해야 합니다. "계획"하는 것이 아니라 "적응"해 나가야 합니다. 그 최선의 방법은 방향감각, 즉 어디에 커다란 비즈니스 찬스(사업기회)가 있는지를 알아내는 직관을 기르는 것일 겁니다. 물론 경영진과 창업가에게는 전략을 짜내는 능력이 있어야 할 것입니다. 하지만 이제 그 프로세스는 계획이 아니라 발견, 바꾸어 말하면 아이디어를 농축해 나가는 것이라고 생각합니다.

Q : 지난 2, 3년은 창업가를 지망하기에 절대적으로 좋은 시기였습니다. 말할 것도 없이 인터넷의 등장에 의해 신규사업을 일으키는 데 무한하다는 생각이 들 정도의 기회가 마련되어 있었기 때문입니다. 이러한 상황은 어느 정도나 계속될 것으로 보십니까.

A : 지금은 빅뱅이 일어난 후 몇 분 밖에 지나지 않은 상황입니다. 아마도 앞으로 10년 이상은 높은 경제성장이 유지될 것입니다. 통신의 광대역화와 인터넷 경제로의 전환에 의해 초래되는 부분이 클 것입니다.

신경제의 첫 번째 물결은 IT의 힘을 밑거름으로, 비용이 극적으로 절감됨으로써 일어났습니다. 광섬유를 비롯한 새로운 네트워킹 기술이 등장하면 광대역화가 더욱 촉진되고, 통신비는 기본적으로 공짜와 다름없게 될 것입니다. 이에 따라 전자상거래, 그 중에서도 특히 B2B(Business to Business : 사업자간 전자상거래) 분야에서 전자상거래로의 이행이 급속히 전개되어 나갈 것입니다.

그 미래전망을 그려보기 위해 인터넷 업계와 PC업계를 비교해 봅시다. 맨 처음 10년 동안 PC업계는 신흥기업의 약진에 의해 시장이 1000억 달러나 커졌습니다. 참고로 이 수치에는 IBM이나 휴렛팩커드 같은 기존의 대기업은 포함되어 있지 않습니다. 한편 인터넷 업계는 이 1000억 달러 라인을 불과 4년 만에 뛰어넘었습니다. 최종적으로 이 시장은 4~5조 달러는 더 확대될 것입니다. 이건 정말 어마어마한 금액입니다. 그리고 그 대부분은 정말이지 몇 년 전까지만 해도 존재조차 하지 않았던 기업이 갖게 될 것입니다.

이러한 지식경제의 흐름을 많은 사람들은 기존의 척도로 보고 있는 탓인지, 우리가 이렇게도 오랫동안 성장에 이바지하고 있는데도 아직도 단지 "뭔가 이상하다"고 생각하기 시작했을 뿐입니다. 당연합니다. 산업화 경제의 척도를 쓰고 있기 때문입니다. 이런 상태에서 실제로 무슨 일이 일어나고 있는지 어떻게 파악할 수 있겠습니까.

계량경제모델에서는 에너지 비용은 고려되어 있지만 광대역화 비용은 완전히 무시되고 있습니다. 현재 일어나고 있는 것은 낡은 경제구조를 뒤집는 근본적인 변화이므로 낡은 척도로는 측정할 수가 없습니다. 이렇게 커다란 변화는 제조업이 농업을 대체한 이래 처음 있는 일입니다. 그것이 지금 다시 되풀이 되고 있습니다.

100년 전에 미국에서는 농업종사자가 노동인구 전체의 반 이상을 차지하고 있었습니다. 그런데 지금은 3%에 불과합니다. 20년 전에는 제조업이 최대의 고용주였고 전체 노동인구의 반은 제조업에 종사하고 있었습니다. 그러나 앞으로 30년

안에 이 수치는 아마도 10% 이하로 떨어질 것입니다. 그리고 지식산업이 새로운 최대 고용주가 될 것으로 보입니다.

Q : 시장이 확대되려면 대규모 IT(information technology)투자가 필요할 것 같은데, 이 자금은 어디서 나오는 겁니까?
A : 기업의 예산에서 나옵니다. 기업은 커다란 기대수익을 얻을 수 있는 곳이라면 어디에도 투자합니다. 지금은 그것이 IT분야입니다. 투자의 경향을 보십시오. 20년 전에는 미국의 전체 투자에서 IT관련투자가 차지하는 비율은 약 10%였습니다. 그러던 것이 지금은 45%로 늘어났고, 지금도 확대되고 있습니다. IT 투자는 몇 개월이면 회수할 수 있는데 이것은 2~5년이라는 종래의 기준보다 훨씬 짧은 것입니다.
이렇게 단기간에 기대수익을 얻을 수 있는 한, 점점 더 많은 돈이 IT에 쏟아 부어질 것입니다. 그리고 잊어서는 안 되는 것은 세계의 다른 국가들, 대부분의 지역에서는 이런 투자가 개시되지 않았다는 점입니다. 자금은 아직도 충분합니다.

Q : e벤처에 엄청난 금액이 투자되고 있습니다. 어떤 조사에 의하면 99년 제 4분기에는 140억 달러 이상이 VC에 투자되었습니다. 이것은 전년 대비 4배인데, 자금이 이렇게 넘쳐나는 것에 대해 뭔가 우려하는 마음을 갖고 계시지는 않습니까?
A : 다소 있습니다. 지금 같은 상황 하에서는 좋은 면과 나쁜 면이 있습니다. 먼저 좋은 면은 생각할 수 있는 모든 비즈니스 모델이 시도되고 있다는 점입니다. 윤택한 자금에 의

해 비즈니스의 모든 분야에서 방대한 규모의 혁신이 창출되고 있습니다. 지금은 이것이 경제의 활력 가운데 하나입니다.

나쁜 면은 돈에 너무 집착한다는 것입니다. 신경제로 전환해 나갈 때는 "분산"과 "집중"이라는 사이클이 순환하게 될 것입니다. 지금은 "집중" 쪽으로 기울고 있습니다. 거시 차원에서는 주식시장에서 이런 경향을 볼 수가 있습니다. 장기적으로 보면 IT섹터에 투자하고 있는 사람들은 커다란 기대수익을 얻을 수 있을 것입니다. 왜냐하면 투자를 한 기업이 성공을 하면 주가가 크게 뛰어오를 것이기 때문입니다. 그러나 현시점에서는 IT섹터의 상장기업 가운데 약 90%가 과대평가되어 있지 않을까요. 주가는 한동안 상당히 변덕스러운 움직임을 보일 것입니다.

그런데 위험한 점은 주가가 떨어지기 시작했을 때 과잉반응이 일어나는 것입니다. 그렇게 되면 투자는 고갈되고, 새로운 비즈니스 모델의 개발과 실험이 실시되는 속도는 대단히 느려지며, 경제전체에는 악영향이 미칠지 모릅니다.

그러나 우리가 가장 우려하고 있는 것은 지금의 이 사이클이 창업가와 아직 요람기에 있는 그 비즈니스에 미치는 영향입니다. 지금은 신규사업에 관한 계획을 세우고 그것을 벤처업계에 흘려 보내면 일주일 이내에 어디에선가 자금을 제공해 줍니다. 사업설명회만 해도, 예를 들면 "그 계획의 나쁜 면은 무엇인가", "어디가 부족한가", "연계성이 약한 부분은 어디인가"와 같은, 진지하고 초점이 있는 의견을 제시 받는 적은 없을 것입니다. 결국 장점은 강조되고 단점은 무시되어 버립니다. 신흥기업은 기반이 단단하지 않기 때문에 작은 결점이 목숨을 앗아갈 수도 있습니다.

그렇기 때문에 투자가가 비판에 가득 찬 눈으로 까다롭게 분석하지 않고 자금을 제공하는 것은, 신흥기업에게 오히려 마이너스가 아닐까요. 장기적으로 보면 신규사업은 그것 때문에 이러지도 저러지도 못하게 됩니다.

신흥기업에게 가장 중요한 인재 문제를 예로 들어봅시다. 일반적으로 창업가팀은 한가지 종류의 스킬에만 뛰어난 스페셜리스트의 집합체입니다. 예를 들면 우수한 기술자 집단이거나, 아니면 우수한 마케터(marketer) 군단이지요.

창업가들이 일으킨 벤처가 잘 일어섰을 경우 VC는 완전한 팀을 짜기 위해 지원을 합니다. 하지만 전천후 팀이 아니라도 초기 단계에서는 충분히 성공을 거둘 수 있습니다. 자사 사이트의 접속회수가 견실한 성장을 보이기 시작할지도 모르고, 매출액이 5000만 달러에 달하는 것도 불가능한 일은 아닙니다. 지금 한창 유행하고 있는 IPO(initial public offering)을 하게 될 수도 있습니다.

그러나 그 때부터가 어렵습니다. 예를 들어 매니지먼트 스킬이 결여되어 있다고 하면 성장이 둔화될 것임을 말해주는 조짐이 나타날 것입니다. 그러나 이러한 스킬을 가진 인재를 나중에 채용하려고 해서는 안 됩니다. 왜냐하면 재능 있는 사람들은 IPO가 된 기업에는 입사하고 싶어하지 않기 때문입니다. 결과적으로 아무리 뛰어난 아이디어라도 그 가능성을 두 번 다시 100% 끌어낼 수가 없습니다.

인재 문제에 대해서 단도직입적으로 말하면 자금이 흐르는 속도가 너무 빨라서 많은 사람들이 그것에 휩쓸리고 있고, 유감스럽게도 이익 제일주의에 빠지고 있습니다.

인텔과 오라클, 애플컴퓨터, 선 등이 창업되었을 당시에는 돈이 첫 번째 목적은 아니었습니다. 사람들과 경제에 영향을 주는 뭔가 새로운 것을 창조하고 싶다는 정열과 비전, 바램에 의해 움직여지고 있었습니다. 보상은 이러한 비전의 뒤에 자연히 따라붙는 것이었습니다.

물론 정열에 의해 움직이고 있는 창업가는 지금도 있습니다. 그러나 그 대부분, 그리고 그 후원자의 대부분은 거래니 이익이니 하는 것에 무게를 두고 있지 않을까요. 이렇게 돈에만 집착하는 창업가의 모습을 보는 것은 별로 유쾌한 일은 아닙니다.

Q : 또 돈을 벌겠다는 유혹에 이끌려 벤처의 영역에 수많은 신규플레이어들이 모여들고 있습니다. 실제로 경영컨설턴트 회사들이 신흥기업을 위한 인큐베이터를 설립하거나, 대기업이 사내에서 VC활동을 개시하는 움직임을 많이 볼 수 있게 되었습니다. 이러한 노력은 창업가들에게 도움이 될까요, 아니면 방해하게 될까요.

A : 그런 움직임은, 진정으로 창업가를 위한 것이라고는 할 수 없는 것이 대부분입니다. 맥킨지와 베인, 보스턴컨설팅그룹은 현재 세계적으로 가장 큰 문제를 안고 있습니다. A급 인재, 특히 스스로 행동하는 의욕이 있는 인재를 신흥 벤처 인큐베이터 회사에 빼앗기고 있는 것입니다.

현재 인큐베이터를 설립한다고 하는 아이디어의 대부분은 종업원을 지키기 위한 대책, 그 이상도 그 이하도 아닙니다. 아니면 대기업이라는 안정된 환경 속에서 종업원들로 하여금 창업을 하게 하고, 그리고 운이 좋으면 얼마간의 기대수익을 얻도록 하기 위한 수단입니다. 또 스톡옵션을 제공하는 수단이기도 합니다. 어차피 경제는, 적어도 IT산업에서는 보수가 현금보수에서 주식보수로 계속 옮겨가고 있으니까요.

그러나 가장 큰 문제는 창업가를 지원하고자 하는 기업의 대부분이 이런 자격을 갖추고 있지 않다는 것입니다. VC에 출자할 돈을 모았다고 해서 그것만 가지고 벤처캐피털이라고 부를 수는 없습니다. 또 자기네 스스로 인큐베이터라고 이름을 붙여도 그것만 가지고는 아이디어를 결집시키는 스킬을 구비하고 있다는 증명이 되지 않습니다.

그렇기 때문에 창업가는 “이 사람들은 정말로 중소기업을 어떤 대기업으로 성장시킨 적이 있는가”, “기술분야에 관해 적합한 지원을 제공할 수 있는 확실한 경험을 가지고 있는가”를 먼저 따져보아야 합니다.

전략입안 부문이나 시스템 인테그레이션(SI) 부문처럼, 특정한 전문성만 갖추고 있는 것으로는 불충분합니다. 이런 종류의 능력은 실제로 경험을 해 보아야만 몸에 붙는 법입니다. 자기네 손으로 회사를 일으켜 본 적이 없으면 창업가에게 조언을 할 자격은 없다고 할 수 있습니다.

대기업의 인큐베이션 사업을 보면 이 조건을 충족시키고 있다고는 도저히 말할 수 없습니다. 반석 같은 대기업일수록 사업개발의 요령을 갖고 있는 인재에게는 매력적으로 비치지 않을 것이고, 또 그런 인재를 육성하고 있지도 않습니다. 창업가는 어떠해야 하는가에 관해 완전히, 아니면 거의 무지한 상태입니다.

그렇다고 해서 이런 벤처를 지원하는 움직임이 필요 없다는 것은 아닙니다. 하지만 벤처의 세계에 돈이 투입되면 투입될수록 VC의 대부분은 보다 큰 안건을 취급해야만 하게 될 것입니다. 이 때문에 초기단계에 있는 신흥기업에 조언을 할 새로운 플레이어가 요구되고 있습니다.

지금 내가 창업가이고 이러한 조언을 필요로 하는 입장에 있다고 하면 신규사업을 일으켜 본 경험이 없는 사람을 찾아가는 일은 없을 것입니다. 아마도 창업가로 성공을 거둔 적이 있는 "엔젤"(주식을 아직 공개하지 않은 벤처기업에 투자하는 대형 개인투자가) 투자가에게 갔을 것입니다.

Q : 오늘날의 "자금이동 속도"를 생각하면 사업개발 프로세스를 진행하는 데 있어서 뛰는 발걸음으로 추진해야 할 것 같지 않습니까. 이러한 상황 하에서 아이디어의 성패를 좌우하는 의견이나 조언에 얼만큼의 주의를 기울이면 될까요. 또 창업가들을 기업의 계속성에 집중시키려면 어떻게 해야 할까요.

A : 다행히도 우리 회사는 아주 우수한 브랜드를 가지고 있고, 그 덕분에 우리와 함께 일하고 싶다는 사람들이 많이 찾아옵니다. 특히 이번이 두 번째 창업이라 자금 이외에도 여러 가지가 필요하다는 것을 아는 창업가들이 찾아옵니다.

또 우리는 다른 기업에 비해 파트너 한 사람 당 투자액이 비교적 작기 때문에 성심 성의껏 임할 수가 있고, 지원기업 하나 하나에 할당하는 시간도 많이 확보할 수 있습니다. 물론 장기적인 관점에서 전력투구를 할 수가 있습니다.

서로가 서로를 평가할 때는 10년 전을 되돌아보고 "당신이 한 투자는 잘 되었습니까"라고 물어봅니다. 이것은 우리가 계속 사용해 온 잣대입니다. 창업가들을 평가할 때는 장기간으로 본 업적으로 판단합니다. "주식을 일단 한번 취득했으면 절대로 팔 수 없다"는 마음가짐으로 경영에 임하게 하고 싶기 때문입니다.

클라이너 파킨즈에서 창업가들과 논의를 하는 걸 보면 진검 승부 그 자체입니다. 창업가들이 범하는 가장 일반적인 실패는 목표치를 소극적으로 잡는다는 것입니다. 예를 들어 매출액 100만 달러라고 하면 언뜻 보기에는 도전적인 목표 같지만, 그렇게 생각해 버리면 다른 것을 볼 수가 없게 됩니다. 그 결과 10억 달러의 매출을 달성할 기회를 두 눈 뻔히 뜨고 놓치게 됩니다.

한가지 예를 소개해 보겠습니다. 나는 파이어드롭이라는 신흥기업에 이름을 올려놓고 있습니다. 99년 9월에 이 회사는 겨우 두 명으로 시작했고 "잡렛"이라는 e메일 통신 플랫폼을 제품으로 삼고 있습니다. 이제 종업원수는 약 60명 정도입니다.

창업자는 당초 목표를 어느 정도로 세워야 하는지 전혀 모르고 있었습니다. "하루에 1만 페이지뷰"라는 단위로 얘기하고 있었으니까요. 그래서 나는 그에게 이렇게 말했습니다. "1억 페이지뷰 정도는 되어야 의미가 있다". 그렇기 때문에 "나무를 보고 숲을 보지 못하는 일"이 없도록 항상 사물을 넓은 시야에서 생각하게 만들 필요가 있습니다.

또 하나 중요하게 생각하고 있는 것은 적재적소입니다. 기업조직의 "유전자"는 초기단계에서 결정되어 버리는 것이고, 이후의 방향성과 업적은 그것에 끌려 가게 되어 있습니다.

그래서 우리는 폭넓은 스킬(skill)을 가지고 있고 업무상 힘을 쏟아야 할 점과 관철해야 할 전략을 체득하고 있는 사람들에 의해 확실하게 출발할 수 있게 되도록 힘쓰고 있습니다. 지향점이나 관점의 차이에 의해 발생하는 종업원들간의 갈등에 잘 대처할 수 있는 기업이 그 분야의 선구자가 될 수 있는 것입니다.

우리는 새로운 IT를 세상에 선보이기 위해, 지구상의 어떤 기업보다 많은 시행착오와 실패를 경험해 왔습니다. 결국 이 사실이 유일하고도 가장 큰 강점입니다. 이것은 엄청난 자산입니다. 다만 같은 실수는 두 번 다시 되풀이하지 않을 정도로 현명했으면 좋겠습니다. 최적의 의사결정을 내릴 수 있게 되는데 있어서 지름길은 없습니다. 고생을 해서 익혀야 합니다.

Q : 인터넷에서 광섬유에 이르기까지 최첨단 기술의 개발에 종사하는 기업들에 투자하는 VC들 중에서 클라이너 파킨즈는 선구자와 같은 존재입니다. 아이디어를 발굴해 내기 위한 요점은 무엇입니까.

A : 첫 번째 과제는, 당연한 것이지만 새로운 아이디어를 세상에 내놓는 것입니다. 그렇게 하기 위해서는 계속 독특한 비전을 찾아야 합니다.

나는 내가 가진 시간의 대부분을 신흥기업을 방문하는 데 쓰고 있는데, 이 때 보고 들은 신기술에 흥미가 생길 경우, 그 즉시 그 분야의 전문가와 대화를 하거나 미팅을 하러 가거나 관련자료를 읽습니다.

비즈니스 기회에 관해서는 먼저 당사의 다른 파트너와 협의하여, 그 시장이 경제적으로 충분히 매력적이라고 생각될 경우, 즉 가능성이 높을 경우엔 정식 전략목표(initiative)가 됩니다.

94년에는 인터넷이 바로 그랬었습니다. 당시에는 인터넷에 관해 공부한다고 해 봤자 게시판이나 대화방을 들여다보는 정도였는데, 발판을 굳히기 위해 이런 것들을 조사했습니다. 그 후 인터넷은 정식 전략목표로 인정되었고 일련의 투자가 개시되었습니다.

그리고 최종적으로는 아마존, 넷스케이프, 익사이트 등이 설립되었습니다. 이 기업들은 모두 거의 같은 시기에 설립되었다고 생각합니다. 그 후 광섬유 네트워킹에 뛰어들었을 때도 같은 절차를 밟았습니다.

그리고 또 하나 정말로 다행스러운 일은, 두뇌 회전이 빠른 우수한 사람들이 당사를 찾아온다는 것입니다. 매일 누군가가 사무실을 찾아와서는 신 분야의 기술, 시장성, 경제면 등에 관해 우리에게 이것저것 가르쳐줍니다.

우리가 아이디어를 짜낼 때 이런 사람들과의 논의가 출발점이 됩니다. 그리고 좋은 아이디어가 떠오르면 다시 그 출발점으로 돌아가서 여러 가지 관점에서 비판을 받습니다.

예를 들면 우리가 광섬유에 관한 아이디어를 구체화해 나갈 때 코비스의 딥 후버, 시스코 시스템즈의 짐 포스터, 쥬니퍼 네트웍스(이하 쥬니퍼)의 프래딥 신두(Pradeep Sindhu) 같은 사람들과 얘기를 나눈 것이 많은 도움이 되었습니다.

사실 광대역화가 진행됨에 따라 네트워크를 어떻게 구축하면 좋을지, 또 그 때 사용하는 각종 컴포넌트에는 어떤 변화가 일어나고 있는지 같은 것을 생각하는 계기를 준 사람은 짐 포스터였습니다. 이 커다란 비즈니스 기회에 관한 아이디어들은 대부분 그에게서 나온 것입니다.

솔직히 말하면 이런 사람들 옆에 있으면 나 자신이 정말로 우둔하게 생각됩니다. 나는 그들을 나의 스승으로 떠받들고 있습니다.

Q : 창업에 도움을 준 모든 기업들을 되돌아보고 가장 잘 된 예를 하나 소개한다고 하면, 어느 기업이 될까요.

A : 한 회사만 들라고 하니 참 어렵군요. 일이 가장 원활하게 진행되고 잘 일어난 회사라고 하면 아마도 쥬니퍼(Juniper Networks)일 것입니다. 이 회사는 첫 번째 날부터 그 개발에 참여한 예이기도 합니다.

쥬니퍼의 창업자인 프래딥 신두는 엔터프라이즈 라우터(router)의 혁신적 기술(break through technology)을 생각해 냈습니다. 하지만 그는 라우터 사업을 해 본 경험이 없었습니다.

그래서 자기 아이디어가 어느 정도의 사업가능성을 가지고 있는지 잘 몰랐습니다. 엔터프라이즈 라우터를 인터넷 라우터로도 쓸 수 있다는 사실 같은 것은, 물론 알 턱도 없었습니다.

그래서 우리가 가장 먼저 한 일은 그를 지원하기 위해 인터넷 라우터 시장을 분명히 밝히는 일이었습니다. 그 다음에 주입식으로라도 신규사업에 필요한 지식을 가르치기 위해 당시 @홈에 있던 미로 메딘의 사무실에 세 시간 동안 그를 보냈습니다.

미로에 관해 돌아보고 그는 인터넷 프로토콜(IP) 네트워크를 운영하는 것이 어떤 의미를 갖는가, 예상되는 우려와 문제점 등을 속속 흡수해 왔습니다. 이것이야말로 학습곡선을 단기간에 상승시키는 최선책이었던 것입니다.

프래딥이 돌아오자 그와 나는 둘이서 매주 정례회의를 개최하기로 했습니다. 우리가 가장 먼저 힘을 쏟은 것은 적절한 인재—적절한 유전자—를 얻는 것이었습니다.

그 첫째는 기술부문이었습니다. 프래딥은 선에서 "울트라스파크" 프로세서 설계자와 함께 일해 본 적이 있었기 때문에 아키텍춰를 구축하는 기술적 수완에는 뛰어났고, 이 능력은 라우터에도 응용할 수가 있었습니다.

그러나 IP 네트워크의 구축과 운용에 경험이 있는 사람이 필요했습니다. 그리고 라우터용 운용체제(OS)와 라우터용 프로토콜을 개발을 해 본 적이 있는 사람도 필요했습니다. 그래서 "전문가를 필요로 하는 10대 영역"이라는 제목의 지도를 그렸습니다.

그 다음에 각 분야의 베스트 프랙티스(best practice) 기업리스트를 작성하고 그 리스트에 따라 목표물이 될만한 인물을 다섯 명씩 골랐습니다. 이 사람들을 불러오는 동시에, 쥬니퍼를 업계의 리더로 착실히 키워내기 위해 복수의 지휘명령체계로 구성된 팀을 조직했습니다.

기술부문의 층을 두텁게 하는 동시에, 경영부문의 확충에도 힘을 썼습니다. CEO로는 스트래터컴의 창업자였던 스콧크리엔스를 채용했습니다. 참고로, 기술부문을 다져야만 했던 것은 그렇게 하지 않고는 경영의 재능을 가진 A급 인재를 붙잡아 둘 수 없기 때문입니다.

이 준비가 끝나고 드디어 업무가 시작되면서 나는 기본적으로 경영에서 손을 떼었습니다. 이제 내가 나설 자리는 거의 없었기 때문입니다.

내 입장에서 말하자면, 이것은 나의 시간적 투자가 가장 적었음에도 불구하고 가장 대박이 터진 예입니다. 인큐베이션으로서 그야말로 완벽했습니다. 실제로 초기투자 금액은 20만 달러였는데, 이제 이 회사의 기업가치는 수십억 달러가 넘습니다.

쥬니퍼는 처음부터 순풍에 돛 단 듯 진행된 사례의 전형입니다. 그러나 우리 VC의 진가는 일이 잘 안 될 때 어떻게 대처하느냐를 통해 알 수가 있습니다.

그래서 칩 제조업체인 넥스젠처럼 수많은 고난을 당하면서도 기죽지 않고 성장한 기업과 함께 한 일에 관해서도 나는 같은 정도의 자부심을 느끼고 있습니다.

넥스젠의 기술력은 아주 뛰어났었지만 경쟁상대가 인텔이라는 독과점 기업이다 보니 90년대 초에 벌써 자금이 바닥을 드러냈습니다.

우리는 대형투자가는 아니었습니다. 그러나 넥스젠의 경영이 악화되었을 때 구원의 손길을 내밀 수 있는 곳은 우리뿐이었습니다.

경영체제를 재편하고 엔지니어링 담당 부사장까지 포함해서 보다 폭 넓은 엔지니어링 팀을 도입했습니다. 나아가서 전략을 재정의하고, 추가로 자금을 투입할 채비를 했습니다. 그리고 가장 중요한 역할은 매일매일 일어나는 문제에 대처할 때 매니지먼트 팀의 상담 상대가 되어 준 것일 겁니다.

이 회사에는 상당한 노동력을 쏟아 부었는데, 돌아오기도 아주 큰 것이 돌아왔습니다. 96년에 AMD가 넥스젠을 10억 달러 가까이에 매수한 것입니다.

그러나 돈 보다 중요한 것은 넥스젠의 마이크로 칩과 그 후발상품인 "아스론"이 처음으로 인텔과 정면 승부하는 상품이 되었다는 것입니다. 그리고 인텔의 아성을 일부 깸으로써 산업계에 커다란 공헌을 했습니다.

개인적으로는 넥스젠 같이 악전고투하는 기업에 손을 내민다는 것은 확실히 힘든 일이지만, 그렇게 한 결과 보상을 받을 때는 열매가 아주 큰 법입니다.

Q : 신흥기업에서 성숙기업으로 얘기를 옮겨봅시다. 성숙기업의 대부분이 인터넷 경제에 적응하기 위해 저렇게 고생하고 있는 이유는 무엇일까요.

A : 이유는 여러 가지가 있습니다. 가장 중요한 것은 경영수뇌들이 아직도 IT를 도구의 하나로 생각하고 있다는 것입니다.

내가 비즈니스스쿨에 다니던 무렵에는 틀림없이 "먼저 전략을 세우고 그 다음에 도구를 선택하라"고 배웠습니다. 그 당시 IT는 수없이 많이 존재하는 도구들 가운데 하나에 불과했었습니다.

그러나 지금은 IT가 사업전략을 견인하고 있습니다. "어떤 비즈니스 모델이 유효할까" "어떤 전략이 적당할까" 같은 물음에 대한 답은 이제 IT의 방향성과 뗄래야 뗄 수 없는 관계에 있습니다.

게다가 사내업무도 조달과 고객지원, 제품 포트폴리오, 채널 매니지먼트 등 모든 것이 IT 아키텍처에 따라 달라지게 되었습니다. 이름은 "인터넷 전략"이라고 지어놓고 웹사이트에 관한 것만 이것 저것 생각한다면 정말 너무나 어리석은 일입니다.

인터넷의 등장에 의해 비즈니스 시스템의 구석구석에 관해 오버 홀(분해 후 복구하기)을 실시할 필요가 생겨나고 있습니다. 이것은 새로운 비즈니스 모델을 개발하는 것이고, 또 경쟁우위의 새로운 원천을 획득하는 것을 의미합니다. 그야말로 새로운 전략, 새로운 사업자산이 요구되고 있습니다.

이 사실을 단적으로 나타내고 있는 것이, 기업 내에서 CIO(chief information officer)가 갑자기 두 번째로 중요한 자리가 되었다는 것입니다. 전략상의 넘버 투라고 하면 오랫동안 마케팅부문의 수뇌로 정해져 있었는데, 이제는 엔지니어부문의 최고경영자가 맡게 된 것입니다.

말할 것도 없이 구형 CIO가 아니라 비전 형 리더로서의 CIO의 존재가 핵심성공요인(KFS)입니다. 대기업들 중에서도 이것을 알고 있는 곳이 몇 군데 있습니다. 예를 들면 시스코, 찰스쉬왑, 웨일즈파고, 페데럴 익스프레스, 월마트 같은 곳입니다. 유감스럽게도 대부분의 대기업은 아직 눈치를 채지 못하고 있습니다.

사업환경의 속도가 점차 빨라짐에 따라 기존의 전략과 상식이 통하지 않게 되는 경우가 많이 생겨날 것입니다.

예를 들어 "규모"(scale)라는 개념을 생각해 보십시오. 과거에는 규모가 크면 클수록 비용이 절감되고 보다 좋은 결과가 창출되었습니다. 이른바 "규모의 경제"(economy of scale)가 전부였습니다.

물론 규모가 크면 변화에 대한 적응력이 떨어지기도 하지만, 변화의 속도가 비교적 느렸었기 때문에 그건 그리 큰 문제가 되지 않았습니다. 예를 들어 맥킨지에 새로운 전략을 세워 달라고 부탁을 해도 5년 단위로 하면 충분했었습니다.

크고 완만한 것이 작고 기민한 것보다 유리했던 것입니다.

이 상식은 이제 거의 뒤집어졌습니다. 변화는 너무나 빠르고 대규모의 이점은 그 불이익을 뛰어넘지 못하게 되었습니다. 바로 "규모의 비 경제"가 일어나고 있는 것입니다.

비즈니스 프로세스도 마찬가지입니다. 과거의 우량기업은 말끔하게 문서화된 최첨단 비즈니스 프로세스가 정비되어 있었고, 모든 종업원은 그것에 따르기만 하면 되었습니다. 이 경우 종업원들의 행동은 사전에 신중하게 계획된 것이었습니다.

그러나 지금은 의사결정에 소요되는 시간이 크게 단축되고 있습니다. 당연히 비즈니스 프로세스의 계획이 너무 치밀하거나 시간이 너무 많이 소요되면 커다란 불이익을 입게 될 수 있습니다.

80년대 말기의 예를 하나 소개하겠습니다. IBM에는 획기적인 제품계획 프로세스가 있었고, 최초로 개발한 몇 종류의 노트북 PC에도 이 프로세스가 적용되었습니다. 요소 하나 하나를 순서를 정해 조사했던 것입니다. 그렇기 때문에 그 설계는 정말 멋졌습니다. 그러나 유감스럽게도 제품이 시장에 나오는 일은 없었습니다. IBM이 그 프로세스를 끝냈을 무렵에 그 제품은 이미 시대에 뒤떨어진 것이 되어 있었던 것입니다.

지금도 이런 문제가 여기 저기서 일어나고 있습니다. 아무리 뛰어난 프로세스도 새로운 비즈니스 스피드를 따라가지 못하면 아무런 의미도 없습니다.

어제까지는 비용과 성과를 기준으로 비즈니스를 최적화했었습니다. 오늘은 유연성과 적응성을 기준으로 삼아야 합니다. 이제 변화는 단발적으로 일어나지 않고, 계속적으로 줄줄이 일어나고 있습니다.

Q : 대기업은 규모의 경제를 획득하고 비즈니스 프로세스를 최적화하기 위해 노력해 온 만큼 그건 정말이지 중대한 문제겠군요.

A : 변화하고자 하는 마음이 없거나 변화할 수 없는 기업의 입장에서 보면 그렇습니다. 여러 가지 이유가 있겠지만 전통적인 대기업은 이 새로운 환경과는 잘 맞지 않습니다. 첫 번째로 대기업은 리스크를 피하려고 하는 경향이 있는데, 이것이 커다란 불이익의 원천으로 작용하고 있습니다. 현재 여러 가지 비즈니스 모델이 실험되고 있는데, 사실은 리스크를 피하는 게 최대의 리스크라는 것이 밝혀졌습니다. 새로운 비즈니스 모델을 시행하지 않고 그냥 리스크를 피하는 일에만 정신을 빼앗기고 있으면 조만간 낙오되어 버릴 것입니다.

두 번째로 대기업내의 커뮤니케이션은 너무나도 계층적입니다. 따라서 정보의 유통이 늦고 좋은 아이디어가 생겨나도 그것이 회사 전체에 전달되기가 힘듭니다. 의사결정 프로세스에는 계층이 다소 필요하지만, 그것이 정보의 흐름을 방해한다면 이자는커녕 본전도 못 건집니다.

세 번째로 적절한 인재가 없습니다. 이제 프로세스나 계획에 의존할 수 없게 되면 직관의 중요성을 무시할 수가 없습니다. 그러나 대기업에서는 도전하는 사람들에게 보상을 해주지 않아 왔기 때문에 직관이라는 자원이 조직에서 배제되어 버렸습니다. 직관은 가르칠 수도 배울 수도 없습니다. 프로세스를 가르칠 수는 있습니다. 누구나가 프로세스를 따르면 되는 거니까요. 그러나 조직적으로 직관력을 기르려면 새로운 인재를 투입하거나 새로운 유전자를 창조해야 합니다. 아주 힘든 선택이지만, 인사개혁을 지금 단행하지 않으면 필요한 인재는 자꾸자꾸 신흥기업으로 유출될 것입니다.

하지만 큰 실패로 인해 존망의 위기에 처하는 일은 없습니다. 작은 실수들이 쌓이고 쌓이는 것이 위기의 주원인입니다.

대부분의 기업은 경영상 지켜야 할 중요한 사항 가운데 상위 세 가지 내지 네 가지는 빈틈없이 수행하고 있습니다. 웹사이트를 열고 베인이나 BCG의 제안에 귀를 기울이고 이것을 실행합니다. 문제는 작은 의사결정, 즉 매일매일 내려지는 몇 천 건의 작은 의사결정이 모두 적절하기는 아주 힘들다는 점입니다. 어느 광고대리점을 고를까, 어느 엔지니어를 고용할까, 이러한 작은 의사결정을 적절하게 내릴 수 있는가 없는가. 여기에 신흥 벤처기업과 대기업의 차이가 있습니다.

신흥기업이 볼 때 대규모 조직은, 과거의 성공에나 매달리고 정보의 흐름이 늦은 단순한 짐 덩어리에 불과합니다. 신흥기업들은 모든 것을 처음부터 다시 생각하고, 커뮤니케이션과 컴퓨팅이라는 새로운 현실에 맞게 의사결정을 내릴 수 있는 조직입니다.

그런데 대기업은 인프라와 그 기업문화 같은 것이 중력처럼 움직여 원래의 장소로 되 끌려가 버립니다. 그것을 떨쳐버릴 수 있을 만큼의 속도가 없습니다. 나는 "대기업이 가지고 있는 자산은 이제 가치가 없다"고 말하고 있지 않습니다. 실제로 그 가치는 높습니다. 앞에 언급한 이런 사실들을 직시하고 승화시킬 수만 있다면 대기업은 무적입니다. 그러나 그런 일은 잘 일어나지 않을 것 같습니다. 대기업은 본인들은 부정하겠지만 변화에 대해 개방적이지 않기 때문입니다.

코슬라가 보는 창업의 주요 이슈

위 인터뷰 기사에서 볼 수 있는 창업 상의 주요 이슈를 간추려 보자.

첫 째, 기업가/팀을 들 수 있다. 창업의 성패는 새로운 벤처창업에 맞는 유전자, 즉 기업가정신을 가진 창업자와 그에 의래서 리드되는 창업팀에 의해서 크게 좌우된다.

둘 째, 기회, 즉 창업 시 사업기회를 발견해 내고, 사업 아이디어를 개발하는 문제다. 사업 아이디어는 이것이 개발과 생산을 거쳐 실체화되어야 하고 시장에서 판매로 이어져야 하기 때문에 매우 실체적이어야 한다. 이 글에는 모험자본가(VC)가 어떻게 투자 대상 기업을 찾고 선택하는가에 대해서 언급되어 있다. 대개의 경우, 전 직장에서의 경력이 사업 아이디어의 중요한 원천임을 알 수 있다. 또한 사업기회는 충분히 크고 매력적이어야 한다. 코슬라와의 인터뷰 기사를 보면, 엔지니어적 경력배경을 가진 창업자들이 다소 잠재적인 사업 기회를 협소하게 인식하고 있음을 짐작할 수 있다.

셋 째, 자원의 조달이 중요한 이슈임을 알 수 있다. 창업의 단계에 따라 투자 등 자본조달의 문제가 따른다. 초기에는 자신의 저축 등에 의한 종자돈으로 충당하여 시작할 수 있지만 사업이 본격화됨에 따라 큰 규모의 자금이 필요로 해지고, 따라서 외부로부터의 자금조달이 요구되기 시작한다. 이 단계에서 외부 자금의 유치에 성공한 창업기업은 한 단계 도약할 수 있지만 그렇지 못한 경우는 도산하거나 효율적이지 못한 규모에서 명맥을 이어가야 하는 지경에 빠지게 된다. 따라서 창업의 단계에 따라 외부 자금을 유치할 수 있을 정도로 사업 시회가 충분히 매력적이어야 한다. 또한 자금과 아울러 적절한 인재의 구성이 적시에 이루어져야 하며, 창업 과정에 따라 적합한 인큐베이션 노하우의 지원도 역시 중요한 성공 요인임을 알 수 있다.

이상과 같은 주요 이슈들이 본서의 각 장에서 다루어진다. 사례를 통해서 알아 본 바와 같이, 창업이 이루어지려면 여러 가지 중요한 요소들이 맞아 떨어져야 한다.

2 창업과 기업가정신

기업가와 기업가정신

기업가정신 연구의 접근방법

기업가의 특성

제 2 장 창업과 기업가정신

현대의 시장 경제 체제는 많은 산업에 있어 창의력과 추진력을 겸비한 창업 기업가(entrepreneur)에 의해 주도되고 있다. 그 바탕에는 창의적 기업가정신(entrepreneurship)이 깊이 뿌리를 내리고 있다.

기업가정신이라는 용어는 지금까지 많은 학자들에 의해 사용되어 왔으나, 아직 공통된 정확한 정의는 없는 실정이다. 다만 지금까지 기업가정신에 관한 정의들은 크게 두 가지로 분류될 수 있다.

첫째, 기업가가 하는 일 또는 기능에 의한 정의이다. 세이(Jean B. Say), 슘페터(Joseph Schumpeter), 드러커(Peter F. Drucker) 등의 학자들은 기업가가 어떤 일을 해 내는 사람인가에 초점을 두어 기업가정신을 서술하였다.

둘째, 기업가의 개인특성에 의한 정의이다. 이러한 정의는 개인기업가의 사회심리적 특성에 초점을 맞춘다. 예를 들자면 성취욕구, 자유실천의지, 위험감수성향 등 심리적 특성을 강조하기도 하며, 가정환경과 교육수준 등 사회적 배경요인을 중시하기도 한다.

기업가와 기업가정신

기업가란 무엇인가

기업가란 무엇인가에 대한 정의는 다양하게 제시되고 있어 간혹 혼란스럽게 보이기도 한다. 일찍이 프랑스의 경제학자, 세이(Jean B. Say)는 1800년경에 기업가에 대해서 정의하기를 "기업가는 생산성이 낮은 분야로부터 높은 분야로 경제적 자원을 옮아가게 하여 보다 높은 산출을 낸다"고 하였다. 그러나 세이의 정의에는 기업가가 누구인지에 대해서는 설명하지 않고 있다. 기업가란 흔히 '새롭고 작은 자신의 사업'을 시작하는 사람을 말한다. 그러나 작은 사업이 모두 기업가적이지는 않은 것이며, 기업가정신을 표출하지는 않는다. 예를 들어 누구나 작은 음식업을 시작할 수 있고, 이런 일이 약간의 위험을 수반하기는 하지만 이를 두고 '기업가정신'을 이야기하지는 않는다. 이런 일은 과거부터 늘 있어 왔던 일이고, 새로운 고객이나 새로운 만족을 창조하지 않는 이상 기업가라고 볼 수는 없다.

슘페터(Joseph Schumpeter)[3]는 혁신하는 기업가에 의해 일어나는 역동적 불균형이 바로 건강한 경제의 전형임을 주장하였다. 즉 기업가는 '창조적 파괴'의 과정에서 리더로서의 공헌자로 보았는데, 기업가에 의해서 주도된 '새로운 결합'이

---

[3] Joseph A. Schumpeter, *The Theory of Economic Development*(Cambridge, Mass.: Harvard University Press, 1934), pp65-66.

라는 불연속성이 출현될 때 경제개발이 일어나게 된다고 주장하고 있다. 새로운 결합으로는, ① 새로운 재화 또는 재화의 새로운 품질, ② 새로운 생산방법의 도입, ③ 신규시장의 개시, ④ 원재료나 부품의 새로운 공급처, ⑤ 새로운 산업에서의 새로운 재조직 등을 말한다. 슘페터가 말하는 기업가란 독립적인 기업을 경영하는 자는 물론 종속적인 종업원들을 모두 포함시키고 있다. 그러나 기업이윤에 참여코자 위험을 감수하는 자본가들 또는 주식보유자는 포함시키지 않고 있다. 즉, 기업을 소유하고 실질적으로 경영해야만 기업가에 포함시키고 있다.

기업가의 직능이란 발명에 의한 새로운 기술가능성의 추구라든가, 새로운 생산방식에 의해 신상품을 생산하거나 생산, 산업의 새로운 조직화 등으로 설명하고 있다. 또한 작업자가 생산한 가치를 임금이라고 하듯이 기업이윤은 기업가가 사회에 공헌한 가치로 표현하고 있다.

드러커(P. Drucker)[4] 는 자신의 저서 '이노베이션과 기업가정신'에서 "기업가는 뭔가 새롭고 이질적인 것을 창조해야 한다. 변혁을 일으키고 새로운 가치를 창조하지 않으면 안 된다. 따라서 기업가란 변화를 탐구하고 변화에 대응하며 또한 변화를 기회로써 이용하는 자다"라고 말한다. 또한, "기업가의 역할은 이윤의 극대화보다도 기회의 극대화이며, 기업가정신은 과학이 아니다. 그렇다고 해서 예술도 아니다. 그것은 실천이다"라고 정의함으로써 기업가정신의 본질을 설명하고 있다. 드러커는 기업가정신 내지 혁신에 대해서 천재

---

[4] Drucker, Peter F., *Innovation and Entrepreneurship*, New York: Harper & Row, 1985, pp27-28, 150

적인 인물이 필요한 것처럼 오도하는 사이비 개념이 통용되는 것을 한탄해 마지않았다. “기업가정신은 천부적인 것도 아니고 창조적인 것도 아니다. 기업가정신은 일종의 일이다. … 이것들(기업가정신과 혁신)은 학습할 수 있는 대상이지만, 거기에는 노력이 필요하다.” 이렇게 기업가정신의 핵심은 혁신이며, 이는 원리 상 단순하게도 보이지만 결코 말로만 떠들어서 되는 것은 없고 오직 꾸준한 노력과 개선의지로 결과물을 내놓는 것이 요구된다고 했다.

기업가의 본질에 대해서 베스퍼(Karl H. Vesper)는 다음과 같이 설명하고 있다. “다른 사람들이 발견하지 못한 기회를 찾아내는 인간, 또 사회의 상식이나 권위에 사로 잡히지 않고 새로운 사업을 추진할 수 있는 인간이야말로 기업가다. 그러나 가장 중요한 것은 기업가정신이 행복을 추구하는 수단이라는 점이다. 어떻게 살 것인가, 무엇을 행복으로 여길 것인가와 같은 점들을 진정으로 이해하고 있는 인간이야말로 기업가가 아니겠는가”라고 기업가를 알기 쉽게 정의하고 있다.

1986년 ‘미국 기업가협회’는 기업가 신조를 발표하였다. 이는 사업 활동에 과감하게 참여코자 하는 사람들에 관한 용기 있는 선언이다. 그 선언문의 내용은 우리에게 성공적인 기업가의 모델을 보여주고 있는데, 그 내용은 다음과 같다.

“나는 평범한 사람이 되는 것을 거부한다. 나의 능력에 따라 비범한 사람이 되는 것은 나의 권리이다. 나는 안정보다는 기회를 택한다. 나는 계산된 위험을 단행할 것이고 꿈꾸는 것을 실천하고 건설하며, 또 실패하고 성공하기를 원한다.

나는 보장된 삶보다는 삶에의 도전을 선택한다. 나는 유토피아의 생기 없는 고요함이 아니라 성취의 전율을 원한다. 나는 어떠한 권력자 앞에서도 굴복하지 않을 것이며 어떠한 위협 앞에서도 굽히지 않을 것이다. 자랑스럽고 두려움 없이 꿋꿋하게 몸을 세우고 서는 것, 스스로 생각하고 행동하는 것, 내가 창조한 것의 결과를 만끽하는 것, 그리고 세계를 향해 '하느님의 도움으로 내가 이 일을 달성했다. 이것이 기업가가 된다는 의미다'라고 힘차게 말할 수 있는 것이 바로 하느님이 내게 주신 자랑스러운 유산이다."

베스퍼와 미국 기업가협회의 정의는 기업가의 일과 특성을 동시에 강조하고 있음을 볼 수 있다. 결론적으로, 기업가에게 있어 가장 중요한 가치는 돈이나 물질보다는 개인적인 정열, 독특한 경험과 지식이다. 그래서 사회적으로 성공한 사람들과 보통 사람들 간의 차이는 자신만의 지식과 정열, 경험을 자산으로 하여 기회를 자기의 것으로 만드는 실현과정이 존재한다는 것이다.

기업가정신[5] – 요약

앞에서 살펴 본대로, 기업가정신이란 관점에 따라 여러 가지로 정의될 수 있으나 가장 일반적으로 '전에 없던 분야에서 현재 추진 중인 사업활동을 창시한 기량'이라고 할 수 있다. 이에 따라 기업가도 '무로부터 현재 경영하고 있는 기업을 창업한 사람'이라고 정의된다. 그러나 진정한 기업가는

---

[5] '기업가정신'은 기업가가 가지는 정신 자세를 의미하기 보다는 기업가로서의 특성, 자질, 능력 자체를 의미한다.

'새로운 사업을 창업하여 연이어 급성장을 도모한 모험심이 왕성하며 기업심이 강한 사람'이라는 면에서 단순한 창업자뿐만 아니라 전문 경영인이나 관리자와 구별된다. 또한 모름지기 본의적인 기업가는 기업을 단지 이익을 위해서 사고 파는 사람들 보다는 자신의 기능이나 전문성을 바탕으로 또는 신제품이나 서비스를 통해서 사업을 창업하는 사람과, 다른 기업을 인수하더라도 이를 되 팔 목적이 아니라 혁신을 통해서 새로운 기업으로 태어나게 하는 사람을 말한다.

이상의 정의를 보면, 새로운 사업이라고 해서 모두 기업가 정신이 가득 찬 활동이라고는 볼 수 없다. 즉, 뭔가 새로운 혁신적인 제품이나 서비스를 제공하지 않는 한 사업을 창업하는 사람이라도 기업가로 볼 수는 없다는 것이다. 창조성의 영역은 경쟁의 대상과 경쟁방법에 국한되지 않고 소비자의 취향, 제품 및 서비스의 범위, 진출시장의 지리적 위치, 유통 및 구매채널 등에 대하여 광범위하게 필요로 한다. 가령 맥도널드를 창업한 레이 크로크는 미국식 햄버거나 프렌치 프라이, 그리고 집으로 사 들고 가는 서비스개념을 처음부터 생각해 낸 것이 아니었다. 그러나 그는 크고 작은 수많은 창조적인 아이디어들을 결합하여 햄버거의 대규모 판매원리를 만들어냈다. 즉, 새로운 설비디자인, 새로운 품질기준, 새로운 종업원 훈련기준, 새로운 건축기준, 유통에서의 새로운 혁신과 대규모 가맹점체제 등 이루 헤아릴 수 없을 정도로 많은 것을 고안해 내었기 때문에 그는 위대한 기업가로 찬양받고 있는 것이다. 맥도널드는 저렴한 비용으로 표준화된 음식을 공급하는 방식을 완성했던 것이다.

이것은 헨리 포드의 자동차생산과 견줄 만 하다. 당시의

'대량생산' 방법을 확장하여 맥도널드는 음식업계에 적용하는 혁신을 이루어냈다.

기업가적 과정

티몬스(Timmons, J.)는 기업가정신의 세 가지 핵심요소로서 그림 2-1과 같이 창업기업가와 팀, 사업기회, 그리고 요구되는 자원을 제시하고 있다.[6]

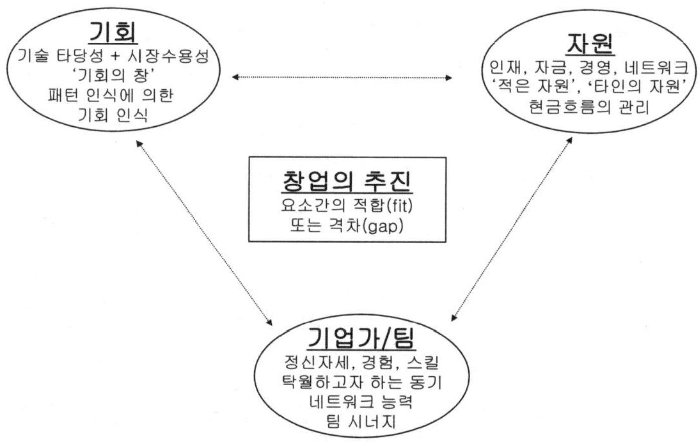

그림 2-1 기업가적 과정

위의 세 가지 추진인자는 성공적인 벤처 창업을 이루는 데 큰 영향을 주는 영역으로서 세 가지 인자에 의한 짜임새가

---

[6] Jeffry A. Timmons, New Venture Creation: Entrepreneurship for 21st Century, Forth Ed. (Burr Ridge: Irwin, 1994): 15-22

역동적으로 엮여지는 창업과정의 다양성과 그 미묘한 차이에 의해 창업을 성공으로 이끌게 하는 기업가적 과정을 보이고 있다. 즉, 잠재력 있는 벤처 중에서 더 높은 성공패턴을 보이는 차이는 바로 아래 세 가지 원동력의 역동적인 짜임새에서 온다고 보았다. 그 세 가지 창업과정의 원동력은 다음과 같다.

1. 그것은 **기회**에 의해 추진된다.
2. 그것은 한 명의 **창업가와 그를 따르는 창업팀**에 의해서 추진된다.
3. 그 과정에서 **자원**은 절약적이고 창조적으로 활용된다.

창업과정은 위 세 가지 요소(기회, 자원, 창업팀) 간의 조화와 균형에 의해서 그 승패가 좌우된다. 그리고 그 과정은 통합적이고 역동적이다. 성공적인 창업가란 성공으로 가는 방정식을 풀어 가는 식으로 거래를 성사시켜 나가는 사람이다. 이러한 역동적인 상황 속에서 자원의 결핍, 모호함과 위험은 창업자가 떠안고 가야 할 몫이다. 산적해 있는 일, 창조적인 문제해결과 전략 수립 그리고 당연히 가장 우선되어야 하는 근면성 등과 같은 사안의 핵심에는 현재 자신의 벤처 내에 존재하는 이들 핵심요소들 간의 조화와 격차를 분석하는 일이 자리하고 있다.

창업 기업가

투자자들은 선두 창업가의 뛰어난 창의성을 보고 움직이게 되며, 그와 함께 일하는 경영팀의 우수한 업적을 보고 투자를 하게 된다. 지금은 기술과 사업가, 돈, 벤처캐피털 회사가 넘쳐나는 시대이다. 단지 부족한 것은 훌륭한 팀이다.

첨단 기술벤처를 지원하는 모험자본가(venture capitalist)들은 기술력 자체보다 창업자와 그 팀의 자질을 중요시 한다. 앞의 사례에서도 "기업조직의 유전자는 초기단계에서 결정되어 버리는 것이고, 이후의 방향성과 업적은 그것에 끌려가게 되어 있다"는 말은 바로 창업 기업가의 중요성을 암시하는 것이다. 특히 고도의 기술력이 요구되는 첨단 기술벤처의 경우에 있어서 이를 지원하는 모험자본가들은 기술력 그 자체보다는 창업자와 벤처 팀의 자질과 과거의 입증된 성공력에 가장 높은 비중을 둔다.

저명한 모험자본가의 하나인 아더 록(Arthur Rock)도 "좋은 인재를 찾아낸다면 제품은 언제든지 바꿀 수 있다. 내가 지금까지 늘 범해 왔던 실책은 그릇된 아이디어를 골랐던 것보다는 사람을 잘못 골랐다는 것이다"라고 언급한 바 있다.

그러나 과연 어떤 특징을 가진 사람이 창업 기업가로서 적합할 것인지 범주화하는 데는 한계가 있다. 단적으로 말해 사업의 특성에 따라 적합한 창업자의 특성이 달라질 것이기 때문이다. 일반적으로 말하자면 기업가정신이 있고, 동시에 경영 능력이 있는 창업가를 찾게 된다. 모험자본가들은 생계유지에 우선을 두는 단독 창업자에 비해 창업자와 창업 동지의 팀워크에 의한 창업이 그 사업 자체를 번창하게 할 가능성이 더 큰 것으로 평가한다. 따라서 자기의 사업을 고수익의 대규모 사업으로 발전시키고자 하는 경우 창업자는 팀워크를 신중히 관리 할 줄 아는 능력을 필요로 한다.

또한 성공적인 창업자의 공통된 특질로서는 창의성과 혁신성이 중시되며, 타인에게 신뢰감을 줌으로써 외부의 자원을 끌어 오는 능력이 있어야 한다. 또한 소자본으로도 창업기업을 경제적으로 이끌어 갈 줄 알고, 위험과 불확실성 하에서도 잠재된 성공의 가능성을 추구하는 기업가정신이 있어야 한다. 기업가정신에 대해서는 제 2 장에서 자세히 다룬다.

사업기회의 인식

창업가가 되려는 이들은 정말 특정 아이디어가 구현 가능성이 있는 기회인지, 얼마나 큰 가치를 창출할 기회인지를 재빨리 판단해 낼 수 있는 능력, 그리고 얼마나 많은 시간과 노력이 여기에 필요할 것인지를 결정할 수 있는 능력이 요구된다. 즉, 사업기회를 정확하고 시의 적절하게 인식하는 능력이 요구된다.

예비창업자가 사업기회를 인식하는데 있어 기반이 되는 것은 창의적 사업 아이디어이다. 그러나 아이디어 자체가 바로 가치 창조로 이어지는 것이 아니다. 기업가, 회사원, 발명가, 연구원, 대학생 등 많은 부류의 사람들이 사업화 할 수 있다고 여겨지는 새로운 아이디어를 무수히 제공하고 있다. 그러나 이들이 반드시 좋은 사업기회를 제공하지는 못한다. 요컨대 아이디어가 반드시 기회가 되지는 않는다는 것이다. 현실적으로 유망 업종과 신종사업 등에 관해서 많은 창업 관련 서적들이 있으며, 사업 아이디어를 평가하고 추출하는 수 많은 방법론이 존재한다. 이렇게 지천으로 제시되는 사업 아이디어 중에서 창업으로 이어져 수십억 이상의 외형으로 성장하는 회사는 극히 소수에 불과하다.

수 많은 아이디어 속에서 예비창업자는 단순히 아이디어로 끝날 것과 진정한 사업기회를 구별해 낸다. 사업기회와 아이디어를 구별하는 데 있어 가장 중요한 것은 사업기회란 진정한 기업가정신이 발휘되는 시장 지향적인 과정임을 인식하는 것이다. 다시 말하면 사업기회는 이윤 추구상 매력적이어야 하며, 동시에 시간적으로 지속성을 지녀야 한다.

창업자는 기술의 진보, 시장특성의 변동, 경쟁구도의 변화 등의 균형이 깨지는 틈새를 발견하고, 그 불완전한 상태를 메울 기회를 찾아낸다. 기회는 제반 상황이 변화하여 경제와 기술상의 혼돈, 불일치, 진공 상태, 지체 등이 발생 될 때 창출되며, 창업기업가는 이를 인식하고 포착하는 것이다.

시장의 균형 하에서는 단지 적정 이윤밖에 얻지 못한다고 인식되어 있다. 유능한 기업가는 다른 이들이 미처 발견하지 못한 기회를 찾아낼 뿐만 아니라 스스로 시장 상황의 갭을 만들어 초과 이윤을 창출할 수 있도록 한다. 기업가에 있어서 창업 과정상 가장 중요한 이슈로서 염두에 두어야 하는 것은 결국 가치 창조(value creation)의 문제이다

사업기회의 포착에 있어서 적시성이 중요하다. 기회를 너무 늦게 또는 너무 빠르게 발견하는 것은 이윤창출의 기반을 약화시킨다. 현재 전개되고 있는 디지털 경제 하에서 전반적인 혁신의 수명주기는 과거에 비해서 비교하기 어려울 정도로 빨라져 있다. 따라서 창업자는 기회발견에 늦을 가능성을 더욱 경계해야 할 것이다. 전반적으로, 이러한 판단은 창업자의 고뇌와 통찰에서 나올 수 있는 것이다.

필요자원의 동원

사업기회를 실행에 옮기는 데 요구되는 자원을 파악하고 유치하며 관리해 나가는 것도 창업자 및 사업기회와 더불어 창업의 주요 추진 요소 중의 하나이다.

창업 초기에 대부분의 창업자가 경험하는 애로 사항은 자금 조달의 문제이다. 다른 기업과 마찬가지로 창업 기업도 당연히 자금이 없이는 추진될 수 없다. 하지만 창업기업이 자금을 조달하는 능력은 결국 사업성과 수익성에 대한 기대에 달려 있다. 즉 훌륭한 경영진과 기술진으로 좋은 사업기회를 성공적으로 추진하고 있다는 신뢰감을 심어줄 수 있다면 자금조달은 자연스럽게 따라 온다.

창업자들은 자원을 활용하는데 있어 일반적인 경영자들과 차이가 있다. 일반적으로 창업자는 초기 자본금의 한계 때문에 희소자원을 활용하여 살아 남는 다양한 방법을 모색한다. 즉, 창업자는 최소한의 자원으로도 사업 추진을 감행하고 주어진 자원을 최대한 활용하고자 각별한 노력을 한다. 대부분의 경우 창업자 자신의 종자돈인 초기자본금으로 버텨 내는 데는 한계가 있기 때문에 창업자는 발로 뛰는 소위 '땀의 자본(sweat equity)'을 투여하게 된다. 예컨대, 고객으로부터 선수금을 받아내거나 물물 교환 거래를 하는 등 자력으로 살아 남는 각종 방법을 모색한다.

창업 초기에 자원의 활용에 있어 특히 중요한 것은 신설회사가 많은 자원을 소유하는 것이라기 보다는 제한된 상황에서 긴요한 자원을 최대한 통제 할 수 있는 입장에 서도록 하는 것이다. 이렇게 희소한 자원이 특정한 부문에 장기적으로 묶여 있지 않고 불 특정한 미래 시점에서 탄력적으로 투여 되게 하는 능력이 중요하다.

창업기업에 있어서 자금이 부족한 것도 문제이지만 자금이 초기에 너무 넉넉하게 마련되어 있는 것도 경계할 일이다. 성공한 투자자들이나 기업가들이 종종 지적하는 최악의 사태 중 하나는 바로 사업 초기에 너무 많은 자금을 갖게 되는 것이라고 종종 말하고 있다.

기업가의 유형 분류

기업가정신을 살펴보기에 앞서 우선 일반적으로 기업가란 어떤 모습의 일을 하고 있는지 그 유형을 살펴보자. 칼 베스퍼[7]는 기업가에 대한 다양한 정의를 분석한 결과를 토대로, 기업가의 유형을 다음과 같이 나누고 있다.

단독 자영업자. 소비재 판매업, 부동산 중개 및 개발업, 박람회를 통해 혁신적 제품 아이디어를 개발, 판매하는 사람, 전문 서비스업 - 면허를 가지고 활동하는 회계사, 법률전문가, 건축가, 기술자 등

딜러 형 자영업자. 보통 여러 형태의 딜러 형 업소를 소유하는 자영업자를 말한다. 보통 이른 나이에 시작하며, 그다지 기술수준이 높지 않은 분야에서 이런 형태가 자주 발견된다.

---

[7] Karl H. Vesper, *New Venture Strategies*, Prentice Hall, Englewood Cliffs, N.J. , 1990., pp3-8

팀 빌더(team builder). 처음에 조그맣게 시작하여 점차 추가적인 고용이나 대리자에의 권한이양을 통하여 규모를 키우는 형태다. 빌딩 청소용역 회사, 기계 기술자 파견업 등이 이 형태의 예가 될 수 있다.

독립적인 혁신가. 전통적으로 에디슨 같은 발명가들은 더 나은 제품을 창조하는 자신의 아이디어를 발판 삼아 기업 활동을 시작한다.

패턴 복제자(pattern multipliers). 다른 사람에 의해서 시작된 효과적인 사업 모델을 복제하여 자기의 사업에 적용하는 형태를 말한다. 예컨대, 맥도널드의 드라이브인(drive-in) 방식은 다른 음식업 프랜차이즈들에 의해 복제되었다.

'규모의 경제' 개척자. 이 형태는 특히 할인점 업자들이 적용한 사고방식으로서, 서비스 수준을 낮추는 대신 임대료와 세금이 보다 싼 장소에 큰 규모로 점포를 개설하는 방법으로 가격을 낮춤으로써 고객을 확보한다.

자본 집적자(capital aggregators). 여러 원천으로부터 자본을 모아서 은행, 신용금고, 보험업 등을 시작하는 형태의 벤처를 말한다.

인수자(acquirers). 다른 사업체를 인수하는 방식의 기업가로서 업종전환형(turnaround - 어려움에 처한 기업을 인수하여 바로 잡음), 매매형(buy-sell)(기업을 사고 파는 가운데 이익을 남김), 투기형(speculators)(부동산 투기와 같이 자신이 영업을 하지는 않는 대상에 투자함), 기업 사냥꾼(corporate raiders)(파산하게 된 기업의 경영권을 차지한 후, 분할 매각하여 이익을 획득하는 형), 복합기업형(conglomerates)(1960년대의 기업 성장기에 유행했던 형태로서 합병하여 커진 주식을 이용하여 문어발식으로 기업을 확장해 가는 방식) 등이 이에 포함된다.

이상 열거된 바와 같이 기업가의 유형은 다양하지만, 기업가란 '남다른 가치를 창출하기 위한 이노베이션을 토대로 새 사업을 시작하는 사람들'이라 할 수 있다.

기업가정신 연구의 접근방법

여섯 가지 접근방향

기업가정신에 대한 연구는 표 2-1과 같이 다양한 접근이 있다[8]. 이들 유형은 기업가정신에 대한 연구자의 전제를 반영하며, 관심의 초점을 어디에 두느냐에 따라 여섯 가지 접근으로 분류한 것이다. 각각의 연구 접근은 앞 서 언급한 기업가의 일 또는 기능에 의한 접근인지, 혹은 기업가 개인의

---

[8] Cunningham, J. Barton; Lischeron, Joe, "Defining entrepreneurship.", Journal of Small Business Management, Jan. 1991, Vol. 29 Issue 1, p45.

특성에 의한 접근인지에 따라 구분할 수 있다.

표 2-1 기업가정신 연구의 접근

초점	기업가론 접근	기능/특성
개인 특성의 평가	1. 위인론 접근	특성
	2. 심리적 특성 접근	특성
기회의 인식	3. 전통적 접근	기능
행동과 관리	4. 관리적 접근	기능
	5. 리더십 접근	특성
재평가 및 적응	6. 사내기업가 접근	기능

1. 위인론 접근

기업가는 타고나는 것인가 또는 키워지는 것인가? 즉 교육을 통해서 기업가를 육성할 수 있는 것인가, 아니면 이런 활동을 잘하도록 유전인자를 타고 나는 것인가? 위인론 접근은 훌륭한 기업가의 특성은 타고 난다고 본다.

신문기사나 TV에서 유명한 기업가를 다루는 경우, 그들은 큰 권력과 성공, 부를 쌓았는데, 대개는 훌륭한 아이디어, 개념, 신념 등 사람들의 흥미를 끌고 자극할 만한 특성을 타고 난 것으로 그려진다. 즉 기업가는 다른 사람들과 구별되는 어떤 특성이나 기질을 타고 났다고 보는 것이다. 전기에서도 흔히 기업가는 기회를 포착하고 적절한 의사결정을 하는 직관적 능력을 타고 난 것으로 전개 된다.

예컨대, 성공적인 기업가는 활력, 참을성, 자존심과 함께 매우 강한 독립심과 성공에의 동인을 갖는 것으로 보인다. 또한 이런 사람들은 자신의 능력에 대해서 특별한 신념을 갖는다. 그러나 위인론 접근은 이러한 특성 중에서 가장 중요한 것은 무엇이며, 이 특성들이 언제나 중요한 것인가 또는 특정 시점에 중요한 것인가 등에 대해서 별반 관심이 없다. 결론적으로 위인론 접근에서 열거하고 있는 어떤 특성이 성공적인 기업가와 관계가 있는 것인지에 대해서 제시할만한 증거는 거의 없다. 리더십 연구가들이 내린 결론은, 기질은 리더십의 모든 요소를 완전히 설명하지는 못하며, 많은 상황적 요인들이 어떤 리더가 성공적인지에 영향을 준다는 것이다.

위인론 이야기는 많이 읽힌다. 그 이유는 이론 자체가 간단하고, 정교한 개념화나 용어정의에 얽매일 필요가 없으며, 사람들에게 이해 시키기 용이하고 상식적 사실을 담고 있기 때문이다.

2. 심리적 특성 접근

사람의 욕구, 동인, 태도, 신념, 가치 등은 행동을 결정하는 주요 인자라고 생각되고 있다. 사람들은 상황에 따라 달라지기는 하지만 대개 자신의 가치관에 맞게 행동한다. 이들 개성적 요인에 초점을 두는 심리적 접근에서는 기업가가 일과 자신의 생에 대해서 독특한 가치와 태도를 가지고 있다고 믿는다.

심리적 특성 접근에서는 특히 다음의 개성적 특성들이 많이 연구되어 있다.

- 정직, 의무, 책임, 윤리적 행동 등 개인적 가치관
- 위험을 즐기는 성향
- 성취에 대한 욕구

이 접근에서는 기업가란 일반적으로 볼 때, 교실에서 개발되거나 훈련되는 것은 아니라고 믿는다. 기업가 능력의 많은 부분은 오랜 시간을 두고 개발된 것이다. 즉, 어릴 적부터 부모나 선생과의 관계로부터 개발되는 개성이나 행동방식과 관련이 있다. 심리적 특성 접근은 이런 환경이 그 개인에게 영향을 주고 내재화 되어 개인적 가치가 된다는 관점에 그 토대를 두고 있다.

3. 전통적 접근

슘페터에 의하면 기업가의 핵심인자는 개인의 혁신동기에 있는 것이지 그 기업체를 소유하는 여부와는 무관하다. 혁신, 창조성, 발견 등은 전통적 접근의 연구에서 핵심요인이다. 이 관점에 의하면 기업가정신이란 기회를 창조하는 프로세스 또는 기회를 찾아내고 혁신을 북돋우는 경영스타일을 말한다.

애플컴퓨터의 스티브 잡스(Steve Jobs)는 혁신적이고 에너지에 충만한 사람이어서, 다른 사람들을 흥분 시키고 그들의 혁신성을 북돋우는 능력이 있었다. 그는 한 산업을 일으킬 정도의 큰 성공을 거두었으나 벤처가 성공을 거두어 본 궤도에 이르렀을 때 애플을 떠나야 했다. 기업가로서의 에너지가 효과적인 경영을 해야 하는 단계에서는 오히려 파괴적일 수도 있다는 예다.

4. 관리론적 접근

페이욜(H. Fayol)이 제시한 경영과정에 따르면 관리자는 계획, 조직화, 충원(staffing), 예산, 조정, 통제의 과정에 따라

업무를 수행한다고 믿어진다. 관리론적 접근은 기업가를 “사업체를 조직하고 또는 관리하여, 이익을 위하여 위험을 감수하는 사람”이라고 본다. 기업가론에 관한 교과서들도 창업, 전략수립, 사업계획의 개발, 시작, 연구개발과 성장 등 창업기업의 관리 단계에 따라 다루고 있다.

이 접근에 따르면 기업가도 경영의 모든 단계를 알아야 성공적일 수 있다고 여기며, 기업가는 가르쳐서 육성될 수 있다고 본다. 이 접근의 주된 관심은 기존의 기업가에게 특정한 기능을 선정하여 훈련을 제공하는 것이다. 예컨대 벤처재무관리, 벤처 마케팅 등의 교과과정을 제공함으로써 사업실패를 줄이는 데 도움을 줄 것으로 기대한다.

5. 리더십 접근

리더십 접근은 기업가란 하나의 리더로서 비전을 세우고 사람들이 그 비전에 따라 모여들도록 하고 이를 현실로 만드는 일을 한다고 보는 접근이다. 기업가적 리더십에 대해서는 대개 두 가지 유형의 연구가 있다. 하나는 위인론 접근에 함께 분류될 수 있는 유형으로서 리더 자체에 초점을 맞추고 있는데, 성공을 위해서는 어떤 기질이나 개인적 특성이 중요하다는 관점이다. 상황 적응성, 협조성, 에너지, 책임을 떠맡는 성향이 성공에 중요한 요인으로 제시되었다.

리더십 연구의 최근 경향에 의하면, 리더 자신 뿐 아니라 리더십이 발휘되는 과정에 초점을 맞추고 있음을 알 수 있다. 기업가적 리더십은 단지 다른 사람과의 관계에 있어서 요구되는 개인적 기질이나 스타일 뿐만 아니라, 타인으로 하여금 변화를 수용하고 사람들에게 가치를 심어주며 분명한 목표와 기회의 창조를 할 수 있게 하는 기술을 포함한다.

6. 사내기업가 접근

사내기업가 접근은 기존 조직에 있어서 혁신성이 결여되는 데 따른 반응에서 나온 것이다. 사내기업가는 제한된 범위 내에서 독자적인 의사결정과 사업경영을 할 수 있기 때문에 기업가정신을 가지고 행동할 수 있다. 기회에 대한 민활한 대응은 사내기업가의 중요한 활동으로 강조된다. 이러한 전략적 활동을 통하여 기존 조직은 기회를 발견하고 자신의 영역 외의 분야로 활동 범위를 넓힐 수 있게 된다.

사내기업가 접근에 의하면 혁신은 반쯤 자율적인 사내 벤처조직으로 운영함으로써 기존 조직 내에서도 일어날 수 있다고 가정한다. 그러나 실상은 대기업이 사내기업가를 성공적으로 운영한 데 실패하는 경우가 많은 것이 사실이다. 기존 조직의 관리적 활동 속에서 사내기업가의 활동은 이상스럽게 비추어질 수 있고, 기존 조직의 입장에서 볼 때 사내기업가 조직으로부터 별 소득이 없다고 느낄 수 있다. 따라서 사내기업가 모델이 성공적이기 위해서는 기업가적 기회를 개발하는 데 기존조직이 운영적 차원에서 참여하는 능력 여부에 달려 있다.

사내기업가 모델을 적절히 활용한다면, 새로운 시장을 개척하거나 신제품을 개발하는 활동 등을 보다 독립적이면서 동시에 기능횡단적(cross-functional)으로 실행할 수 있다.

적합한 기업가정신 모델의 선정

이상 논의된 기업가론의 접근방법을 표 2-2에 요약하였다.

이상의 접근 모델들은 기업가 행동의 각기 다른 측면에 대해서 다양한 통찰을 제시한다. 위인론, 심리적 특성, 리더십 접근에서는 개인적 자질이나 가치의 측면을 보고, 그 밖의 접근은 대체로 기업가의 일과 기능을 중심으로 하여 장래의 기대와 기회의 발견을 통하여 기업을 창업하여 키우는 실질적인 과정을 강조한다. 기업가가 타고난 특질이 있는지 여부는 논란의 여지가 있지만 기업가의 특질을 강조하는 접근과 기업가의 일을 강조하는 접근은 역시 상호 보완적인 성격을 갖는 것으로 보아야 할 것이다.

이들 중 어떤 모델을 적용할 것인지는 기업가적 프로세스의 사이클 중 현재 어디에 위치 하느냐, 그리고 기업가의 일 중에서 어떤 측면에 관심이 있는가에 따라 달라질 것이다. 예를 들어 심리적 접근과 위인론 접근, 그리고 리더십 접근은 창업자의 특성 중 장점과 보완해야 할 점을 스스로 파악하는 데 유용할 것으로 보인다. 반면에 그 밖의 접근은 창업자의 일과 기능의 강조점을 설명하는데, 전통적 접근은 기업가적 과정의 본질을 이해하는 데, 그리고 관리론적 접근은 창업 과정의 단계 별로 강조되어야 할 기능을 이해하는 데, 그리고 리더십 접근은 기술적, 대인적 스킬을 이해하는 데 유용할 것이다. 사내기업가 접근은 기존 업무를 재 구성하는 데 유용할 것이다. 따라서 이들 접근방법은 창업자의 다양한 단계와 관심에 따라 선별하여 적용할 수 있을 것이다.

표 2-2 기업가정신의 접근방법

	주된 초점과 목적	가정	행동과 스킬	적용 상황
위인론	창업가는 직관적 능력-육감-과 기질, 통찰력을 타고 났다.	이러한 타고난 직관이 없다면 기업가는 보통사람과 다를 바 없다.	통찰, 활력, 에너지, 집요함, 자존심	창업기
심리적특성	기업가는 독특한 가치, 태도, 바램을 지니고 있다.	사람은 자신의 가치관에 따라 행동하기 마련이다. 행동은 필요를 만족시키기 위한 시도의 결과이다.	개인적 가치관, 위험감수성, 성취욕구, 기타	창업기
전통적접근	기업가 행동의 주된 특성은 혁신이다.	기업가의 중요한 면은 소유보다는 수행하는 프로세스에 달린 것이다.	혁신, 창조, 발견	창업기와 성장 초기단계
관리론적접근	기업가는 벤처를 조직하는 사람이다 - 조직하고, 소유하며, 관리하고, 위험을 감수한다.	기업가는 경영의 기술적 기능에 따라 개발되고 훈련될 수 있다.	생산계획, 인적조직화, 자본화, 예산책정	성장초기단계와 성숙기
리더십접근	기업가는 사람들의 니드에 자신의 스타일을 적응시키는 능력이 있는 리더다.	기업가는 혼자서는 자신의 목표를 성취할 수 없고 타인에 의존한다.	동기부여, 지휘, 이끌기	성장 초기단계와 성숙기
사내기업가접근	기업가적 스킬은 대규모 조직에서도 유용하다. 사내기업가정신은 신시장을 창조하고 서비스를 확대하는 독립조직을 만드는 것이다.	조직은 생존하기 위해서 적응해야 한다. 기업가적 활동은 조직을 만들게 하고 기업가로 하여금 관리자가 되게 한다.	기회에의 기민성, 최적화 의사결정	성숙기와 변화기

기업가의 특성

앞서 알아본 바와 같이, 성공한 기업가의 특성을 논하는 것은 한계가 있다. 성공한 기업가의 특성이 과연 타고 나는 것인지에 대한 논의는 여러 가지 관점의 하나일 뿐 어떤 증거를 찾기 어렵기 때문이다. 그럼에도 불구하고 어떠한 점들이 사업을 가장 성공적으로 이끌기 쉬운 특성인지, 또한 사업에 실패한 사람에게 나타나는 특성인지에 대한 연구들이 많이 이루어져 있다. 특정 기업가의 입장에서 보면, 자신의 특성을 모두 변화시키는 것은 가능하지도 않고 또 그럴 필요도 없을 것이다. 그렇지만 평소 자신의 객관적인 강·약점이 무엇인지 아는 것은 필요하리라고 여겨진다.

성공한 기업가의 특성

이하의 내용들은 창업을 하려는 사람에게 단지 참고 자료로 활용될 수 있다. 예를 들어 자신이 어떤 성향을 가지고 있는 데 이것이 실패한 창업 기업가의 성향과 맞아 떨어진다면 그런 성향을 개선하려는 노력을 하면 된다. 또, 만약 당신에게 그러한 소질이 없다면 그런 능력을 갖춘 사람을 끌어들이는 방법도 있을 것이다. 매우 다양한 특성의 기업가가 창업과 경영에 성공하고 있음을 보면, 혼자서 열거되어 있는 모든 성공의 특성들을 가져야 되는 것은 아님을 알 수 있다. 공통적으로 보이는 성공한 기업가의 특성을 정리하면 다음과

같다.[9]

야망과 독립욕구. 마음 깊은 곳에서부터 성공적인 기업가가 되고 싶다는 강한 욕구가 있어야 한다. 독립욕구는 또한 다른 사람들 밑에서 일하는 것을 도저히 견딜 수 없는 성향을 포함한다.

탁월하고자 하는 동기. 성공적인 창업가는 남보다 더 잘하려는 동기를 갖고 있다. 그들을 내적으로 이끄는 것은 강한 성취 욕구다. 목표는 높지만 성취 가능하게 설정함으로써 창업가들은 에너지를 집중한다. 그들은 성실과 신뢰에 대한 철저한 개인적 기준을 고집한다.

주도성 또는 추진력. 이 세상에는 말로는 큰 사업을 몇 개라도 할 수 있는 사람은 많지만, 정작 행동으로 실천할 수 있는 사람은 극소수이다. 실제로 기업가 중에는 여러 가지 걱정거리는 뒤로 미루고 일단 일을 벌여 적극적으로 밀어붙인 덕분에 성공하게 되었다는 경우가 많다.

활동에너지, 정열과 야망. 성공한 기업가들은 대개 활동에너지 레벨이 높다. 이들은 한 시도 가만히 있지 못하고 항상

---

[9] 정대용, *창업스쿨*, 21세기북스 pp15-29; Donald F. Kuratko and Richard M. Hodgetts, *Entrepreneurship: A Contemporary Approach*, Third Ed. (Fort Worth, TX: Dryden, 1995): 41; Timmons J. A., Smollen I. E. and A. L. Dingee, *New Venture Creation,* 3rd ed., Irwin, 1990, pp240-246

무언가를 하고 있어야만 직성이 풀리는 듯하다. 때문에 하나의 사업만으로는 만족하지 못해 여러 사업을 동시에 벌이거나 한 사업에 싫증이 나면 그걸 처분하고 새로운 일을 찾아 나서기도 한다.

낮은 자원의존도. 창업기업가, 특히 갓 시작하는 기업가라면 주위로부터 지원을 받기가 매우 어렵다. 불행하게도 혼자서는 도무지 일을 못해내는 사람도 있다. 특히 큰 조직체의 업무분담체제에서 오랫동안 편하게 일하던 사람들이 그러하다. 이들이 자기 사업을 벌이기 위해 회사를 떠날 때 흔히 볼 수 있는 약점 중 하나는, 새로운 환경 속에서 어떻게 혼자 모든 책임을 지면서 해나가야 하는지를 모른다는 것이다.

위험, 모호, 불확실성에 대한 인내력. 기업가의 세계에서는 체계나 확실성을 거의 찾아볼 수 없다. 애매모호한 환경 속에서 번성해 나가야 하는 것이다. 진정한 기업가는 혼란스런 상황을 즐기며, 오히려 좋아해야 한다. 그런 가운데 눈치만 잘 살펴도 성공할 기회가 아주 많기 때문이다. 그러나 성공적인 창업가들은 역설과 모순을 잘 처리하며, 기꺼이 위험을 받아들이지만 무모하지는 않다. 갈등 속에서도 편안하게 생각할 줄 알며, 긴장 속에서도 높은 성과를 낼 줄 안다.

몰입과 결단력. 인내를 수반한 몰입과 결단력은 다른 어떤 요인보다도 중요한 것으로 여겨진다. 그들은 결코 포기하지 않는다. 예외 없이 창업가들은 지속적으로 커다란 압박감 속에서 생활한다. 즉 처음에는 회사가 시장에서 살아 남아야 하고, 그 후에는 계속적으로 유지되어야 하고, 최후에는 성장해야 한다는 압박감이다. 이런 속에서 창업가는 시간, 정서, 충성심에 있어서 개인적인 희생을 감수해야 한다. 그들은 사업을 방해하는 장애물이나 문제를 공격함에 있어서 상황에 압도당하지는 않지만 무모하지도 않다. 만약 과제를 해결할 수 없다고 판단될 때는 누구보다도 빨리 포기한다.

책임의식. 성공을 이루는 사람들은 자신의 성공은 자신 이외에는 이룰 수 없다고 생각한다. 성공적인 기업가들은 자신의 인생과 주변의 모든 것에 대해 완벽하게 책임진다는 생각이 강하기 때문에 정부의 후원 같은 것은 별로 기대하지 않는 성향이 있다. 아무도 대신 돌보아 주지 않을 것이라고 인식하에 자신의 사업에 책임의식을 갖고 임하게 된다.

의사결정과 판단력, 문제해결능력. 사업을 하다 보면 해결해 나가야 할 문제들—특히 그것에 대해 거의 아는 바가 없는 문제들—에 끊임없이 봉착하게 된다. 커다란 문제에 직면했을 때 침착하게 처리해 낼 능력이 없는 사람은 자기 사업을 행복하게 해 나가기가 어렵다. 사업을 하는 사람들은 자신의 사업을 방해하는 문제의 정체가 무엇인지를 밝혀내고 그에 대한 해결조치를 취하는 일에 많은 시간과 정열을 바쳐야만 한다.

설득력. 성공적인 기업가들은 대개 설득력, 의사소통력, 또는 협상력이 강한 사람들이다. 그럴 수 밖에 없는 것이 자기 사업을 위해서 다른 사람들을 설득하여 성사시켜야 할 일들이 많기 때문이다.

리더십. 성공적인 창업가 중에는 공식적인 권력이 없으면서도 영향력을 행사하는 능력이 잘 발달된 사람들이 많다. 이들은 갈등해소에 능통하고, 언제 논리적이어야 하고, 언제 설득해야 하며, 언제 양보해야 하고, 언제 강요해야 하는지 잘 알고 있다. 여러 이해 관계자들과 고루 좋은 관계를 유지하는 것이다. 성공적인 창업가는 타인을 통제하고 압박하기보다는 상호 보완적이다. 적극적으로 팀을 형성하여 성취에 대한 공적을 나누고 책임감을 부여하는 능력이 탁월하다.

자제력, 자기관리 통제. 사업을 하다 보면 원하지 않는 일을 해야 하는 경우도 많이 있다. 자기로서는 내키지 않지만 사업 상의 접대를 해야 하는 경우도 있다. 이와 같이 사업상 필요하다면 어떠한 성질의 일이든 자제력을 가지고 처리해 낼 수 있는 능력이 요구된다.

돈의 가치에 대한 인식. 창업 시작단계에서 고급 자동차, 화려한 사무실, 대규모 공장, 상류생활 등 사업적인 성공과는 별 상관없는 곳에 지나치게 돈을 쓰는 기업가들을 대개 오래 가지 못하고 실패를 경험한다. 반대로 성공한 기업가들은 돈을 벌기가 얼마나 힘든지를 알기 때문에 돈을 귀하게 여기고 특히 창업초기에는 자금의 지출에 신중을 기한다.

자신감, 자기신뢰, 내적 통제위치. 독립적으로 자신의 사업을 시작한다는 것은 대단한 자신감을 필요로 한다. 성공적인 창업가는 자기 자신의 통제력과 영향력을 믿는다. 즉, 외부 환경 탓을 하기 이전에 자신의 노력에 의해서 일을 성공적으로 수행해 나갈 수 있다고 믿는다. 그들은 실패를 두려워하지 않으며, 실패의 경험을 학습의 방법으로 활용할 줄 안다.

자부심과 성취욕구. 성공한 사람들은 스스로를 좋아하며 자신이 과거에 성공한 일에 대해 긍지를 느낀다. 그러나 더러는 이러한 자부심이 지나쳐 교만해지거나 독선적이 되기도 한다.

시장감각과 독특한 사업기회를 집어내는 능력. 사업에 성공하기 위해서는 시장에서 어떤 일이 어떻게 돌아가고 있는지를 잘 파악하고 그 시장의 동향에 따라 사업방향을 잡아 나가야 한다. 사업상 호기를 포착해 내는 뛰어난 사업감각이야말로 기업가에게 가장 필요한 요소일 것이다. 사실 좋은 기회에 둘러싸여 있으면서도 그러한 사실을 인식하지 못하는 사람들이 많이 있다. 성공한 기업가들은 사업에 완전히 몰입하는 것으로부터 기회를 추구하고 실현한다. 그들은 산업과 고객 그리고 경쟁자들에 대하여 상세하게 알고 있다. 이런 속에서 변별력을 가지고 아이디어를 선별한다.

실패한 기업가의 특성

한편, 사업가로서 맞지 않는 특성에 대한 연구들을 보면 창업 시 어떤 함정에 주의해야 하는지 알 수 있게 된다. 실패한 기업가의 특성은 성공한 기업가들이 가진 특성들과는 반대 되는 것이다. 여기에는 쓸 데 없는 과시욕, 자만심, 탐욕과 불성실, 피해망상과 낮은 대인안목, 충동적인 성향과 성마름, 사업지식의 결여, 관리체계의 결여 등이 있다[10].

실패하지 않는다는 생각, 남자답고자 하는 생각. 재난과 같은 사고가 자신에게는 일어날 수 없다는 사고방식이다. 따라서 이런 사람들은 쓸데 없는 기회를 잡으려고 커다란 위험을 감수하는 경향이 있다. 어떤 사람은 다른 사람에게 과시하려는 자만심에서 쓸 데 없는 위험을 감수한다.

권위에 대한 적대적인 생각과 모든 것을 알고 있다는 자만심. 이런 이들은 외부의 권위에 의해 자신의 활동이 통제되는 것에 분노한다. 성과를 증진시키기 위해 피드백을 찾고 활용하는 노력을 하지 않는다. 자만심에 의해 모든 것을 알고 있다고 착각하는 경우도 문제다.

탐욕과 불성실. 사업상의 탐욕은 몇 가지 형태로 나타날 수 있다. 어떤 사람들은 종업원들의 도움 없이는 성공할 수 없었을 텐데도 탐욕에 사로잡혀 종업원들과 사업성과를 나누려 하지 않는다. 이러한 일이 반복되면 제대로 보상을 받지 못한 종업원들은 회사를 떠나려 할 것이다. 탐욕이 심한 나머지 자신이 이룬 성공에 만족하지 못하는 사람들도 있다. 이러한 사람들은 겉으로는 성공적으로 사업을 확장해 나가는

---

10 Timmons, Timmons J. A., Smollen I. E. and A. L. Dingee, *New Venture Creation*, 3rd ed., Irwin, 1990, pp248-249; 정대용, *창업스쿨*, 21세기북스, 1998, pp16-29.

듯이 보이지만 그 무리한 확장 때문에 실패하는 경우가 더 많다. 신용이 성공에 미치는 중요성은 아무리 강조해도 지나치지 않다. 사업의 세계에서는 다른 사람들에게 신뢰를 줄 수 있다면 그 때부터 창업자에게는 온갖 좋은 일들이 생길 수 있다. 그러나 만약 그렇지 않다면 사업은 큰 어려움을 겪게 될 것이다. 단 한 번의 불성실한 행동으로 인해 파멸의 길로 빠진 기업가들의 이야기는 수없이 많다.

완벽주의자. 완벽주의자는 시간과 비용을 과다하게 소비하며, 결국 기회의 창이 닫혀 버리는 상황에 빠진다.

피해망상과 낮은 대인 안목. 어떤 사람들은 남을 지나치게 믿지 못하는 성격으로 인하여 다른 사람과 제대로 인간관계를 맺지 못한다. 이들은 상대방을 적대시하고 항상 경계자세를 취하기 때문에 사람들에게서 자신이 필요로 하는 협조를 얻어내기가 아주 어렵다. 심리학에서 사람들은 자신의 행동패턴을 타인의 행동에 투사하는 경향이 있다는 이론이 있다. 이 이론에 따르면 자기가 대하는 모든 사람의 동기를 의심하는 사람은 실은 자신 속에 그러한 의심스러운 행동성향이 있기 때문인지도 모른다. 사업에 성공하기 위해서는 적재적소에 인재를 고용해야 하고, 필요한 도움을 얻어야 한다. 그러나 많은 기업가들이 사람 보는 눈이 부족해 실패를 경험한다. 파트너를 영입해 놓고 보니 애초에 생각했던 것만큼 재능이 있지 않았다거나, 또는 성실치 못하다거나 부지런하지 않았다고 후회하는 창업자가 많다. 어떤 경우든 기대만큼 업무능력이 따라주지 못하는 사람들을 잘 못 판단하여 배치한 결과이다. 그리고 무엇보다도 사람의 외모보다는 업적에 초점을 맞추고 말보다는 행동을 주시해야 한다. 그러나 무엇보다도 성실성을 찾아야 한다. 아무리 기술이 뛰어나도 성실성이 부족하면, 그 사람에게서 얻을 수 있는 것은 별로 없기 때문이다.

충동적인 생각과 성마름. 결정의 순간에 차분히 대안을 고려하지 않고 무슨 일이든 빨리 해야 한다는 강박관념을 가진다. 새로운 사업을 이끌어 나가다 보면 일의 성격 상 상당히 긴 시간을 필요로 하기도 한다. 이런 일에 대해서까지 모두 조급하게 일을 처리하다 보면 종종 나중에 가서 후회하게 된다. 예컨대 빨리 주문을 딸 욕심으로 가격을 터무니없이 낮추었다가 나중에 그로 인해 손해를 입게 된다든지, 너무 서두른 나머지 맞지 않는 사람을 고용한다든지, 점포를 빨리 열 생각에 불리한 리스계약을 맺는다든지 하는 일들이 다 성마른 탓이다.

사업지식의 결여. 사업에 실패하는 큰 이유는 사업지식의 결여에서 기인된다. 어떤 종류의 사업이든 그 분야에 대해 알아야 할 지식이 많이 있다. 가령 외상을 현명하게 주는 방법을 모른다면 악성 미수금 때문에 위기를 맞게 되기 쉽다. 그러므로 자신의 사업에 필요한 경영관리체계를 세우는 법을 모른다면 낭패가 코앞에 닥칠 것이다.

관리체계의 결여. 사업실패 원인에 관한 연구결과를 살펴보면 파산의 가장 큰 이유가 관리체계의 결여라는 것이 명확하게 나타나 있다. 실패한 기업가들은 경비, 재고, 현금과 인력의 관리방법을 몰랐던 것이다. 흔히 회계시스템이 전혀 없거나, 있어도 형편없는 것이기가 십상이다. 만약 관리체계와 관리의 필요성을 제대로 이해하지 못한다면 불행한 일들을 경험하게 될 것이다. 훌륭한 비즈니스는 잘 관리된 경영 활동에 기반한다.

기업가 특성의 의의

피터 드러커(Peter F. Drucker)의 견해에 따르면[11], 성공적인 기업가 특성을 모두 갖춘 사람은 이 세상에 극히 소수만이 존재할 뿐이다. 그러나 이런 특성을 단지 일부만을 가지면서도 성공적인 기업가가 많음을 우리는 어렵지 않게 인정할 수 있다. 다시 말해서 성공적인 기업가의 특성과 같은 팔방미인적인 항목에 의해서 미리 자기 자신은 기업가로서 성공하기 어려울 것이라고 지레 포기할 이유는 없다는 것이다. 이런 사실은 대기업의 최고경영자로서 매우 성공적인 사람들의 특성에서도 증명되는 일이다. 어떤 경영자는 냉철한 분위기에 위엄 있는 카리스마를 가진 반면에, 어떤 이는 매우 수줍음이 많고 의사결정에 있어서도 과단성을 보이기 보다는 구성원들의 의견에 많은 주의를 기울인다.

이런 사실은 창업 기업가로서 자신이 어떤 특성이 부족한가 보다는 자신이 가지고 있는 장점에 초점을 맞추어야 함을 암시한다. 누구나 한 두 가지의 장점은 있으므로 이 장점을

---

[11] Peter Drucker, P. F., *Management - Tasks, Responsibilities, Practices*, Harper & Row pub.,1973

중심으로 창업 기업가로서 성공할 수 있도록 노력하는 가운데, 자신이 부족한 부분은 창업 과정에 있어서 결정적인 결함으로 작용하지 않도록 조심하며, 서서히 개선하려는 태도가 바람직하다 하겠다.

❖ 내일을 향한 높은 비전과 당찬 가치관, 꿈을 견지하면서 다음과 같은 기업문화를 창출함

1. 고객과 밀착된 행동양식
   - 표적시장의 고객초점을 잃지 않는다.
2. 스피드와 창조를 숭상
   - 일을 많이 한다.
   - 형식 파괴
   - 아이디어가 왕이다.
   - 실패의 자유(freedom-to-fail)
   - 캐주얼한 생활
3. 팀웍과 네트워크를 강조
   - 필요하다면 누구와도 협력
   - 사람의 가치를 인정하고 상호간의 전문성을 존중

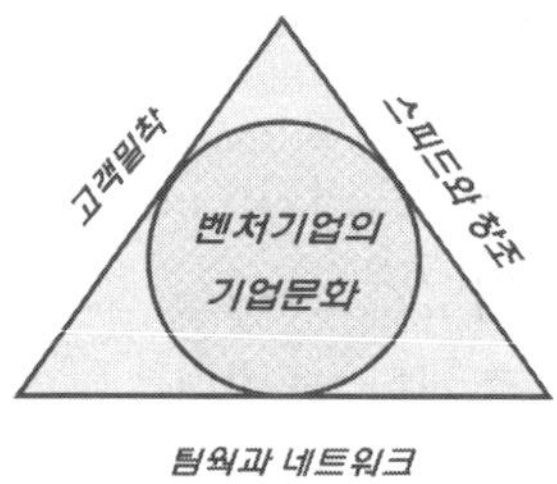

그림 2-2 전형적인 벤처 문화

그런데 창업자의 기업가정신은 그 기업이 성장하면서 전체 조직의 기업문화를 형성하는 요체가 된다는 점에서 또 다른 의의가 있다. 창업자의 기업가정신에서 비롯된 태도와 행동은 구성원들 사이에 하나의 역할모델로 자연스럽게 수용됨으로써 점차 공유도가 높은 기업문화를 형성하기 때문이다. 그림 2-2는 벤처기업에 전형적으로 나타나는 기업문화의 모습을 보이고 있다.

3 창업의 과정

제 3 장 창업의 과정

창업을 하는 과정은 대체로 일정하게 밟아 나가야 할 단계가 있는가? 많은 사람들이 창업에는 정해진 순서가 있다고 믿고 있다. 과연 이러한 단계를 밟아가면서 성사되고 있는지 확인해 보자.

창업의 기본적 순서

창업 출발점은 언제인가?

어떤 종류의 사건이 창업이 되었다는 신호인가? 여기에는 다음과 같은 여러 가지 후보가 있을 수 있다.

- 창업의 욕구가 있음을 알았을 때
- 창업 거리가 될 만한 아이디어가 발생했을 때
- 이전이 고용주와 결별했을 때
- 법률전문가, 은행가, 회계사 또는 기타 자문가 등 잠재적인 동업자와의 계약이 이루어진 때
- 동업, 합자, 또는 사업 면허 등 법적 서류가 제출되었을 때

- 새 사업에 최초의 자금 투입이 이루어졌을 때
- 회사가 주문을 접수할 준비가 된 때
- 회사의 로고가 처음 전시된 때
- 최초의 주문이 접수되었을 때
- 최초의 납품 또는 성과가 났을 때
- 회사가 최초로 손익분기점에 도달했을 때
- 회사가 처음으로 이익이 난 해를 맞았을 때

위 사건들 중 어떤 것을 진짜 창업의 시작 시점으로 볼 것인지는 합의점 없는 논쟁을 불러 일으킬 만 하다. 창업은 전형적으로 이런 사건들이 시차를 두고 일어나며 표면화 된다.[12]

이런 중요 사건들이 일어나기 전에 창업 기업가는 이들 사건을 미리 순서에 따라 예견하고 형상화 해보는 것으로 알려져 있다. 이런 과정은 창업가로 하여금 계획의 현실성, 함정의 예견, 더 나은 방안은 없는지, 기회의 발견, 동기를 부여하고 확신을 얻으며, 사전적 경험을 얻는 등의 이점을 얻을 수 있어, 정신적 연습경기를 치르면서 일을 보다 완벽하게 처리할 수 있게 해준다. 다시 말해, 만약 창업의 단계가 전형적으로 어떻게 구성되어 있는지 안다면 창업과정에 대한 예견이 가능하고, 따라서 미리 마음 속에서의 예행연습을 해 볼 수 있을 것이다.

---

[12] Vesper Karl H. *New Venture Strategy*, Prentice-Hall, Englewood Cliffs, N.J., pp96-97

창업순서에 대한 연구들

각 산업 특성에 따라 창업 시 일반적으로 거치게 되는 순서가 여러 연구자에 의해서 제시되었다.

베이브 순서

베이브(Mahesh P. Bhave)는 미국 뉴욕 북부에 소재하는 27개 창업기업에 대한 실증적 면담을 바탕으로 창업기업의 생성과정에 대한 모형을 제시했다. 그에 의하면 창업 단계는 그림 3-1과 같이 세 단계로 묶어 설명할 수 있다[13].

1) 기회의 단계(opportunity stage) : 사업개념의 체계화

   내부와 외부적으로 자극된 결과, 기회를 인식하고, 이것이 사업개념의 최종적인 확정으로 결론지어져 창업에 대한 적극적인 몰입이 시작된 단계다. 여기서는 사업개념이 핵심적 변수다. 물리적 창조활동에의 몰입은 둘째 단계로 진입하는 가시적 구분점이 된다.

2) 기술구축과 조직창조의 단계(technology set-up and organization creation stage) : 생산기술의 구축

   물리적 창조활동에의 몰입 후 창업자는 자원을 축적하고 축적된 자원을 기술구축, 조직창조 및 마케팅활동에 투입한다. 이러한 활동은 창업기업 생성에 있어 가장 가시적인 단계이며 고객을 위한 제품이 준비될 때 종료된다.

---

[13] 정승화, *벤처 창업론*, 박영사, 1999 : pp12-13

생산기술이 이러한 하부과정의 핵심변수가 된다.

3) 교환의 단계(exchange stage):제품·서비스의 생산과 유통

아이디어가 제품으로 바뀌고 수요와 공급의 경계를 건너 최초로 고객에게 판매되면 창업의 반복적 주기가 완성된다. 고객으로부터의 피드백은 창업기업의 전략 및 운영을 위한 인풋으로 활용된다. 초기 고객의 피드백, 경영방침의 수정, 그리고 창업기업의 생성에 투여되는 마케팅 노력 등은 교환의 단계로 묶을 수 있다. 이러한 교환의 단계에서의 핵심변수는 생산된 제품이다.

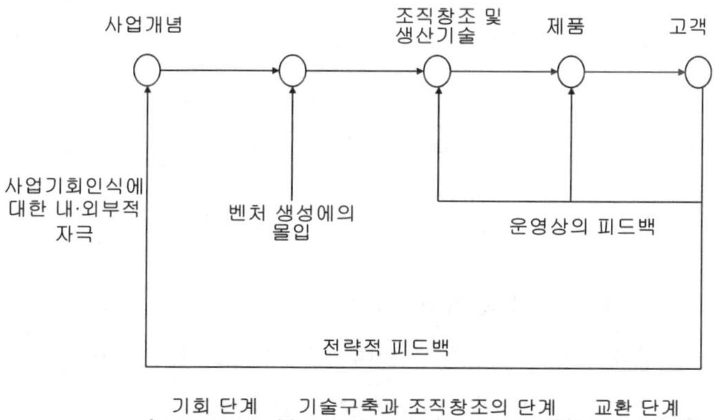

그림 3-1 창업기업의 생성 과정

전통적인 제조 기업의 창업 순서[14]

콜린스-무어는 미국 중서부에 소재하는 100여 개의 제조업

---

[14] Karl H. Vesper, *New Venture Strategies*, Prentice-Hall, Englewood Cliffs, N. J., 1990 : pp103-104.

창업자에 대한 조사 결과, 그들이 창업을 생각하기 오래 전부터 이미 현장의 배움을 통하여 창업자가 되게 하는 영향요인이 있었음을 추적해 냈다. 이들이 조사한 창업자는 기계가공 등 생산현장에서 출발한 사람들이었다. 콜린스-무어가 발견한 창업의 과정은 다음과 같이 7개의 단계로 구성된다.

1) 배움(schooling)

배움 단계의 특징은 고생스러운 경험이다. 하찮은 일을 하면서 바닥생활을 하는 기간으로 자영하는 부모 또는 권위적인 상사 밑에서 고생스러운 과정을 겪는다. 이런 과정 속에서 기술 측면의 경험을 쌓고 높은 수준의 능력을 발휘하게 되며, 그럼에도 불구하고 승진 기회는 주어지지 않는다. 독립에의 열망은 크지만 구체적이지 못하고 좌절되며, 아직 벗어날 형편이 되지 못하고 있다. 이 과정에서 사업의 뜻을 조금씩 이해하게 되고, 돈이 어떻게 벌리는지 눈이 열리게 된다.

2) 역할 악화(role deterioration)

이 단계에 이르러서는 자신이 몸 담고 있는 환경에 물릴 정도로 싫어지는 때이다. 모두가 그런 것은 아니지만, 대부분의 창업자가 다니던 직장이 싫어지는 과정을 겪는다.

3) 사업구상(projecting)

배움의 단계에 이어 창업 구상(창업 아이디어)이 떠오르는 일이 일어난다. 이 단계에서는 매우 중요한 아이디어였음이 나중에서야 밝혀지지만, 창업을 형성하게 하는 아이디어의 파편들이 떠 오른다. 어떤 창업자의 경우는 먼저 발명에 관한 아이디어가 먼저 떠오르고, 다음 단계에야 비로소 이것을 생산하고 판매할 조직을 만들 구상이 떠오르기도 한다. 어떤 창업자는 반대로 먼저 조직을 만드는 아이디어가 떠오르고, 그 다음에 생산 문제로 넘어가기도 한다. 어떤 경우는 시장에서 무엇이 요구되는가를 먼저 생각하기도 하며, 또 다른 이들은 단순히 동업의 권유를 받기도 하고, 고용주를 승계해야 하는 경우도 생긴다. 어떤 때는 아이디어와 제품이 딱 맞아 떨어져 아주 손 쉽게 많은 돈을 벌게 되기도 한다.

4) 창조(creation)

앞의 구상이나 아이디어를 '번역'하여 사업으로 실체화하는 단계이다. 사람을 구해오고, 건물이나 장소를 마련하고, 자금을 확보하고, 집기도구를 사오고, 고객을 물색하며, 사업 승인을 받기 위해서 동분서주한다. 사업의 실체화는 흔히 질서정연하게 진행되기 보다는 대체로 온갖 사건이 겹치기로 밀려들어오는 과정이다.

5)난관 통과(through the knothole)

사업체가 생존위기에 처하게 되는 단계이다. 일이 엉망으로 꼬이고, 도저히 성사될 기미가 없어 절박하게 느껴지고, 계속 매달리는 것이 과연 의미가 있을까 하는 생각이 솟아오를 수 있는 단계다.

6) 재 순환(maybe recycling)

난관극복에 실패해서 망하는 경우가 많은데, 만약 그럴 경우에는 지금까지 겪은 온갖 어려움은 소중한 경험으로 교훈을 준다. 이 체험적 배움은 후에 재차 창업 때 강점으로 작용한다. 어떤 때는 한번이 아니라 여러 번 실패하는 경험을 겪고, 마지막 도전에 성공을 하는 경우도 많다.

7) 사업 장악(taking full charge)

난관을 통과하는 과정에서 창업자는 사업을 죽이지 않기 위해, 고객, 공급자, 돈을 가진 사람, 동업자, 심지어 자기가 고용한 사람들에게까지도 모두 열세적인 자세를 취한다. 그러나 일단 위태한 단계를 넘어 서면, 창업자는 이들 압력에서 벗어나 자신의 자금을 축적하고, 동업자를 축출하기도 하며, 지휘 통솔권을 장악하게 된다.

하이테크 제조업 창업순서[15]

전통적인 제조업 창업자들과 마찬가지로 하이테크 제조업 창업자의 경우도 자신의 직무에 불만을 갖는 것이 창업에 가장 큰 영향을 주고 있다는 점은 동일하다. 앞 서 생산 현장의 경험을 거쳐 창업한 사람들에 비해서 이들은 대개 기술 및 설계 부문에서 근무하다가 창업하는 경우가 많다. 이들은 앞의 생산 분야 창업자들보다 더 우수한 교육을 받은 사람들이 많고, 전통적 제조업에 비해 고생스러운 어린 시절을 덜 거치고 있으며, 어떤 경우는 일련의 예비적 창업과정을 거쳐 비교적 덜 고생스럽게 창업하는 경향이 있다.

오스본(A. Osborne)-드보락(J. Dvorak)은 마이크로 컴퓨터

---

15 Vesper, K. H., *New Venture Strategies*, Prentice-Hall, Englewood Cliffs, N. J., 1990, p105.

산업에 대한 실증연구를 바탕으로 하이테크 컴퓨터 하드웨어 사업을 시작하는 데 네 단계가 필요하다고 결론지었다. 그들이 제시한 절차는 다음과 같다.

1. 표준시제품을 설계하고 완성시킨다.
2. 벤처자본을 모금한다.
3. 전문인력을 확보한다.
4. 사업을 가시화 시키고, 고객기반을 개발한다.

하이테크 기술에 기반한 창업은 일반 제조업의 패턴과 상당히 다름을 알 수 있다. 특히 창업 초기에 대량의 투자자금을 필요로 하는 경우가 많아 벤처자본가들의 도움을 얻어야 하는 과정을 거쳐야 하는 경우가 대부분이다.

창업 핵심요소

창업의 과정을 처방하는 대신 창업에서 고려하지 않으면 안 되는 절대적 요소를 고려해 보는 것도 중요하다. 기존의 기업을 통제 하는 것은 일정 비율의 주식을 취득함으로써 가능 할 수 있지만, 창업 기업을 세우는 것은 기업 경영의 제반 구성요소를 체계적으로 갖추어 나갈 때만 가능하다.

칼 베스퍼는 창업기업을 세우는 데 요구되는 핵심 구성요소로서 다음의 다섯 가지를 들고 있다[16].

---

[16] Vesper, K. H., *New Venture Strategies*, Prentice-Hall, Englewood Cliffs, N. J., 1990, p109.

1) 기술적 노하우(technical know-how)

창업에 성공적이기 위해서는 제품이나 용역을 생산해 내야 하는데, 그러기 위해서는 창업하는 사업의 제품이나 서비스에 대한 전문적인 지식과 기술을 가져야 한다. 창업자 자신이 기술적으로 훈련되어 스스로 터득하고 있는 편이 가장 좋으나 만약 기술이 자신에게 없다면 그 기술을 개발하거나 기술자를 고용하는 방법으로 획득할 수 있어야 한다.

2) 제품·서비스 아이디어(product or service idea)

사업의 개시에 무엇보다도 직접적인 영향을 주는 것은 잠재적 시장과 고객에게 제공할 제품이나 용역의 특징에 대한 아이디어이다. 창업이 성공하려면 먼저 제품·서비스 개념이 무엇인지 분명히 알고 있어야 한다. 물론 한 아이디어에서 실패했다고 해서 실패한 아이디어에서 파생한 다른 아이디어로 성공하지 못한다는 것은 아니다. 창업 아이디어는 기업이 커 나가면서 상황의 전개에 따라 달라질 수도 있다.

3) 사람 접촉(personal contacts)

창업자가 원하든 원하지 않든, 다른 사람의 도움 없이 사업에 성공하는 사람은 없어 보인다. 사업의 추진은 진공상태에서 이루어지지 않는다. 창업이 시도되고 진행되는 동안 모든 국면에서 사람들과의 접촉이 미치는 영향은 절대적이다. 특히 아이디어를 획득하는 데 있어서 인맥에 의한 접촉은 가장 효과적인 결과를 가져 온다.

사업 구상 단계부터 성장기에 이르기까지 창업자는 주변의 친지와 가족으로부터 영향을 받게 된다. 창업을 위해서는 이러한 인적인 관계를 적극적으로 활용하고 개발할 필요가 있다. 인맥은 창업 과정에서 자신의 사회적 자본이 되어 창업자로 하여금 보다 효과적으로 사업을 추진 할 수 있게 한다.

사람 접촉의 양상은 창업의 단계 별로 다르게 나타난다. 사업 추진의 초기 단계에는 가족이나 친지 등의 비공식적 인맥을 많이 접촉하고, 자금 조달을 시작하는 후기에는 주로 금융인, 회계사, 변호사, 공무원, 부동산업자 등의 공식적인 인맥을 구축하는 경향을 보인다. 기존의 회사에서 사업과 관련된 경험을 쌓고 회사를 떠나 창업을 시도하는 퇴사 창업자의 경우 이전의 회사에서 다양하고 효과적인 인맥을 구축할수록 창업에 성공할 확률이 높아지게 된다[17].

4) 실물 자원(physical resources)

어느 사업이든 종자돈, 운전자본, 설비자산 등의 물리적 자원이 필수적으로 필요하다. 사업 규모나 업종에 따라 자원의 유형 별로 그 중요도가 틀려지며, 제조업과 같이 대규모의 자원을 필요로 하기도 하고, 서비스업과 같이 매우 적은 자원만으로도 가능한 경우도 있다. 실물자원을 유치하고 적절히 배치하는 것도 창업자의 주요 역할 중의 하나이다.

5) 고객의 주문(customer orders)

제품이나 서비스를 사주려는 고객이 없다면 어떤 창업도 불가능하다. 주문을 찾아내는 방법의 창의성이 창업자들에게는 절대적으로 중요하다. 어떠한 기업도 고객과 시장으로부

---

17 정승화, *벤처창업론*, 박영사, 1999, p14.

터의 지속적인 호응이 없이는 생존하고 성공할 수 없는 것이기 때문에 이를 직접, 간접적으로 추구하는 것은 창업 기업에 있어서 창업자가 수행하여야 할 특히 중요한 요소이다.

이 다섯 가지 요소들이 모두 중요함에도 불구하고 창업자들은 이 요소들을 균형 있게 챙기지 못하고 어느 한 부분을 간과함으로써 실패하는 경우가 많다. 예를 들어, 투자자로서의 창업가는 아이디어에 초점을 맞추며, 계약이나 주문에는 중요성을 덜 둔다. 프로모터들은 반면에 자원의 획득을 중시하면서 노하우에는 주의를 기울이지 않는 경향이 있다. 판매에 기반한 창업가는 일반적으로 주문을 따내는 데 관심이 있고, 자원획득이나 주문을 수행하는 일에 덜 주의를 기울인다. 기능이나 기술자로 출발한 창업자는 노하우에 강점이 있지만 창업 아이디어를 명확히 개념화하는 데는 약하다.

이들 구성요소들은 한꺼번에 필요한 것도 아니고, 사업추진의 단계에 따라 어떤 구성요소가 더 중요한지가 달라질 수 있다. 따라서 창업자는 위와 같은 구성요소를 늘 염두에 두고 있으면서 자신이 부족한 요소가 어떤 것인지를 평가하고 보완함으로써 실패의 가능성을 줄여야 한다.

창업의 장애

일단 사업을 시작하였더라도 많은 사람들은 여러 가지 요인에 의해서 실패하고 만다. 실패의 원인을 보면, 창업자의 성격과 심리적 문제에 기인할 수도 있고, 또 사업 측면의 원인도 있을 수 있다. 또한 창업 후 성장단계에 따라 나타나는 위험의 성격이 다르다. 이하, 이들 실패나 장애나 위험이 나타나는 모양에 대해서 알아 본다.

성격, 심리 측면의 장애

어떤 사람은 성격 상 스스로 창업의 길로 들어서지 않을 수도 있다. 스스로 사업할 적성이 아니라고 느낄 수도 있고, 위험부담을 싫어하거나 골치 아프게 생각하는 경우도 많다. 또 자신은 큰 문제로 생각하지 않을 수도 있지만 사실 상 창업에 적합하지 않은 성격을 가지고 있을 수도 있다. 물론 이러한 성격 상의 장애는 절대적인 것이라고 보기는 어렵고, 누구나 한 두 가지는 이런 성향을 가지고 있는 경우가 많다. 이런 경우, 그 결점을 없애기 위한 특별한 노력을 기울인다든가 자신의 약점을 보완할 동반자가 필요하다.

창업에 적합하지 않은 성격의 유형에는 다음과 같이 8가지가 제시되고 있다[18].

1) 산탄총형 - 각광 받는 새로운 아이디어를 매우 신속하게 알아차리나 알아낸 아이디어를 창업으로 연결하는 경우는 드물다.

2) 단순형 - 항상 모든 일을 단순하게 생각하고 누구나 한두

[18] Success,"8 demons of entrepreneurship", March, 1986, p. 54.

가지의 간단한 문제만 해결하면 창업할 수 있다고 느낀다.

3) 자기도취형 - 자신의 아이디어를 매우 사랑하여 다른 사람들이 자신의 아이디어를 빼앗아 가려 하고 있다는 편집증적 성향으로 다른 사람들과 신뢰관계를 구축하지 못한다.

4) 루키형 - 이론에는 밝지만 실무 경험이 없는 신인이다.

5) 소심형 - 완벽주의자로서 모든 것을 완벽하게 해결하려다 보니 혼란하고 애매한 상황을 극복하지 못하여 현명한 판단을 하지 못한다.

6) 열등형 - 혁신적이고 창의적인 아이디어를 실제 사업의 성공으로 변환하기 위한 행동력이 없다.

7) 은둔형 - 새로운 분야를 개발하고 창업을 촉진하려는 동기와 목표가 부족하다.

8) 발명가형 - 창업자이기보다는 발명가로서 발명의 결과를 창업으로 연결하기보다는 발명 자체에 보다 더 관심이 있다.

사업측면의 장애[19]

여기서 심리적 이유는 접어두고, 사업 측면의 원인을 살펴

---

19 Vesper, K. H., *New Venture Strategies*, Prentice Hall, Englewood Cliffs, N. J., 1990, pp119-126.

보고자 한다. 창업자가 사업을 시작한 후 실패 했을 때, 그 실패한 이유 중 사업의 관점에서 중요한 것은 어떤 것인가? 세 가지가 특별히 중요시 되고 있다.

1. 충분한 이익 잠재력을 가진 사업 아이디어를 발견하지 못함
2. 효과적 매출 창출방법 개발에 실패함
3. 운영자금 확보에 실패함

이 난관들은 창업자가 어떤 사람인가에 따라 다르게 나타나기도 하며, 상호 관련되어 나타난다. 또한, 앞에 논했던 다섯 가지 창업 요소와도 밀접한 관련을 가지고 있다.

충분한 이익 잠재력을 갖는 사업 아이디어

사업 아이디어는 충분한 이익 잠재력을 갖는 것이라야 한다. 이익은 예측 못한 문제의 출현에 대비하고, 경쟁자의 가격 공세에 대비할 수 있을 만큼 큰 규모라야 한다. 또한 지속적으로 이윤을 창출할 수 있는 준비 비용을 축적할 만한 이익이 있어야 한다. 즉, 단지 제조원가를 상회하는 이익만을 고려하면 안 된다.

미국의 경우, 제조업 상품이라 하면 적어도 직접제조원가(임금 + 원재료비)의 4배 내지 5배의 수준으로 가격을 정해야 한다고 알려져 있다.

효과적 매출 창출방법

고 이윤 잠재 마진을 갖는 사업 아이디어를 찾아내어 창업

을 했더라도 얼마 후 창업자는 판로나 주문을 획득하는 일로 어려움에 봉착하게 된다. 이것이 두 번째 통과해야 할 난관이다.

창업 기업은 매출이 몇 차례 발생했다고 곧 성공하는 것이 아니고, 주문이 지속적으로 쇄도해야 성공할 수 있다. 이를 위해 창업자는 판매에 관한 기본적인 과제를 잘 파악하고 있어야 한다. 즉, 다음과 같은 질문에 답을 가지고 있어야 한다[20].

- 누가 우리회사의 제품을 구매할 고객인가?
- 우리 제품은 그들에게 얼마만한 가치가 있는 것인가?
- 그들이 어떻게 우리의 제품에 대해서 알 것인가?
- 고객이 우리 제품의 가치를 파악하는 데 어떤 어려움이 있고, 그 어려움을 해소할 방법은 무엇인가?

이런 기본적인 질문과 아울러 창업 기업이 매출 창출과 관련하여 곤란을 겪는 데는 다음과 같은 몇 가지 이유가 있다.

- 제공하는 제품의 기본적인 취약성 : 창업 기업의 제품은 아직 시장에서 검증되지 않은 제품인 관계로 제품의 신뢰성에 문제를 드러낼 수 있다. 기존 제품을 사용하던 고객들은 이런 문제에 매우 민감하게 반응한다.
- 관계 중심의 기존 시장 구조 : 유통 구조는 대개의 경우 대기업에 의해서 장악되어 있는 경우가 대부분이다. 구

---

[20] 조병주, Karl H. Vesper, *기회발견과 창업메카닉스*, 청아출판사, 1999, p65

매하는 도소매업자들은 기존 대기업과의 공급관계를 해치기를 매우 꺼려하기 때문에 창업자는 이를 설득하는데 대비책을 가지고 있어야 한다.

- 잘못된 유통 경로의 선택 : 창업기업은 시간과 자금상의 제약으로 자체 영업망이나 직영점을 구축하기 어렵다는 이유로 대리점 망을 활용하는 것이 보통이다. 그러나 대리점은 주문이 잘 들어오는 기존의 상품에 더 큰 관심을 가지고 있기 때문에 창업기업의 상품에 덜 신경을 쓴다. 따라서 창업자는 선별적으로 대리점을 구축하고, 이들에게 실질적이고도 강한 인센티브를 제공할 수 있어야 한다.
- 장기간 소요되는 시장반응 : 아무리 훌륭한 혁신제품이 개발 되었다 해도 소비자의 반응을 얻게 되기에는 시간을 요한다. 이러한 느린 반응은 시간적, 금전적으로 여유가 없는 창업자에게는 아주 어려운 요소이지만, 공략하기 좋은 시장을 선정하여 적극적인 설득으로 임할 수 밖에 없다.
- 고객에 대한 메시지 선택의 오류 : 신제품의 기능을 표현하는 광고 메시지를 잘 선택하고 개발하는 것이 효과적인 판매의 출발점이다. 창업 기업으로서는 초기 과대광고보다는 소비자의 구전효과에 의해서 확산되기를 기대하고, 효과적이고 정직한 메시지를 선택하는 것이 바람직하다.

운영자금의 조달

창업자는 창업이 개시되어 사업이 조금씩 돌아가는 매우

초보적인 단계까지 버틸만한 자금을 확보하고 있어야 한다. 이 자금을 가지고 사무실과 공장 선정, 시제품 개발, 시장조사, 재고 확보, 장비 등 고정자산의 취득이 가능하게 된다. 이 자금은 개인 저축금이거나 창업 동업자, 또는 가까운 친지로부터 마련된 종자돈이다. 이 단계에서는 벤처 자본의 투자를 기대할 수도 없다. 왜냐 하면, 벤처자본은 첨단 기술사업 중심으로, 그것도 회사 설립 후 수 년이 지나 수익잠재력이 입증된 기업에 투자되는 것이 대부분이기 때문이다.

예비 창업자는 사업 초기에 필요한 자금의 소요액수를 과소평가하지 않도록 해야 한다. 상품개발비가 의외로 많이 들 수도 있고, 개발기간이 지연되는 수도 많다. 또 생산으로 이행하는 기간도 예상보다 길어질 수 있고, 매출이 있기까지의 기간도 역시 생각보다 지연되는 수가 많다. 특히 품질문제는 끊임 없이 발생한다.

벤처 성장단계

창업단계에 따른 위험

미국의 경우, 창업이 이루어진 중소기업이 10년 이상 존속되는 비율은 종업원 규모 20명 미만인 기업이 8.5%, 21명 이상 50명 미만의 기업이 26.2% 정도로 조사되어 있다. 그만큼 중소기업이 계속 기업으로 존속하기 위해서는 여러 차례 위험을 극복해야 한다는 것을 의미한다. 기술 기반의 벤처기업은 새로운 지식이나 기술을 개발하고 이의 상품화를 통해 수요를 창출하고 성장·발전하여 나가는 기업으로서 기업의 성장이 빠른 반면 실패 위험이 더 높은 특성이 있다. 벤처기업의 성장단계는 통상 아이디어 단계, 연구개발단계, 창업단계, 초기위험성장단계, 안정성장단계를 거쳐 성숙단계로 이어진다. 그러므로 이러한 성장단계 별로 특이하게 나타나는 위험의 성격을 규명할 필요가 있다[21].

그림 3-2는 창업기업의 성장 단계에 따른 위험의 유형을 보이고 있다.

개발위험

연구개발은 기업성장과정에서 가장 위험이 많은 단계이다. 따라서 많은 나라에서 연구개발과정은 국가가 정책적으로 지원하거나 대기업에서 투자하게 된다. 벤처 자본가는 투자위험을 줄이기 위해서 보통 개발이나 제조위험을 극복한 창업기업에 지원하는 경우가 많다.

중소기업의 연구개발이나 기술창업을 도와주기 위해 근래 창업보육센터가 활성화되고 있다. 창업보육센터는 창업 인큐베이터(incubator)라고도 하는데, 창업단계에서 각종 비즈니스 서비스를 값싸게 제공함으로써 위험을 줄여 창업을 돕기 위한 것이다. 예를 들면, 기술집약형 창업 중소기업에게 비서지원, 행정보조, 작업공간지원 및 경영, 마케팅, 회계, 재무 등의 지원을 통해 새로운 기업의 발전을 가속화시키도록 하는 인큐베이팅 서비스가 이루어지고 있다. 창업보육센터의

---

21 김형철, *창업과 벤처경영*, 신론사, 2001. 9., pp152-155.

지원은 영세 기술집약형 창업자들이 초기 개발위험을 줄이기 위해서 고려해 볼만한 대안이다.

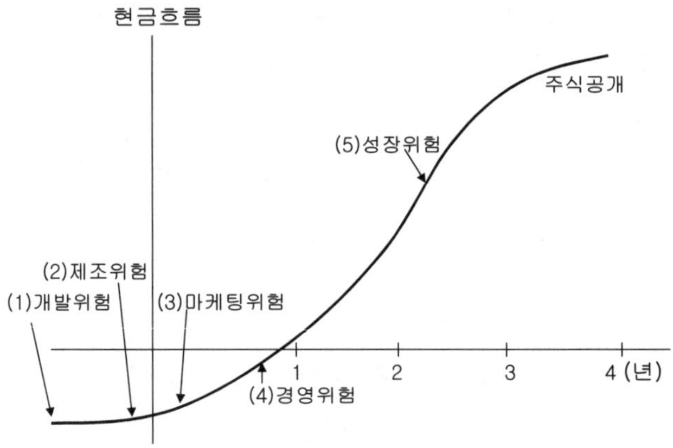

그림 3-2 창업기업의 단계 별 위험

제조위험

제품의 제조나 생산과정에서 주로 검토되는 대상은 기술성이나 제조원가이다. 개발이 되었다 하더라도 이것이 양산으로 이어지지 못하거나 대량생산 시 품질문제가 계속 발생한다면 제조원가가 치솟으면서 창업기업을 도산으로 몰아간다.

마케팅위험

다음 단계의 위험은 생산된 제품을 팔 시장을 개척하고 고객의 니드에 부응할 수 있느냐는 점이다. 창업기업의 경우 시장을 개척하기 위한 자원도 넉넉하지 않으므로 처음 부터 특정 틈새시장을 겨냥하는 경우가 많다. 여하튼 마케팅 실패는 역시 창업기업이 플러스 현금흐름으로 가는 길목에서 겪게 되는 위험이다.

관리위험

창업기업은 관리능력이 부족하여 성장의 문턱에서 주저앉는 경우가 많다. 판매관리, 자금관리, 인력관리 등이 무원칙 하게 이루어진다면 계속 기업으로서 성장하기 어렵다. 특히 자금조달, 매출채권의 관리 등에 차질을 빚어 본격적인 생산과 납품을 눈앞에 두고 부도가 나는 경우가 많다.

성장위험

성장위험은 창업기업이 원래 기대 되었던 성장을 이루어 내지 못하는 위험이다. 판매가 예상되었던 규모에 이르지 못하고 기대되는 수익률을 내지 못하게 되면 본격적인 성장을 위한 자금조달이나 주식공개에 실패하게 된다.

벤처 성장단계의 구분과 특성

앞에서 창업기업이 성장단계에 따라 접할 수 있는 위험에 대해서 알아 보았다. 창업기업은 성숙기업이 되기 위해서 여러 차례 위험을 극복해야 할 뿐만 아니라 성장 단계 별로 요구되는 조직 루틴을 성공적으로 구축해야 한다. 이는 단계 별로 나타나는 문제들을 성공적으로 해결함으로써 가능해진다. 즉 성장과정 중에는 제품개발의 성공, 성장관리의 성공,

대량 공급체계의 구축, 조직 운영시스템 구축의 성공 등 수많은 성공들이 모여서 지속적인 성장을 가능케 하는 것이다.

창업 과정을 포함한 기업가적 과정은 기회포착과 아이디어 창출, 기술개발, 기업설립, 제품개발, 시장확보, 성장관리, 조직 안정화 활동으로 나누어진다. 표 3-1은 기업성장단계에 따라 벤처기업의 당면문제와 제반 특성을 분류하여 보여주고 있다[22].

벤처기업의 성장단계에 따라 당면문제가 표 3-1과 같이 순차성을 띤다는 것은 전적으로 검증된 것은 아니지만 이론적으로나 실무적으로 많은 의미를 갖는다. 다소 시기가 엇갈리기는 하겠지만 순차성에 의해서 벤처기업의 성장에 대한 예측이 가능해지며 주도적으로 그 문제에 대한 준비를 할 수 있기 때문이다.

창업기업은 현재 자신이 위치해 있는 조직과 자원의 배치 상황에 의해 각기 다른 문제에 직면할 것이고, 이를 인식하고, 문제해결을 위한 지식을 획득하고, 기존 지식기반과 여타 자원의 결합을 통한 대안의 실행, 투여한 자원만큼의 위험 감수, 시장의 반응에 따라 문제가 해결되고, 역량이 보다 강화되면서 성장 단계를 올라가게 된다.

혹은 시장의 반응이 좋지 않아서 계속 자원을 낭비 또는 소진하게 되어 음의 성장을 할 수도 있을 것이다.

---

[22] 차민석, 배종태, 벤처기업 성장단계와 지식활동 간의 관계 분석, 벤처경영연구, 2002

표 3-1 벤처 성장단계 별 제반 특성

	준비기	창업기	성장기	안정기(성숙기)
당면 문제	기회포착 경험축적	시장파악 제품개발 자금조달	대량공급체제 성장관리 자금조달	제품 다각화 조직 안정화
지식 활동	기술개발	기술개발 시장파악 및 제품개발	보완적 기술개발, 외부조달, 채용, 경영노하우 습득	신시장/기술개발, 지속적 혁신체계, 학습체계 구축
당면 문제의 해결 성공	제안적 성공, 기술적 성공	창업성공, 상업화 성공	재무적 성공, 운영적 성공	조직적 학습
경영 스타일		창업자 지배적 미숙한 의사결정 체제	덜 집중화된 형태 정보처리 및 의사결정 체제 구축	상위 관리자 경영 분산된 지배구조
조직 구조		비공식적 구조, 권력의 집중화	기능조직 중심의 공식화 진행	사업부 기반구조 및 매우 공식화된 체계
위험 요소	(시장선택)	제품개발 실패, 시장규모의 경제성이 없는 경우	매출증가 및 기업확장에 대한 체계적 관리능력 부족	매출액 시장점유율이 떨어져 주식공개 및 인수 등의 회수 실패
조직 규모		약 10억 원 이하(매출액 기준)	약 10억~1000억 원	약 1000억 원 이상
자금 조달		창업가, 친인척, 지인의 자금을 통한 종자돈	외부투자자의 관심 증대와 외부투자 유치	주식상장
조직 연령		0~3년	4~8년	9~15년
핵심 사건	기회포착		주력제품 출시	매출안정화 및 IPO

만약 이런 시점에서 흐름을 반전시켜 다시 성장의 방향으로 선순환을 탈 수 있으면 다행이지만, 장기적으로 실패의 과정이 계속되면 머지않아 조달 가능한 자원이 모두 고갈되어 기업이 파산에 이르게 된다.

가장 바람직한 것은 관리 가능한 고성장을 통해서 선순환 과정을 타는 것이다. 동적인 시장에서 자원을 새로 결합하여 성장 과정을 타도록 하는 것이 기업가의 역할이다. 자원을 어떤 식으로 배치할 것이냐의 의사결정은 기업가의 시장기회 인식에 의해 이루어지며, 이는 현재의 자원결합에서 존재하는 낭비에 대한 평가에서부터 생겨난다.

4 창업기회의 발견

창업 아이디어의 원천

기회발견의 속성과 탐색 방법

아이디어에서 사업기회로

제 4 장 창업기회의 발견

수많은 사업 아이디어 중에서 실제 창업의 성공에 이르는 것은 극소수에 불과하다. 이는 좋은 아이디어가 사업기회로 구체화되는 과정은 위험으로 가득 차 있는 난해한 과정임을 암시한다.

창업 아이디어의 원천

창업 아이디어에 대한 실증연구

유효한 사업기회를 포착하는 데 있어 중요한 요소 중의 하나는 사업 아이디어이다. 그래서 창업을 하려는 사람들은 사업 아이디어를 찾아 나서지만 아이디어는 그리 쉽게 나타나 주지 않는다.

사업 아이디어는 이것을 바탕으로 해서 사업 구상을 체계화할 수 있고, 또 효과적인 사업계획서를 만들어 낼 수 있게 한다. 본 절에서는 벤처창업에 필요한 아이디어 개발과 기회의 탐색에 대해 살펴본다. 성공적인 창업자들은 어떻게, 어디에서 아이디어를 발견하게 되는가? 또한 발견한 아이디어를 사업기회로 발전시키기 위해 고려해야 할 요인들에 대해서 살펴본다.

실증연구 요약

표 4-1은 아이디어의 출처 내지 기회발견의 계기에 대한 기존의 연구를 정리한 것이다[23][24]. 창업아이디어의 출처를 보면 대부분 이전에 동일한 산업에 종사했던 경험을 이용하는 것을 볼 수 있다. 창업을 한다고 갑자기 새로운 분야에 뛰어드는 것이 아니라 이미 오래 전부터 경험해 오던 일에서 아이디어를 구체화하여 창업에 이르는 것이다.

이러한 결과는 창업 잡지 Inc.의 결과와 쿠퍼의 결과에서 거의 동일하다. 가장 중요한 아이디어의 원천은 역시 전 직장에서의 경험임을 알 수 있다.

콜러의 조사는 창업을 하기로 이미 마음의 결정을 내리고 있었는지, 그리고 아이디어의 원천이 어디서 온 것인지에 대한 것이다. 전체의 45%의 응답자가 미리 사업가가 되겠다고 마음을 먹고, 의도적으로 아이디어를 탐색했다는 응답을 보였고, 나머지 55%는 미리 사업가가 되겠다고 마음먹은 것은 아니고, 기회가 닥쳤을 때 이를 단지 인식했다는 응답을 보였다. 그리고 이들이 어떻게 기회에 접하게 되었는지에 대한 질문에 대해서, 전체의 50%는 다른 사람에 의해서 제안되었다는 것이고, 45%의 응답자는 자기가 실제로 아이디어를 확인했다는 결과를 보였다.

다음으로 전직 경험이 있었는지에 대한 질문에서 전직경험이 있다는 응답이 64%, 취미에 근거한 경험이 있었다는 응

---

23 조병주, Vesper, K. H., *기회발견과 창업 메카닉스*, pp73-84.

24 이장우, *벤처창업*, 법문사,2000, pp27-28

답이 10%를 점했다.

표 4-1 아이디어의 원천과 기회의 포착

창업잡지 'Inc.'	쿠퍼 (Cooper, A. C)	콜러(Koller, R. H.)	조병주	이장우
1989, 성장형 창업회사 500사 조사	미 독립사업 전국협회 회원 2994명에 대한 조사	사업 경험이 있는 82명에게 전화 인터뷰	1997, 한국 내 71개 창업기업	벤처기업 협회 회원사 대상 조사
아이디어 출처(이전 직장에서 일하는 동안 아이디어를 얻음 71%, 운좋게 우연히 발견 20%, 체계적인 조사 4%)	아이디어 출처(이전의 일로부터43%, 취미,개인관심18%, 행운의 사건10%, 타인의 제안 8%)	아이디어의 원천(의도적으로 탐색 45%, 수동적 기회 인식55%) 기회와의 만남(타인 제안 50% - 직장동료19%, 친인척 17%, 지인 12%, 광고, 2%), 자신이 아이디어 확인45%) 경험(전직경험64%, 취미10%)	창업의지 (의도적 47%, 비의도적 53%) 기회발견 (전직56%, 교육11%) 기회단서 (단순관찰 30%, 시장을 미리 내다 봄 24%, 문제해결 7%) 기회만남의 우연성 (우연41%, 옆길효과 36%, 탐색적 23%)	창업의 계기(새로운 소유기술을 활용 62%) 창업 전 경력(연구개발직 47%, 기업경영22%, 유통업무 11%, 생산 6%)

조병주의 조사에서는 창업의지, 기회발생의 원천, 기회포착에의 단서, 기회만남의 우연성 등이 조사 되었다. 창업의

지가 창업 이전에 있었다는 응답은 47%, 창업의지가 없었지만 어떻든 창업하게 된 경우가 53%로서 창업의지 유무는 양쪽이 엇비슷한 결과를 보이고 있다. 기회발생은 다른 연구에서와 마찬가지로 전직의 경우가 56%를 점하여 압도적으로 많은 비율을 차지하고, 그 밖에 전공분야 또는 기타 배움을 통해 창업하게 되었다는 응답이 11%에 이르고 있다. 기회를 포착하는 데 가장 큰 기여를 한 단서가 무엇인지에 대한 질문에는 단순관찰(30%), 시장을 미리 내다 봄(24%), 문제해결의 과정(17%)의 순으로 응답되었다. 또 기회에 접촉했을 당시, 창업자가 어느 정도 사전에 계획하고 있었는지에 대한 질문에서는 41%의 응답자가 사전 계획 없이 우연히 기회와 만나게 되었다는 응답이고, 36%는 최초의 기회에 연이어진 옆길효과에 의한 만남이었으며, 기회를 의도적으로 탐색한 경우도 23%를 점했다.

이장우의 연구는 한국 벤처창업자들에 대한 조사인데, 창업의 계기는 대부분 새로운 기술을 활용하기 위한 경우가 많았고, 거의가 대기업 연구개발직이나 연구소 등에서 익힌 경험과 기술을 사업화한 경우가 대부분임을 알 수 있다.

종합적 해석

창업기회는 다양한 배경을 통해서 얻어지고 있다. 전직을 배경으로 해서 가장 빈번히 기회를 얻고 교육, 취미 등에서 오는 수도 있다. 또 기회를 만나게 되는 직접적인 계기, 즉 단서도 다양한 모습을 보인다. 초대, 문제해결의 과정, 시장 예견, 협력 요청, 라이선스 획득, 또는 단순한 관찰 등을 통해서 단서를 잡고 있다. 어떤 경우는 자기 스스로 무엇인가 사업을 시작해봄으로써 단서를 잡는 수도 있다.

한가지 주목할만한 사실은 창업 기회가 의도적 탐색에 의한 경우보다 우연히 발생하는 경우가 더 많다는 점이다. 그러나 이 실증적 결과는 그 해석에 조심할 필요가 있다. 이 내용은 창업기회를 의도적으로 붙들려 하지 않아야 더 성공적이라는 것은 아니다. 의도적 탐색에 의한 경우도 많을 뿐 아니라, 창업자들이 애초부터 적극적인 의도를 가지고 탐색했다면 더 많은 비율이 의도적 탐색에 의한 창업이었을 지도 모른다.

옆길효과도 대단히 중요한 기회 원천임을 알 수 있다. 옆길효과는 일이 진행되는 동안에 만나게 되는 우연한 기회다. 결과적으로 창업기회의 원천은 창업자의 전직, 취미 등 이미 하고 있던 일을 열심히 하는 가운데서 우연히, 또는 자신의 의도에 의해서 발생하는 것으로 보인다.

물론 이들 다양한 아이디어들이 모두 가능성 있는 사업기회로 발전되는 것은 아니다. 경쟁력 있는 사업기회가 되려면 아이디어의 독창성과 함께 창업자의 실행능력이 결합되어, 산업 내 잠재적인 경쟁자에 비해 우위를 유지할 수 있어야 한다[25].

창업기회의 출처 - 각론

이러한 다양한 사업 아이디어의 원천에 대해서 실증연구 결과 등을 자세히 살펴보면 크게 나누어 예비창업자는 아래

25 Bhide, A."How Entrepreneurs craft Strategies that work",HBR on Entrepreneurship, Feb. 1999, pp57-88.

와 같은 경우를 통해 사업 아이디어를 구할 수 있다[26].

① 전직배경
② 초청
③ 권리의 취득
④ 자영업
⑤ 취미생활
⑥ 인맥과 만남
⑦ 일상적 관찰
⑧ 계획적 탐색

이들 각각의 창업기회의 원천에 대해서 차례로 살펴본다.

전직 배경

많은 사람들이 창업 전에 직장생활을 하게 되는데, 창업 시 전 직장에서의 경험을 바탕으로 사업 아이디어를 얻는 경우가 많다. 직장경험이 창업에 중요한 이유는 오랜 기간의 경험을 통해서 관련 기술과 노하우를 나름대로 익혀 오면서 사업 아이디어를 탐색하게 되고, 그 분야의 제품·서비스의 기술적 현황과 미비점, 그리고 장래의 가능성 등에 대해서 잘 파악할 수 있으며, 공급업체나 유통망 등에 대해서도 잘 알 수 있기 때문이다.

앞 장에서 창업과정을 다루면서 창업자는 전직에서 혹독한 배움의 과정을 거치기도 하며, 그런 환경에 넌덜머리가 나는 경험을 거치는 일이 많음을 보았다. 그러나 전직을 통해서

---

[26] Karl H. Vesper, *New Venture Strategies*, Prentice-Hall, 1990, pp127-158.

성공하는 창업자의 사례를 보면 그 일이 싫기는 하지만 자신이 독립해서 독창적인 방법으로 해보기를 희망한다는 것을 알 수 있다. 또 한가지 발견되는 사실은 이런 속에서 자신만의 사업 아이디어를 구성할 만큼 끊임없이 공부한다는 점이다. 맡은 바 업무에 대해서 당장은 하찮은 일이라 하더라도 완벽하게 배워나가는 사이에 마침내 그 분야에서 눈이 열리고, 거의 모든 면에서 그 분야의 최고 전문가라는 소리를 들을 정도가 되어 가는 것이다.

K씨는 대기업의 중앙 연구소에서 7년여를 근무하며 무선전화기 개발에 1인자가 되었다. 그는 일 벌레로 소문이 날 정도여서 12시 이전에 퇴근한 적이 없고, 공휴일과 일요일도 모를 정도로 일을 좋아했으며, 특허등록을 많이 해서 사내 별명이 특허왕으로 통했다.

그러나 경기후퇴로 회사가 구조조정 분위기에 휩싸이고 주위의 동료들이 하나 둘 명예퇴직을 당하는 현실을 보고 K씨는 독립을 결심하게 되었다. 그러나 자금이라야 자신의 퇴직금이 전부였던 그는 최소한의 개발장비와 뜻을 같이 하기로 한 직원 4명만으로 개발용역을 수주 받아 대기업에 납품하는 방식의 일을 근근이 시작하였다.

주문은 우선 전 직장에서 주로 이루어졌지만, 오래지 않아 K씨의 능력을 아는 다른 회사에서도 개발의뢰가 들어오기 시작 하면서 그들의 일거리는 매일 밤샘 작업을 해야 할 정도로 쌓여 갔다. 창업 2년이 지난 현재 K씨는 회사 소유의 사업장도 마련하게 되었고, 벤처기업으로 등록되어 이제 투자를 유치할 만한 단계에 이르고 있다.

위 사례에서도 창업자는 무엇보다도 회사의 구조조정 분위기가 싫어서 창업을 결심하고 있으며, 또한 자기가 맡은 분야의 일을 열심히 하면서 그 분야에서 높은 수준의 능력을 보유하고 있음을 볼 수 있다.

전직 배경을 바탕 삼아 창업한 사례를 보면, 우연히 창업의 기회를 잡는 경우도 있지만 의도적으로 그 기회를 하나씩 만들어 나가는 경우도 있다. 직장의 일을 통하여 별다른 투자 없이 미리 창업을 위한 예비 수업을 하는 것이다.

뜻밖의 초청

'뜻밖의 초청'이란 주변의 인물이 사업기회를 인식하고 그것을 성사시키기 위해서 창업동지로 초청하여 창업을 추진하게 되는 경우다. 또 성공적이지 못한 사업의 채권단이 새로운 사업자를 찾는 경우도 있다. 여하튼 창업에는 시간, 자금, 경험의 면에서 혼자 추진하기에는 부족을 느끼게 되는 경우가 많기 때문에 이런 초청의 기회가 주어진다.

A씨는 컴퓨터 네트워크 관련 서비스를 제공하는 회사에서 설치업무와 고객에 대한 A/S를 담당하는 기사로 일했다. 그 일은 시스템의 잦은 오류를 진단하고 네트워크를 복원해야 하는 일로 현장에서 발로 뛰면서 수행해야 하는 업무였다. 처음에는 자신의 일이 장비와 공사에 관계된 하드웨어적인 일인 것으로 생각했으나 경험이 쌓이면서 점차 소프트웨어 지식이 겸비 되어야 진정한 네트워크 분야 전문가가 될 수 있다는 자각을 하게 되었다.

그는 자신의 지식을 쌓기 위해 관련 서적을 차근차근 공부하는 한편, 그 분야 전문가들과의 교류를 위해서 노력하고 자신이 공부해야 할 분야가 무엇인지에 대한 안목을 높여 갔다. 이런 세월 속에서 A씨는 어느덧 네트워크 분야 기술자로서 실력을 인정 받게 되었다.

그러던 중 A씨는 회사의 사장으로부터 창업아이템을 가지고 있으면 한번 제출을 해보라는 제의를 받게 되었다. 그 회사의 사장은 초기 벤처 세대로서 모험자본가들과 교류가 많았던 터라 자기 회사의 아이템 중 괜찮은 사업 아이템이 있으면 자금을 끌어 들여 독립적으로 분사 시킬 만한 사업거리를 찾는 중이었던 것이다.

A씨는 자신이 일하면서 평소 생각하고 있었던 아이디어를 바탕으로 창업계획서를 제출하였고, 그 후 사장을 동업자로 하여 창업에 이르게 된다.

사례와 같은 초대성 기회는 자신이 예기치 못한 장소와 시간에 불현듯 나타나기 마련이다. 이런 행운의 초대를 받기 위해서 어떤 준비를 해야 할 것인지, 또 어떤 처신을 해야 할 것인지에 대해서는 명확한 처방은 없다. 다만 초대하는 사람의 입장에서 본다면 초대 받는 사람에 대해서 어떤 의미에서건 신뢰가 쌓여 있다고 짐작할 수 있다. 한편, 초대 받은 사람은 마치 행운이 굴러 온 듯한 일로 느껴질 수 있다.

권리의 취득

다른 사람이나 기관이 개발한 제품·서비스의 특허에 대해 사용권이나 제작 · 판매권을 취득하는 것은 사업을 신속히 시작하는 방법이다. 지퍼를 발명한 저드슨(W. Judson)은 지퍼를 발명하였으나 이를 구두에만 적용하여 큰 돈을 벌지 못했다. 반면 양복점 주인 굿리치는 지퍼의 새로운 용도를 발견하여 그 특허를 헐값에 사들여 재벌이 되었다.

제품에 대한 라이선싱은 기업체, 대학, 비영리 연구단체 등의 연구개발 결과로부터 얻을 수 있다. 기업체는 특정 제품아이디어를 직접 개발하기는 했으나 기업의 주력 사업과 거리가 있다든지, 자사가 사업화하기에는 예상되는 시장 규모가 너무 적다든지 등의 이유로 기술을 라이선싱 하게 된다. 유수의 대기업들은 연구소의 활동 결과로 나오는 연구 부산물을 라이선싱하거나 분사화하는 일을 사업 영역에 포함하기 시작하고 있다.

필립스 사 CTO, Jan Oosterveld 인터뷰 기사[27]

Q : 필립스 사의 연구부문은 연구의 부산물로부터 수익을 얻는 일을 한다고 하는데 그 내용은 구체적으로 무엇인가?

A : 원칙적으로, 사내에서 개발된 기술은 장치, 모듈, 부품, 칩 등에 모두 적용하고, 이로써 수익을 얻는 것을 목표로 하고 있다. 또 하나의 방법은 기술 특허를 등록하고, 상호 특허 사용 계약을 맺는 것이다. 분명히 이 일은 이미 우리 소득에 일익을 담당하고 있다.

우리는 연구의 부산물로부터 가능한 한 많은 수익을 창출하고자 한다. 따라서 우리는 특허를 따고 거기에서 로열티를 얻어내는 노력을 경주하고 있다. 우리의 특허 가치가 두드러

[27] Philips 사 중앙연구소 news letter, 2001. 2

지게 높아지고 있기 때문에 이러한 활동은 확실히 가치가 있다고 본다.

또 다른 방안은 우리가 요즘 활발히 추진하고 있는 것으로서, 사업화 되지 않은 기술을 판매하는 것이다. 전망 있는 '잔여' 기술을 기초로 기술을 더 발전시킨 후, 그것들을 시장에 내놓아 분사화(spin-off)하는 것이다. 올해 우리는 기술 판매를 가속화하는 일을 시작했다. 인터넷 상에서 기술을 판매하는 회사인 Yet2.com과 제휴하여, 성공적인 고도의 기술 분사화로 창업기업의 지분을 획득한다.

이렇게 해서 필립스는 개발된 기술의 가치를 새롭게 깨닫게 되었다. 지금까지 우리는 황금알을 낳는 기술의 가치를 완전히 과소평가하고 있었다.

그러나 창업자의 입장에서 이렇게 거래에 의해서 획득된 라이선스로 성공하는 경우는 매우 미약하다는 연구결과가 있다. 반면에 순수 라이선싱 보다는 그 아이디어의 개발자와 팀을 이루어 함께 창업하는 방법은 성공 가능성을 높일 수 있다.

자기고용과 옆길효과

어떤 사업이든지 우선 시작하고 나면 그 종사자는 연이어 또 다른 사업의 기회를 만나게 된다. 이런 종류의 기회 발견을 옆길효과(side-street effect)라고 한다. 도시의 뒷골목은 무수히 작은 샛길로 이어져 있는데 이런 길을 알려면 골목길에 우선 들어서지 않으면 안 된다. 이와 마찬가지로 우선 자기고용의 형식으로라도 새 사업의 길로 들어서야만 진짜 기회를 발견하게 될 수 있다.

닭과의 우연한 인연 - 페리카나

페리카나의 양희권 사장이 이뤄낸 성공은 어느 순간 아이디어를 포착한 것은 사실이지만, 오랜 동안의 다양한 경험을 거치면서 생긴 노하우가 그의 성공 비결이었다.

그가 닭과 인연을 맺은 것은 20년 전, 약품회사를 다니다 다리를 다쳐서 잠시 쉴 때 친구 아버지가 운영하는 양계장 일을 도와준 때로 거슬러 올라간다. 이것이 현재의 "페리카나"를 있게 해준 필연이 되려고 했을까? 양회장은 6개월이란 짧은 기간 동안 닭을 기르고 잡는 방법, 유통구조 등 장차 치킨사업에 필요한 노하우들을 배울 수 있었다. 그리고 이때, 우연히 미국에 사는 누나의 도움으로 미국 패스트푸드 산업과 프랜차이즈 업계를 돌아볼 기회를 갖게 되었다.

이후 귀국하자 마자 미국에서 '패스트푸드' 하면 쉽게 생각할 만한 아이템인 햄버거나 아이스크림을 파는 패스트푸드점을 한국에 소개하면서 사업을 시작하게 되었다. 그러나 당시만해도 국내에서는 생소한 업태였던 까닭에 초기 투자액 1억원만 날린 채 실패하고 말았다.

종자돈만 날리고 실의에 빠져 있던 그때 그에게 희망을 준 것은 역시 "닭"이었다. 우연히 시장골목을 지나던 중 기름에 튀겨 파는 구수한 통닭 냄새가 그의 코를 사로잡았다. 그 때 문득 통닭을 규격화시키고 깨끗하게 포장한 뒤 배달하는 프랜차이즈사업을 하면 괜찮을 것 같다는 생각이 들었다. 이렇게 해서 탄생한 것이 바로 페리카나 치킨 체인점이다.

우연인지 필연인지 원래의 패스트푸드 프랜차이즈 사업에는 실패했지만 자신이 잘 아는 사업 아이템으로 길을 바꾸면서 그 동안 축적한 프랜차이즈 사업의 노하우를 살려 치킨 프랜차이즈의 창업에 성공할 수 있게 된 것이다.

사례들을 보면, 자신이 최초 들어섰던 일을 하다가 우연히 샛가지를 쳐서 다른 일을 하나 시작하게 되는데, 그 새로운 일이 오히려 더 크게 성공하는 일이 흔히 일어난다.

취미로부터의 발견

자신의 취미생활로부터 사업아이디어가 열매 맺을 수 있다. 자신이 좋아하던 특정 아이템을 다듬고 멋지게 만들어 즐기다가 주위 사람이 똑같이 만들어 달라고 하여 이것이 부업 수준으로 발전하고 더 나아가 창업을 하게 되는 경우이다.

예를 들면, 한글과 컴퓨터라는 회사를 창업했던 이찬진은 자신의 컴퓨터에 대한 취미가 대학 컴퓨터 동아리 활동으로 이어졌고, 후에 창업동지를 만나 창업하게 되는 계기로 발전한 예이다.

김종임은 원래부터 뜨개질을 잘해서 학창 시절부터 자신이 만든 작은 작품을 친구들에게 나누어 주는 일로 주위를 즐겁게 했다. 그녀는 자신의 취미를 돈벌이로 연결하겠다는 소박한 생각에 편물학원에 다니게 되었는데 거기서 배우는 동안에 기계로 짠 털 옷에 그 동안 뜨개질로 익힌 무늬를 넣는 방법을 연구할 수 있었다.

현재 그녀는 몇 개의 가맹점을 갖는 편물제품 프랜차이즈 업체를 운영하고 있으며, 일본, 미국 등에 제품을 수출하는 회사로 발전시켰다.

위 사례는 자신의 뜨개질 취미로부터 창업의 기회를 발견하고 있다. 그런데 취미로부터 생긴 아이디어로 창업한 경우, 이것이 성공적인 벤처로 발전할 가능성은 다소 제한적이다. 이런 일은 대개 마진이 크지 않을 경우가 대부분이기 때문이다. 그러나 간혹 취미로부터도 수익성 있는 벤처 아이디어가 나오기도 한다. 예컨대, 금속가공 일을 하던 사람이 자신이 즐길 목적으로 스키를 제작했는데, 이것이 그럴듯한 틈새시장을 확보하게 되는 경우 등을 들 수 있다.

사회적 만남으로부터

사회적 연결은 매우 중요한 사업 원천이다. 사회적 연결은 우리가 살아오면서 만나게 되는 사람과의 인맥을 말한다. 이는 직장도 있을 수 있고, 동창회, 취미 서클, 집 근처의 종교모임 등 다양하다. 이런 만남 속에서 우연히 부닥치는 사업 아이디어가 창업의 원천이 되는 경우는 의외로 많다.

키드 바니시(Keith Bbarnish)는 대학을 중퇴하고 은행을 창업한 뒤, 곧 백만장자가 된 사람이다. 그는 18세 되던 해 '18세 선거권'을 쟁취할 목적으로 정치에 입문할 마음을 먹고 마이애미로 갔다.

연방정부 공무원과 우연히 대화하던 중 그가 "그래, 정치에 입문하는 것은 좋다. 그렇지만 너 뭘 해서 먹고 살래?"라고 묻는 말을 들었다. "내가 뭘 할 수 있지?"라고 반문하면서, 그는 불현듯 그 지방에 많은 은행들이 신규 등록하고 있음을 떠 올리고는, "은행업이 내가 할 사업이군" 하고 생각했다.

그리고는 그는 정치판에서 만난 사업하는 친구들을 찾아가서 투자 그룹을 만들고, 곧 인접 지역에 은행업 등록을 신청했다. 그 신청은 받아들여졌고, 그는 사업을 창업하게 된 것이다. [28]

사례에서와 어떤 사람들은 일상적인 대화에서 불현듯 사업 아이디어를 찾아내는 것이다. 그러나 대개의 경우 이러한 사업 아이디어는 거의 일상적인 대화 속으로 지나쳐 버리게 되는 일이 많고, 실제로 여기서 창업의 기회를 잡는 사람은 기회에 민감한 안테나를 달고, 이를 재빨리 행동으로 옮긴 사람뿐이다.

일상적 관찰로부터

좋은 사업 아이디어를 찾은 창업자들을 보면 흔히 무심코 기회를 발견하는 일이 많다. 일상적인 생활에서 자신에게 발생한 문제를 유심히 관찰하고 그 해결책을 모색하는 가운데 새로운 사업 아이디어를 확보하는 것이다. 이 경우 누구라도 유심히 관찰하면 그 사업의 기회를 발견할 수 있는 것이지만 소비자의 결핍된 욕구를 꼼꼼히 따져보고 추진하는 사람만이 창업으로 이어지게 된다.

---

[28] Vesper, Karl H., *New Venture Strategies*, Prentice Hall, Englewood Cliffs, N.J. , 1990., p145

크레이트 앤 바렐(Crate & Barrel)사를 창업한 사람들은 유럽 여행에서의 관찰이 사업 기회가 되었다. 여행 중 그들은 아직 미국에는 도입되지 않았지만 멋있고 혁신적인 부엌용품과 실내용품들을 볼 수 있었다. 이들은 귀국해서 회사를 세운 다음 이미 유럽에서 시장조사가 검증된 이들 제품을 만들기 시작했다. 유럽이라는 지역에서 얻게 된 소비자의 구매행태를 보고, 그 제품을 아직 접해 보지 못한 미국 소비자 시장에 적용했던 것이다.

위 사례에서 창업자는 여행 중의 관찰로부터 당시로서는 유망한 사업기회로 일구어 내고 있음을 볼 수 있다. 이런 식으로 일상적인 생활 속에서의 관찰이 의외의 사업기회가 되는 경우가 많다.

계획적 탐색

앞에 열거한 대부분의 경우, 사업기회의 발견은 체계적인 탐색보다는 우발적인 요인에 의해서 발견되는 경우가 많음을 볼 수 있다. 그러나 평소 적극적인 탐색을 해오고 있던 사람에게는 더 빨리 우연적인 발견이 포착될 것으로 믿어진다. 즉, 예비창업자는 단지 우연적 요인으로 창업이 기회가 찾아오기만을 기다려서는 안 되고, 적극적이고 체계적인 방법으로 자신의 아이디어를 탐색하는 자세가 필요하다.

새로운 아이디어를 얻기 위해서는 남들보다 앞서 상황적 변화의 패턴을 인식하는 것이 중요하다. 변화의 조짐과 패턴을 인식하는 데는 단순히 논리적이고, 선형적일 뿐만 아니라 이미 알고 있는 지식과 경험을 귀납적으로, 연상적으로 또는 직관력으로 재구성하는 창의적 사고력이 필요하다.

기회발견의 속성과 탐색 방법

기회 탐색의 습관

앞의 사례들에서 살펴 보았듯이, 기회의 원천은 다양하다. 따라서 기회탐색은 이러한 기회발견이 보다 효과적으로 이루어지도록 기회만남의 면적을 넓혀 주어야 한다. 종합적으로 볼 때, 사업기회는 창업자의 신중하고도 체계적인 탐색에 의해서 발견되기도 하며, 또한 만남이나 다른 사람의 권유, 일상적인 관찰 등 우연으로부터 연결되기도 한다. 사실 많은 사람들이 사업 아이디어가 우연치 않은 상상이나 번득이는 영감과 같은 신비스러운 과정, 아니면 창업 전문가가 제시하는 유망 업종 추구 등에 의해 오는 것이라고 생각 하는 경향이 있다. 그러나 사업기회의 힌트가 비록 비의도적으로 발견되는 듯이 보인다 해도, 그 이면에는 창업자의 정신적 훈련, 의도적인 개인접촉, 독서, 추세관찰 등의 노력이 숨어 있는 것이다.

지금까지의 논의를 종합하여 볼 때, 기회발견의 효과를 높이기 위해서는 기회를 발견하거나 만날 수 있는 가능성을 증대시키는 습관을 길러야 한다. 이러한 기회탐색의 행태에서 중요하게 고려되어야 할 사항은 다음과 같다[29].

기회발견의 우연성 자각. 기회는 어느 정도 우연적으로 또는 뜻밖에 나타나는 속성이 있다. 그러므로 이런 속성을 이해하고, 이를 포착하려는 노력을 기울일 필요가 있다.

사람만남. 사람과의 접촉에서 기회의 단서가 제공되는 일이 많으므로, 모든 대인 접촉에 대해서 아이디어를 얻을 가능성이 있음을 염두에 두어야 한다. 특히 자기가 생각하고 있는 사업분야에 관계된 사람들과의 만남을 조직적으로 개발할 필요가 있다.

지속적 탐색과 기회 민감성. 아이디어를 찾아 다니는 활동을 끈질기게 몰두함으로써 늘 사업기회에 민감한 정신상태를 유지한다.

옆길효과의 민감성. 옆길효과의 덕을 보기 위해서는 우선 자기고용적 일을 하나 만들 필요가 있다. 그 일을 사업으로 수행하다 보면 그것과 연관되는, 또는 전혀 새로운 사업기회가 생길 수 있는데 이를 옆길효과라 한다.

기술적 핵심능력의 강도 높은 축적. 어떤 사업을 하던 간에 그 분야에 대해서 기술적으로 깊은 지식과 체험적 스킬을 구비해야 한다. 그 일을 뛰어나게 잘 하고 좋아한다면 창업을

---

[29] 조병주, Karl H. Vesper, *기회발견과 창업메카닉스*, pp115-130.

위한 독특한 아이디어를 자연스럽게 만들어낼 수 있을 것이다.

도움과 해결 습관. 문제를 보면 반드시 해결하고 만다는 습관은 창업 실마리를 얻는 데 지극히 중요하다. 또한 도움을 요청하는 부탁이 왔을 때 언제나 이를 열심히 해결해 주는 습관을 기를 필요가 있다. 이런 습관은 후에 기회에의 초대로 이어질 수 있다.

일탈과 신변불안. 사람들은 정상궤도에서 벗어나게 될 때 심한 불안과 신변의 위협을 느끼게 된다. 창업은 대개 이런 일탈된 환경에서 일어나는 경우가 많다. 예비창업자는 이런 환경 하에서 창업의 실현가능성과 창업에 대한 주위 사람의 반응 등을 고려하여 창업을 결심하게 된다.

사업기회의 통로 원리

론스타트(R. Ronstadt)는 실증 연구를 통하여 많은 창업 기업가가 단일 벤처 창업에서 그치지 않고 과거의 창업과 사업 경험에 바탕을 두고 또 다른 창업을 시도하는 다중 창업(multiple-ventures)을 시도한다는 점을 발견하였는데, 이를 통로원리(corridor principle)라 한다[30].

1차 창업자들은 사업 경험을 통해 새로운 것을 학습하고,

---

[30] Robert Ronstadt, “The Corridor Principle”, Journal of Business Venturing, 3, 1988: 31-40; 주) 론스타트가 제시한 통로원리는 개념상 칼 베스퍼의 옆길효과와 동일한 것임

2차 창업을 함으로써 새로운 이윤을 창출하게 된다. 이는 2차 창업을 하게 될 때는 심리적 부담감도 줄어들고 창업 관련 지식도 증가하여 사업 추진 자체가 용이해지기 때문이다.

통로원리는 창업하는 행위 자체가 창업기업가로 하여금 창업 전에는 보지 못하고 활용할 수도 없었던 또 다른 사업기회를 인식하게 된다는 것이다. 이는 통로에 들어서야만 통로 내부의 여러 갈래의 샛길 통로를 볼 수 있는 것과 같은 이치이다.

론스타트는 전·현직 독립 창업자들을 대상으로 한 연구에서 통로원리의 내용을 다음과 같이 밝히고 있다.

- 많은 수의 창업자가 다수의 기업을 창업한다.
- 단일 창업의 경우보다 다중 창업의 경우 창업 기업가로서의 경력이 길다.
- 대부분의 경우 젊었을 때 1차 창업을 할수록 나이 들어 창업을 시도하는 경우보다 창업기업가로서의 경력이 길어진다.
- 다중 창업을 하는 경우 2/3 이상이 1차 창업 후 6년 이내에 2차 창업을 시도 하며, 2년 이내에 하는 경우도 1/4 가까이 된다.

이러한 연구 결과를 볼 때, 처음 창업에 나서는 사람은 그 창업의 성공에 너무 집착하여 인생을 걸고 달려드는 태도보다는 다소 융통성 있게 생각할 필요가 있음을 시사한다. 창업이란 객관적으로 실패할 가능성이 높은 것이 사실이다. 그러나 '실패는 성공을 위한 어머니'라는 말이 있듯이 그 실패를 거울삼아 제 2의 창업에 나선다면 성공할 확률이 더 커진다는 것이 통로원리의 시사점이다.

창의적 사고력 증진 기법

창조적 사고력은 사람의 지적, 감성적 두뇌 활동의 소산이다. 창조적 사고를 촉진하기 위해서 자주 이용되는 몇 가지 기법은 다음과 같다.

브레인스토밍(brain storming)

브레인스토밍은 가장 잘 알려진 기법으로, 많은 사람의 생각이 서로 부딪치는 가운데서 새로운 착상을 얻는 방법이다. 참여자들은 가능한 한 모든 가능한 아이디어를 자발적으로 내 놓으며, 이 때 그 의견에 대해서 비판이나 부정적인 의견을 말하지 않을 것이 강조된다. 아이디어의 구체성을 확보하기 위해서 토의에 들어가기 전에 먼저 문제의 범위를 적절히 좁히는 것이 좋다. 보통 6 ~ 12명 정도가 참여하며, 원활한 토의가 진행되도록 대개 진행자(facilitator)를 정한다. 진행자는 아이디어가 특정 분야에 몰리지 않도록 하며, 활발한 참여가 될 수 있도록 진행해야 한다. 제시된 아이디어는 모두 기록한 후, 분류하고 우선순위를 정한다.

시네틱스(synetics)

시네틱스는 문제의 친숙화와 유추라는 두 단계로 구성되어 생소한 문제의 해결책을 모색하는 방법이다. 첫 단계는 생소한 문제를 친숙화하기 위해서 그 문제와 유사한 친숙한 모형을 찾는다. 이 단계를 통해서 문제의 생소함이 해소되면, 둘째 단계에서는 유추의 방법, 예컨대 개인적, 직접적, 상징적, 또는 환상적 유추의 방법 등을 적용하여 추측과 짜맞춤을 통해 해결책을 모색하게 된다.

자유 연상법(free association)

자유 연상법은 우선 특정한 문제와 관련된 단어나 어구를 적어 놓고 그것과 관련된 새로운 것을 생각해 내어 연결하고, 또 그 추가된 어구에 대한 새로운 것을 생각해 내어 연관 짓는 일을 되풀이하는 방법이다. 그 결과 어떤 사안에 대해서 아이디어의 체인이 생기며, 처음과는 전혀 새로운 관점이 개발되기도 한다.

어떤 전제적 사건과 기회를 예견하는 데 이용되는 방법으로 시사점 트리(implication tree), 결과 체인(consequence chain) 등의 기법이 쓰일 수 있는데, 일종의 자유 연상법이라 할 수 있다. 가령 '노령화 사회의 도래'라는 사건을 종이 가운데 써 놓고, 이것이 어떤 결과를 가져 올지 방사선 모양으로 연결해 보는 것이다. 이것이 끝 나면 각 연결 고리가 의미하는 시사점을 노트나 칠판에 적어 봄으로써 장차 이용될 수 있는 잠재적인 제품 및 서비스 아이디어를 착안하는 단서가 되는 것이다.

강제 연관법(forced relationships)

강제 연관법은 새로운 아이디어의 개발을 위해 특정 사안이나 아이디어의 새로운 조합을 찾아내는 방법이다. 문제해결을 위해서 먼저 문제의 요소를 분해한 후, 그 요소 간의 관계를 알아낸다. 여러 관계가 나오면, 그 관계들을 순서대로 기록하면서 결과되는 관계를 분석하여 아이디어나 패턴을 찾아낸다. 그러한 패턴으로부터 새로운 아이디어를 개발한다.

포커스 그룹(focus group)

포커스 그룹은 특히 신제품 개발 시에 많이 사용되는 방법이지만 초기의 사업 아이디어나 개념을 평가하는 데도 활용할 수 있다. 진행자는 소비자 집단, 또는 전문가 집단과 같이 초점화된 참가자들의 심층적인 토론을 유도하여 아이디어를 구상하고, 대안을 모색하는 회의를 진행한다.

피터 드러커의 혁신론

창업이란 남다른 혁신에 의해 기업을 일으키는 과정이다. 따라서 창업 과정의 핵심은 혁신(innovation)이라 할 수 있다.

드러커는 혁신이 소수의 창의적 천재에 의해 이루어지는 것이라기보다는 배우고 실천할 수 있는 규율(discipline)로 규정한다.

'혁신과 기업가정신(Innovation and Entrepreneurship, 1985)'에서 드러커는 혁신의 기업가적 과정에 적용될 수 있는 몇 가지 실무적인 방법들을 제시하고 있다.

기회의 체계적인 탐색

흔히 새로운 아이디어의 발견은 특별한 재능을 갖춘 창의적인 사람들만의 전유물인 것처럼 생각하는 경우가 많지만,

드러커는 기회를 체계적으로 찾는 방법은 배울 수 있고 연마할 수 있는 것이라 했다.

드러커는 혁신의 기회를 체계적으로 찾기 위한 혁신 원천으로서 다음 일곱 가지를 들었다.

기업 또는 산업 내에 존재하는 기회의 원천

① 기대하지 않은 사건의 발생 - 예상치 못했던 "성공, 실패, 외부 사건"

② 불일치 - '현상'과 '당위' 간의 차이

③ 프로세스 상의 필요에 의한 혁신

④ 산업과 시장 구조의 변화

기업 외부의 사회적 지적 환경의 변화에서 발생하는 기회의 원천

⑤ 인구구조의 변화

⑥ 인지, 분위기, 또는 의미의 변화

⑦ 과학 또는 다른 분야에서의 새로운 지식

위의 일곱 가지 원천들 중 앞에 열거된 것일수록 대체로 불확실성과 위험이 적으나 혁신의 성과는 크지 않은 반면 뒤로 갈수록 혁신의 복잡성과 어려움이 더하지만, 혁신에 성공했을 경우의 과실은 크다.

드러커는 혁신을 성공적으로 수행하는 데 도움이 되는 지침으로 '꼭 해야 할 일'과 '해서는 안 되는 일'을 다음과 같

이 제시했다.

꼭 해야 할 일(The Do's)

① 목적 지향적 · 체계적 혁신은 위의 혁신 기회의 원천들을 철저히 검토하는 기회 분석으로부터 시작해야 한다. 이는 주의를 기울이는 정도로서는 충분하지 않으며, 연구조사 활동이 조직되어야 하고, 그것을 규칙적이고도 체계적으로 수행해야 한다.

② 혁신은 개념 활동이자 인식 활동이므로 밖으로 나가서 보고, 질문하고, 경청해야 한다. 연구조사를 하다 보면 고객의 가치를 파악할 수 있을 뿐 아니라 혁신에 대한 사회의 수용도도 감지할 수 있다.

③ 혁신이 목표를 달성하기 위해서는 간단해야 되고 또 초점이 맞추어져 있어야 한다. 새로운 모든 것은 언제나 어려움을 겪게 마련이다. 만약, 그것이 너무 복잡한 것이라면 그것을 개선하거나 수정할 수가 없다.

④ 효과적인 혁신은 작게 시작한다. 그렇지 않으면, 혁신이 성공하는 과정에 거의 언제나 부딪히게 되는 조정, 그리고 수정을 해야 할 충분한 시간적 여유를 갖지 못하게 된다.

⑤ 혁신에 성공하려면 그 목표를 주도권을 잡는 데 두어야 한다. 처음부터 주도권을 목표로 하지 않으면, 그것은 충분히 효과를 발휘할 혁신으로 이어질 가능성이 낮고, 그 결과 혁신이라고 할 만한 자리매김도 하지 못할 것이며, 오직 경쟁자를 끌어들이는 기회만을 제공하고 끝나고 말 것이다.

해서는 안 되는 일(The Dont's)

① 무조건 독창적인 것을 하려는 노력을 하지 말 것

혁신은 평범한 인간이 추진할 수 있어야 하는 것이며, 세상에 넘치게 많고 또 공급이 늘 끊이지 않는 것은 재주를 부리는 무능한 사람들뿐 이다.

② 다각화하지 말고, 분산시키지도 말고, 한꺼번에 너무 많은 것을 하려는 시도를 하지 말 것

혁신 노력을 통합시키는 핵심이 있어야 한다.

③ 지나치게 먼 미래를 위한 혁신을 하려고 노력하지 말 것

혁신의 영향은 오랜 기간에 걸쳐 나타날 수도 있으므로 지금 당장 응용되지 못하면 하나의 '멋진 아이디어'로 끝나고 말 가능성이 크다. 따라서 처음부터 혁신은 어느 정도 구체적인 업무에 적용되어야 한다.

결론적으로 성공적인 혁신을 위해서는 다음과 같은 세 가지 조건이 필요하다.

① 혁신은 일(work)이다. 궁극적으로 혁신 아이디어가 제안되고 완성되려면, 혁신은 열성적인, 초점을 맞춘, 의도적인 작업이 되어야만 한다. 그런 작업은 근면성, 집념, 책임감을 요구하며, 만약 그런 것들이 모자란다면 자질, 발명의 재간, 지식은 아무 소용이 없다.

② 혁신은 강점을 바탕으로 추진해야 한다. 그 이유는 혁신을 성공시키는 데 언제나 필요한 작업, 즉 고된 노력을 꾸준히 해도 종종 좌절감을 맛보게 되는 그 작업은 기질적으로 자신의 '적성'에 맞아야 하고 자신이 보기에 중요성이 있어

야 하고 의미를 부여할 수 있는 것이어야 하기 때문이다.

아이디어에서 사업 기회로

아이디어와 사업 기회의 차이

대박의 신제품 오류

아이디어는 창업가의 한 손에 쥐어져 있는 도구에 불과하다. 아이디어가 기회로 되려면 실제 상황에서 고객들에게 상당량의 제품이나 서비스를 팔아야 한다. "만일 남보다 나은 쥐덫을 만들 수만 있다면 그가 숲 속에다 집을 짓더라도 세상이 알아서 그의 집 앞까지 탄탄대로를 만들 것이다"라는 에머슨(Ralph W. Emerson)의 오류는 아이디어 자체를 대박의 기회로 인식한 오류를 말한다. 발명가들은 비즈니스 세계의 현실을 경험하지 못한 나머지 제품과 서비스를 만들어 내는 데 흔히 요구되는 신중하고 꼼꼼한 관찰과 조사, 그리고 고객에 대한 고려를 간과하거나 과소평가하는 경우가 많다. 그러나 아이디어를 실용화하여 사업화 하기까지는 수 많은 장벽을 돌파해야 한다.

발명품이나 신제품은 중요하기는 하지만 이는 사업 자체와는 다르다. 발명가는 흔히 제품에 대한 지나친 애착으로 사업의 전체 시야를 보지 못하는 우를 범한다.

오류의 유형

최상의 아이디어였음에도 불구하고 사업 기회로 발전하지 못하는 예는 흔하다.

신제품 근시안. 발명가들은 거칠고 경쟁적인 비즈니스 세계의 현실을 이해하지 못하고, 창업을 단지 발명품 만들기와 동의어로 생각하는 오류를 범한다.

후발 경쟁자에 의한 추월. 1978년 댄 브리클린(Dan Bricklin)은 그는 하버드 경영대학원을 다닐 때 친구 봅 프랭크스턴(Bob Frankston)과 함께 비지칼크(VisiCalc)를 개발했다. 브리클린은 비지칼크로 리포트를 제출해 교수를 놀라게 했다. 하버드를 졸업하던 해에 비지칼크는 컴퓨터 스토어에 등장해 100달러에 불티나게 팔렸다. 비지칼크는 애플2 컴퓨터에서 돌아갔고 그것은 애플에게도 큰 행운이었다. 비지칼크를 쓰기 위해 애플을 사는 사람들도 많았기 때문이다. 81년 비지칼크는 HP, IBM PC와도 호환되면서 더욱 인기를 끌었지만 84년부터는 차츰 판매량이 줄어들었다. 새로운 스프레드 시트인 로터스 1-2-3와의 경쟁에서 밀려난 것이었다. 결국 비지칼크의 판권은 로터스 소프트웨어로 넘어갔다. 브릭클린은 잠시 컨설턴트로 일하다가 85년 새로운 회사 소프트웨어 가든을 세웠다.

진입장벽 돌파의 어려움. 로터스 1-2-3는 스프레드시트, 그래픽스, 그리고 데이터베이스 관리능력까지 포함한 최초의 PC용 종합 패키지로서의 위치를 굳혔다. 당시 어떤 신규 진출

업체가 로터스 1-2-3보다 더 멋지고 세련된 소프트웨어를 내놓았다는 평가를 받으며 등장했지만, 신규 업체가 험난한 시장에서 주목을 받고 유통을 시작하려면 500만 달러 이상의 자금이 필요하다는 평가가 나왔다.

사업 기회의 특성

사업기회의 범주

기회란 주어진 목적을 달성하는 데 필요한 일련의 호의적인 조건들이다. 이는 장래의 잠재적인 가능한 상태와 현 상태와의 차이(gap)에서 발생한다. 그러한 차이를 메움으로써 생기는 이득이 그에 따른 비용을 보전하고도 남을 때 그것은 유효한 사업기회가 된다. 이러한 사업기회를 기존의 기업이 아닌 창업 기업만이 포착했을 경우, 그것은 하나의 유력한 창업기회로 간주할 수 있다. 기회는 늘 있는 것이지만 기존의 기업들은 변화에의 늦은 대응 또는 거부감으로 인하여 사업기회를 포착하는 데 실패하는 경우가 많다. 여기에 창업 기업가의 역할이 있다.

기존의 기업은 다음과 같은 다양한 이유로 인하여 사업기회를 발견하는 데 실패한다[31].

- 기존 회사 내에서 아무도 특정 사업기회를 고려하지 못하였다.
- 사내에서 누군가 특정 사업기회를 고려 한 바 있으나, 회

[31] Karl H. Vesper, *New Venture Mechanics*, Englewood Cliffs: Prentice-Hall, 1993, p2.

사가 그 기회를 주고자 하지 않았다.

- 회사가 특정 사업기회를 추구하고자 했으나 효과적으로 수행하지 못했다.

사업기회의 타이밍

사업기회의 타이밍은 두 가지 유형이 있다. 하나는 '준비된 사업기회'로서 창업자가 나타나기만 하면 실제로 곧 사업화될 수 있었던 기회를 말한다. 그 예로서 팝콘기계, 신용카드 등이 있다. 누구든 먼저 시작 했다면 창업이 가능했을 것이지만, 정작 다른 사람에 앞 서 이 아이디어를 가지고 창업에 성공한 사람은 경험이나 취미를 통해서 기술적 지식, 또는 시장 지식을 가졌던 사람일 것이다.

다른 하나는 '미래적 사업기회'로서 이는 그것이 실제로 사업화 되려면 사전 여건이 구비되어야 하는 기회이다. 마이크로 컴퓨터는 마이크로 프로세서 소자 기술의 발달이 전제되어야 하며, 범용 소프트웨어 제품은 마이크로 컴퓨터가 보편화 된 후에 사업성이 생겼다. 또한 대규모 쇼핑센터는 자동차가 대중화된 후에야 의미 있는 사업기회가 될 수 있었다. 따라서 예비 창업자는 자신이 발견한 창업기회에 어떤 사전조건이 구비되어야 하는지 고려해야 한다.

이런 유형의 사업기회는 타이밍이 각별히 중요하다. 즉 전제조건이 되는 사건이 일어나기 전까지는 사업기회는 실현되지 못한다. 전제조건이 되는 사건의 예로서는 기술적 발견, 인구통계적 변화, 생활습관과 기호의 변화, 경제적 충격, 전쟁이나 자연재해, 정부규제의 변경, 자원의 발견 등을 들 수 있다.

흔히 창업이 성공된 사례를 보고 사업기회를 거슬러 찾아보는 것은 그리 어렵지 않다. 그러나 어떤 사건이 장차 성공적인 사업기회인지를 알기는 어려운 일이다. 대개는 기회의 약효가 떨어지고 나서야 그것이 기회였음을 알기도 하며, 창업기회로 쓰이지 못하고 기존 기업에 의해서 이용되기도 한다.

기회의 창문

사업기회는 창업자의 창의적 사고력 및 문제 해결능력과 더불어 주변의 여건이 잘 어우러질 때 비로소 그 가치가 들어 난다. 이 점에서 사업기회는 상황적 변화에 기반 한다고 볼 수 있다. 시간적으로 볼 때 사업기회는 일정한 기간 동안에만 포착되고 활용될 수 있는 한시적인 것이다. 이를 기회의 창(window of opportunity)이라 하는데, 이는 시장의 라이프사이클과 관련하여 기회를 포착해야 하는 타이밍을 말한다. 대개 기회의 창은 시장이 어느 정도 커지기 시작하는 5년 이후에 열리기 시작하고, 시장이 성숙하는 12년 정도에 닫힌다고 한다. 따라서 사업을 시작하고 회수하는 시기는 이 기회의 창에 맞추어야 가장 큰 수익을 남길 수 있다. 즉, 사업기회의 창이 얼마만큼의 기간 동안 열려 있는가가 창업 기업의 적절한 시장 진입 시점과 수확의 시점을 결정하고 종국적으로 사업의 성패를 좌우 하는 중요한 요소가 된다.

5 아이디어의 선정

아이디어의 선정과정

고성장 벤처의 선별기준

수요예측 기법

제 5 장 아이디어의 선정

창업 아이디어를 얻은 후, 그 중 쓸모 있는 것만 골라내야 하는데, 이 과정은 선별(screening)과 탐색(searching)의 과정으로 대별된다. 선별과정은 적합하지 않은 사업 아이템을 제외시키는 것을 말한다. 탐색과정은 주어진 사업 아이디어를 최대한 실현 가능하도록 적응시키고, 수정, 보완하는 것을 말한다. 탐색 단계를 거친 아이디어는 제품 또는 서비스로 만들어 봄으로써 구체적으로 사업성을 평가하게 되는데, 이를 상품화 과정이라 한다.

사업 아이디어의 가능성을 미리 내다보기 위해서는 그 아이디어의 실현과정에 대한 시나리오를 설정하고 가시화하는 자세를 견지하는 것이 필요하다. 이런 과정을 통해서 사업구상의 실현 가능성이 최대한 현실적으로 드러나도록 분석하고 종합하는 것이 사업성 평가 과정이다.

구체적인 내용에 들어가지 전에 창업자가 늘 염두에 두어야 하는 생각은 분석에 너무 많은 시간을 소비하지 말라는 것이다. 대기업과는 달리 창업기업은 어느 정도의 개략적인 분석과 자신의 직관에 의해 사업을 시작하며, 사업을 전개해 나가는 과정에서 문제에 대응하면서 추가적인 분석을 하는 것이다. 분석과 행동은 창업의 세계에서는 분리하기 어려운 일이다[32]. 이하 단계 별로 사업 아이디어를 선별하기 위한 분석방법을 소개한다.

아이디어의 선정과정

한 아이디어가 선정 되려면 대개 세 단계의 선정과정을 거치는 것이 바람직하다. 이 세 단계는 예비적 질문 단계, 선정 세부 분석 단계, 장기적 사업전망의 단계로 나눌 수 있다. 그러나 이보다 앞서 우선적으로 적용되는 기준이 있다. 이 기준을 통과하지 못한 아이디어는 선정 단계에 내 보낼 필요가 없이 대상에서 제외시킨다. 이를 아이디어 선정을 위한 우선선정 기준이라 한다. 우선선정 기준에는 다음과 같이 헤드스타트 요소, 외견 사업성, 창업에 따른 희생, 그리고 창업에서 얻는 대가가 포함된다[33].

아이디어의 우선선정 기준

헤드스타트 요소

헤드스타트(head start) 요소는 사업 아이디어 또는 기회와 연결되게 한 특별한 상황적 요인을 말한다. 즉, 창업의 길로

---

32 Block Z. and E. Macmillan, "Milestones for Successful Venture Planning",HBR on Entrepreneurship, Feb. 1999, pp117-134.

33 Karl H. Vesper, *New Venture Strategies*, Prentice-Hall, Englewood Cliffs, N.J.,Revised Edition, pp160-161.

들어서게 한 동기나 과정 또는 환경의 우연의 일치를 말한다. 간혹 정교하게 계획된 탐색과정을 거치는 경우도 있겠지만 창업자들은 이런 우연성에 이끌리어 사업을 시작하게 되는 수가 많은 것으로 알려져 있다.

앞의 제 2 장에서 논의한 바 있듯이, 창업이 이루어지려면 노하우, 아이디어, 사람접촉, 실물 자원, 고객 주문 등 다섯 가지의 핵심 요소가 있어야 한다. 창업자들은 이 중에서 다른 사람과 달리 자신에게만 주어진 어떤 요인이 헤드스타트 요소로 작용했는지는 사후적으로 깨닫게 된다. 이들 요소가 당시에는 창업과 관계 없이 우연히 일치하면서 창업의 길로 인도하는 계기가 되는 것이다. 예비 창업자는 문제의 사업 아이디어가 어떻게 얻어졌으며, 어떤 사건의 전개 속에서 어떻게 만나게 되었는지 찬찬히 살펴 보아야 한다. 특히 창업의 다섯 가지 핵심요소가 어떻게 연결되고 있으며 누락된 것은 무엇인지 분석해야 한다.

특정 헤드스타트 요인이 있을 때, 이것이 곧 바로 창업의 본 과정으로 넘어갈 수도 있지만 어떤 경우는 다시 아이디어를 평가할 필요가 있다. 이런 상황적 차이는 예비 창업자가 처한 상황과 그 사람이 가지고 있는 가치 판단에 따라 달라질 것이다.

외견 사업성

외견 사업성(apparent feasibility)은 현재 가지고 있는 아이디어가 사업성을 가지고 있는가를 외관적으로 가늠해 보는 과정이다. 외견 사업성은 그 아이디어의 사업 잠재력을 매우 추상적인 선에서 저울질해 보는 단계로, 여기서는 다음과 같은 세 가지 근본적인 질문이 이루어진다. 세 질문은 순서적으로 뒤의 질문이 묵시적으로 앞의 질문을 포함하도록 되어 있다. 또한 후의 질문으로 갈수록 분석에 더 많은 작업이 따른다.

1. 사람들이 이 아이디어로 만든 상품(서비스)을 과연 원할 것인가?
2. 내가 창업을 해서 이 상품을 만들었을 때 사람들이 과연 이것을 얼마에 구매해 줄까?
3. 내가 창업한 사업이 사람들이 사고자 하는 가격으로 팔았을 때에도 과연 이익을 낼 수 있을 것인가?

이 세 가지 질문에 대해서 긍정적인 답을 예비적으로나마 얻을 수 있어야만 평가해볼 가치가 있는 사업 아이디어라 할 수 있다.

창업에 따르는 희생

창업을 하려면 당연히 많은 희생이 따른다. 창업준비에 필요한 준비활동(노하우를 확보하고 창업자금을 저축하는 등) 외에 기회비용이라고 볼 수 있는 여러 가지 대가를 치러야 하는 것이다. 예컨대, 현재 다니고 있던, 그나마 안정적인 직장을 버려야 할 경우도 있을 것이다. 또 창업을 위해서 종자돈을 마련해야 하는데 이것이 그 동안 내가 마련했던 전 재산에 해당될지도 모른다. 그러나 직장을 이미 떠난 사람인 경우, 또는 본업을 계속하면서 부업으로 창업을 하려는 경우와 같이 잃는 것이 별로 없는 창업도 있을 수 있다.

여하튼 예비 창업자는 "이 사업을 하게 되면 내가 앞으로 어떤 고생을 하게 되고, 어떤 위험을 맞을 각오를 해야 하는가"와 같이, 실패 했을 때 겪게 될 하방 위험(downside risk)을 가늠해 보아야 한다.

창업에서 얻는 대가

창업에서 얻는 대가는, 창업자가 지금 고려하고 있는 아이디어로 창업하여 성공적일 때 얻는 것이 얼마나 큰지에 대한 것이다. 얼마나 돈을 많이 벌 수 있을 것인가, 또 자신의 독자적인 능력을 발휘하여 얻게 되는 성취감은 얼마나 클 것인가 등 창업자가 얻게 되는 대가는 다양하다. 이와 같이 예비 창업자는 "이 사업을 하면 나에게 무엇이 유익하며, 얼마나 좋은 일이 생길 것인가?", 즉 사업 성공 시의 상방 잠재력(upside potential)을 가늠해 보아야 한다.

선정 예비질문

위의 아이디어 우선선정 기준 요소를 통과한 아이디어는 아이디어 선정 예비질문의 단계로 넘어간다. 선정 예비질문은 앞의 현실적 선정요인을 검토하여 괜찮은 사업 아이디어라고 물망에 오른 아이디어에 대해서, 보다 체계적인 분석(예: 프로토타입 구축, 시장 분석 등)을 하기 전에 우선 기초적인 선별작업을 하는 단계다. 예비창업자는 창업을 위해서 수많은 아이디어를 검토했을지도 모른다. 그렇지만 직관적으로 대부분의 아이디어를 폐기하고 지금 어느 하나의 아이디어에 매달리고 있는 것이다. 폐기된 아이디어 중에는 다른 사람에 의해서 성공적인 사업기회로 추진되는 것이 있을 수도 있다. 그러나 여하튼 창업자는 현재 자신이 좋아하는 그럴듯한 아이디어에 매달려 있다. 이 단계에서 선정 예비질문을 통해서 예비 창업자는 선별 과정의 시간과 자원을 효율적으로 할당할 수 있게 된다. 예비 선정단계에서 던져지는 질문은 다음과 같다[34].

예비 창업자 자신의 호감도

누가 뭐라 해도 자신의 느낌과 생각에 비추어, 할 만하고 또 하고 싶은 느낌이 들어야 한다. 돈이 아무리 잘 벌려도 자신에게 '지겨운' 사업은 못하는 법이다.

자신의 재능과 자원

다른 기업을 획득하는 경우는 약간 다른 문제지만, 신규 창업의 경우는 창업자 자신이 전 직장의 경험이라든가 그 분야에 재능이 있어야만 성공의 가능성이 있다고 볼 수 있다. 예비 창업자 자신의 경험, 개인적 능력, 재능이 그 사업을 전개하는 데 요구되는 필요한 능력에 비추어 충분한지 확인해야 한다. 그리고 초기에 필요한 자원을 가지고 있거나 동원할 능력이 있는지 합리적으로 계산해 보아야 한다.

제품 타당성과 시장

창업이 완전히 새로운 제품, 공정, 또는 서비스에 관한 것인 경우는 특히 혁신을 이루어 내고 작동 가능하게 할 수 있

---

[34] Karl H. Vesper, *New Venture Strategies*, Prentice-Hall, Englewood Cliffs, N.J. ,Revised Edition, pp162-163.

는 것인지 그 타당성이 검토되어야 한다. 물론 새로운 제품이나 서비스가 아니라면 타당성은 확립된 것으로 볼 수 있고 이어서 경제성과 시장성이 있는 것인지에 대한 검토로 넘어갈 것이다. 이 단계에서 "치명적인 2% 증상"에 빠지지 말아야 하는데, 이는 전체 시장의 2%만 차지해도 그게 어디냐는 식의 추정을 말한다. 신생 기업이 시장점유율 2%를 차지하는 것도 어려울 수도 있고, 혹은 2% 라는 점유율은 설사 확보했다 해도 지속적인 이익을 낼 수 없는 규모일 수도 있다. 이 단계에서 시장을 추정하는 일은 누가 어떤 경로로 우리의 제품을 살 것인가를 그려보는 과정으로 이루어진다. 그리고 살 사람이 얼마나 될 것인가를 추정하는 식으로 전개된다. 그러나 분석의 수준은 여전히 '책상머리'에서 이루어진다.

이익마진

그 다음에는 예상되는 이익마진을 어림잡아 보아야 한다. 만약 유사한 기존 기업이 있다면 그들의 수익성을 기준으로 이를 수정하는 식으로 추정해 볼 수 있다. 그 결과 필요한 이익마진이 나오지 않으면 그 아이디어는 접어야 한다. 한 가지 경험법칙에 의하면 소매가 기준으로 제품가격은 노무비와 재료비를 합한 직접원가의 4배 내지 5배는 되어야 하며 (서비스업인 경우는 인건비의 3배), 공장도 가격으로는 직접원가의 2배는 확보될 수 있어야 한다는 점이다. 그래야만 유통망에서의 마진, 그리고 내부의 일반관리비와 판매관리비를 제하고 이익이 남을 수 있다고 알려져 있다. 이는 업종에 따라 차이가 있기 때문에 업종에 따라 가격대가 원가의 몇 배 수준에서 결정되어야 표준적인 수준인지 파악해 둘 필요가 있다.

선정 세부분석

예비적 분석에서 만족할 만한 사업 아이디어는 이제 보다 세부적인 분석을 거쳐야 한다. 아이디어의 사업 타당성을 점검하는 세부 분석 항목은 다음과 같다[35].

원형 만들기

아이디어를 구체화해서 상품화할 수 있는가를 보는 것이다. 특히 아이디어를 너무 오래 가지고 있지 말고 즉시 원형제품(prototype)[36]을 제작해 보는 것이 중요하다. 이 작업을 통해서 여러 번 시행착오를 겪게 되고, 설계변경, 시험과 수정, 개선 작업이 일어나게 된다. 그 밖에 특허권 침해 여부, 토지 이용 상의 규제, 상품 및 산업 안전과 공해방지 규제 등 제반 정부 규제 상 중요한 제약은 없는가 검토해야 한다. 원형이 만들어지고 나면 시장검증이 가능해진다. 가망고객은 누구인가, 그리고 그들은 과연 얼마에 살 용의가 있는가를 한층 현실성 있게 견적하는 것이다. 매출규모가 결정될 수 있다면 원가견적도 보다 정교하게 다듬어질 수 있게 된다.

시장분석

창업자들은 일반적으로 시장분석에 약한 것으로 알려져 있

---

35 Karl H. Vesper, *New Venture Strategies*, Prentice-Hall, Englewood Cliffs, N.J.,Revised Edition, pp165-170.

36 서비스의 경우는 '서비스 패키지'라는 형태로 개발됨

다. 일단 원형제품이 완성되면 이것을 예상되는 고객에게 보여주고, 살 의향이 있는지, 그리고 산다면 얼마까지 지불할 의향이 있는지 조사해야 한다. 원형제품이 중요한 이유는 이것이 없이는 잠재 고객에게 시장분석을 위한 조사를 하기 어렵다는 데 있다. 예비 창업자들은 대체로 시장 잠재력에 대해서 직관에 의존한 나머지 실제보다 지나치게 낙관적으로 전망하는 경향이 있다. 이렇게 되는 이유는 창업자 자신이 개발한 제품에 대해서 자주 자기 중심적으로 평가하기 쉽기 때문이다. 따라서 시장분석은 단순히 개발제품 자체뿐 아니라 산업 전체의 동향, 현재보다는 장래에 있어서의 경쟁관계 등을 종합적으로 살펴야 한다.

재무분석

이제 시장조사를 통한 수요와 원가분석 자료를 종합하여 예비창업자는 재무분석을 해 볼 수 있다. 재무분석은 기본적으로 손익계산서와 대차대조표를 채워보는 방법으로 이루어진다. 이러한 기초적인 재무분석이 되려면 기간 별로 수익과 비용에 대한 예상치가 나와야 한다. 즉, 매출, 판매관리비 항목들(판매원 임금, 임대, 광고, 제품개발비, 감가상각비 등)과 차입금에 따른 이자 등 영업 외 비용 항목을 근거 있게 계산한 후, 기간 별 손익계산서와 대차대조표를 개략적으로 작성해 볼 수 있을 것이다. 이 자료를 가지고 예비 창업자는 요구되는 매출액 규모, 예상되는 이익 또는 손실, 손익분기점 및 현금분기점 분석 등 매우 긴요한 몇 가지 의사결정 자료를 가공할 수 있다.

$$손익분기점\ 매출수량 = \frac{총\ 고정원가}{상품가격 - 단위당\ 변동\ 원가}$$

$$현금분기점\ 매출수량 = \frac{총\ 고정원가 + 모든\ 현금지불비용}{상품가격 - 단위당\ 변동\ 원가}$$

장기적 사업전망

창업 아이디어는 장기적으로 수익을 보장하여 성장할 수 없다면 결코 매력적인 아이디어라 할 수 없다. 대부분 창업은 소규모로 출발한다. 작게 출발은 하지만 미래의 성장잠재력을 보고 창업을 하는 것이다. 대개 새 사업의 성장 가능성은 다음 세 가지 유형으로 나누어진다[37].

1) 저 이익 안정 소규모 사업

이익이 적고 성장 가능성은 매우 제한되어 있다. 투자액이 그리 많지 않아서 소규모 개인 사업이 많다. 주유소, 영세소매점, 레스토랑, 세탁소, 자동차 수리점 등이 이에 속한다.

2) 고 이익 안정 소규모 사업

소규모라 해도 안정적인 고 이익을 내는 업체가 있다. 대

---

[37] Karl H. Vesper, *New Venture Strategies*, Prentice-Hall, Englewood Cliffs, N.J.,Revised Edition, pp171-174.

개 높은 기술 수준을 가지고 사업가치가 높아 사업체 전매 시 높은 평가를 받을 수 있다. 각종 연쇄점, 소규모 제조업, 하이테크 하드웨어 업체 또는 소프트웨어 하우스 등이 여기에 속한다.

3) 고성장 사업

고 기술 창업으로서 장차 대기업으로 성장할 잠재력을 지닌 창업이다. 신제품을 기저로 상당한 시장 잠재력을 가지고 있다. 때때로 큰 초기자본이 필요하여 벤처캐피털의 투자가 요구된다. 소위 하이테크 벤처가 여기에 속한다.

SWOT분석에 의한 사업전망

사업의 장기적 전망을 종합적으로 판단하기 위한 분석 방법으로 SWOT분석을 이용할 수 있다. SWOT분석은 기업의 강점(strength) 및 약점(weakness)과 외부 환경의 기회(opportunity) 및 위협(threat)을 그림 5-1과 같은 매트릭스 상에 열거해 보고 그 속에서 자사가 추구해야 할 전략적 방향을 선정하는 분석 방법이다.

분석 결과, 만약 적절한 전략 방안이 도출되기 어렵다면 사업 전망은 불투명한 것으로 볼 수 있으며, 반대로 명확한 전략 방안이 채택될 수 있다면 사업 전망은 긍정적으로 평가될 수 있다.

외부 환경 / 내부 환경		기 회 (O)	위 협 (T)
		• 전반적 경제 회복에 따른 전자산업 성장으로 시장 규모 확대 예상 • 이동 통신 산업의 급신장으로 인한 신규 시장 진입 기대 ...	• Set Maker들의 가격인하 요구 • 기술변화 사이클 단축으로 인한 신제품 개발 대응력 부족 • 원자재 가격의 지속적 상승 • ...
강점 (S)	• 해외 생산 거점 확보로 인한 글로벌 경쟁 체제 구축 • 브랜드 이미지 향상 중 ...	• 고객사와의 전략적 연계 강화를 통한 신제품 개발 • 안정된 기술 및 높은 브랜드 Image 를 통한 신규 시장에의 진출 ... SO 전략	• 부가가치 신제품 조기 개발 • 지속적 경영/생산혁신 및 시스템 • Supply Chain Management 강화 ... ST 전략
약점 (W)	• 핵심 연구/기술 지식의 이탈 • Marketing / 영업 능력 부족 • 관계사 의존도가 높음 • 원재료 수입 의존도가 높음 ...	WO전략 • 연구개발 및 기술 인력 확보를 통한 전략적 제품 개발 • 비 계열사 매출 및 수출 확대 • 설비 투자 확대 • 마케팅 능력 강화를 통한 신규 형성 시장 진출	WT전략 • 구매선 다변화 추진 • 환율 변동분석 및 대처를 위한 인적 자원 확보 ...

그림 5-1 SWOT 분석에 의한 사업전략 개발(예)

시행착오적 선정

앞에 열거한 방법처럼 점검사항을 하나하나 짚어 나가는 방법은 창업 아이디어가 과연 창업할만한 가치가 있는 것인지 논리적으로 판단할 수 있게 해 준다. 이와는 달리, 시행착오적 선정은 아이디어를 일단 실행해 보는 방법이다. 즉, 실제로 사업을 우선 시작하여 현실적으로 부딪히면서 문제들과 씨름하는 가운데 훌륭한 해결안을 찾아 내겠다는 발상이다. 또 옆길효과에 의해서 한 아이디어를 따라 사업을 해 나가는 가운데 사업성이 더 좋은 새로운 기회를 만나게 될 수도 있다. 원래의 아이디어는 돈을 벌어다 주지는 못했을지언정, 옆길효과는 창업자로 하여금 사업에 필요한 경험을 쌓게 하고 특정 분야에 눈을 뜨게 할지도 모른다.

서두에 언급했듯이 창업자는 기회 선별을 위한 분석에 너무 많은 시간을 소모해서는 안 된다. 분석의 노력이라는 측면에서 보면 시행착오적 선정 방법은 분석을 위한 노력이 가장 적게 드는 방법이라고 볼 수 있다. 결국 시행착오적 선정이란, 우선 적절한 아이디어를 찾아서 그것을 실행하고, 그러는 가운데 필요한 분석을 후속적으로 해 나가는 방법이다.

고성장 벤처의 선별기준

기회선별의 영역과 기준

기술에 기반한 고성장 벤처의 창업 시, 기회에 초점을 맞추는 것이 아이디어를 선별하는 데 있어서 가장 좋은 결실을 맺을 수 있는 출발점이다. 선별과정의 출발점을 기회 자체에 두지 않고, 재무분석, 또는 회사가 얼마만큼의 시장가치가 있고 또는 누가 얼마의 주식을 보유할 것인지 등 기회에서 파생되는 부수적인 것들에 두어서는 안 된다. 이런 출발은 본말이 전도된 것으로 기업이 이윤을 남기기도 전에 현금이 바닥 나는 결과를 흔히 가져 온다. 차라리 산업 별로 발견할 수 있는 경험법칙들을 써서 기회를 선별해 내는 것이 유용할 수 있다. 예를 들면, PC 업계에서는 창업이 건전하게 진행되고 있다는 선행지표로서 종업원 1인당 75,000달러 이상의 매출이 있어야 한다고 알려져 있다.

다음은 주로 벤처 자본가와 같은 전문적 투자자들이 벤처를 선별할 때 적용하는 기준을 요약한 것이다. 최고의 잠재력을 가진 사업기회들은 다음에 제시되는 많은 부분에서 만족한 수준이어야 하며, 하나 또는 두 세 가지 부문에서 경쟁사가 따라 올 수 없는 탁월한 우세를 보여야 한다.[38] 이 기준들은 첨단기술에 기반한 창업의 기회들을 선별하는 데 적용되는 것으로 벤처 자본가들은 선별 초기에 이 기준에 미흡한 60 ~ 70%를 탈락시킨다.

업계 및 시장

시장. 고객욕구를 충족시키고 가치를 더해 주는 제품이나 서비스에 의한 잠재 이익을 소비자에게 되돌려 주는 데 1년 이내이고 이러한 가치의 환원이 분명히 드러나야 한다. 틈새시장을 공략하여 고객에 높은 가치를 창출해 주면서 이를 통해 반복적이고 지속적으로 이윤을 창출할 수 있어야 한다.

시장구조. 판매원의 수, 판매 유통권 규모, 제품의 차별화 여부, 시장진입 및 퇴출 조건, 구매자의 수, 비용조건, 가격변화에 따른 주문 민감도 등 시장구조에 있어서 신흥시장이거나, 불완전 경쟁 혹은 진공이 있을 때 유망한 기회가 된다. 성숙된 산업과 사양 산업에서와 같이 시장 구조가 독과점으로 집중되어 있거나 완전 경쟁적인 부문은 매력적이지 못하다.

[38] Timmons, Jeffry A., *New Venture Creation: Entrepreneurship for the 21st Century*, Forth Edition(Burr Ridge: Irwin, 1994): 93-104.

시장규모. 창업자들이 시장 점유율을 높이더라도 기존 경쟁자의 분노를 사지 않을 만큼 시장이 커야 한다. 그러나 너무 큰 시장은 기존의 대규모 기업과 경쟁해야 되는 시장으로서 마진도 낮고 이윤도 얻기 힘들 것이다.

성장률. 매력적인 시장은 시장규모가 클 뿐 아니라 계속해서 성장해야 한다. 연간 30% 내지 50%의 성장이 이루어진다면 새로운 시장진입자가 시장 성장에 편승하여 매출을 일으킬 수 있다.

시장용량. 시장규모가 계속 커지는 상황에서 기존 기업의 생산설비가 완전 가동되고 있어서 수요를 충족시키지 못하는 경우 매력적인 시장이 될 수 있다. 이 경우는 다른 회사가 생산능력을 증대 시키기 이전에 진입해야 하므로 창업의 타이밍이 중요하다.

시장점유율. 그 시장에서 적어도 20% 이상의 시장점유율을 차지해야 투자가들로부터 잠재적인 가치가 큰 기업으로 평가받는다. 초기에 매출액 자체는 그리 크지 않더라도 시장점유율이 크다면 시장의 주도권을 장악할 수 있어 시장의 성장세와 함께 기업의 규모를 키워나갈 수 있다.

가격구조. 고성장의 기반을 구축하기 위해서는 저비용 생산자가 되어야 한다. 그러나 제품의 가격이 규모의 경제 효과에 따라 계속 내려가는 상황이라면 매력적이지 못하다. 생산량 증가에 따른 학습효과로 저 원가 생산이 가능해야 매력적인 가격구조를 만들 수 있다. 강한 원가구조는 후발 업체에 대한 진입장벽이 될 수 있다.

경제성

세후 이익. 매출액에 대한 세후 순이익이 10-20% 이상은 되어야 매력적인 기회라 할 수 있다. 세후 순이익률이 5% 이하일 경우는 잠재성이 매우 취약한 수준이다.

손익분기점과 흑자 현금흐름. 손익분기점(breakeven point), 즉 흑자 현금 흐름을 달성하는 기간이 2년 이내가 되어야 매력적인 창업 기회가 된다. 이것은 3년 이상으로 지체 될 경우 투자자에 대한 매력도가 떨어지게 된다.

잠재적인 투자수익률. 매력적인 기회는 연 25% 이상의 투자수익률을 올릴 수 있는 잠재력이 있어야 한다. 높은 투자수익률은 자기 자본에 대한 수익률도 높이고, 기업 공개, 또는 합병 시 높은 수확 가치를 실현하게 된다.

자본 소요. 초기투자가 벤처자본의 전형적인 투자 규모를 상회하지 않는 수준으로 요구되는 기회가 매력적이라 할 수 있다. (미국의 경우 $100만 ~ $200만 정도) 첨단 기술 벤처 기업의 경우 상당한 투자가 필요한 것이 사실이다. 중소 규모의 투자로서 사업을 개시 할 수 있는 기업일 수록 초기부터 대규모의 설비투자를 요하는 기업보다 자금 조달이 용이하고, 따라서 매력적인 투자 대상이 된다.

잠재적인 내부수익률. 주어진 사업 위험에 대해 요구되는 수익률을 내부 수익률(IRR : internal rate of return)이라 하는데, 보통 고성장 잠재성을 지닌 창업 기업의 경우 그 실패 위험률을 고려하여 최소 연 25%의 수익률을 요구한다. 투자자들에게 매력적인 투자 대상 기업이 되기 위해서는 그들의 투자 위험 부담에 대한 적절한 보상이 일정한 기간 내에 이루어져야 한다.

가용현금흐름의 특징. 가용 현금 흐름(FCF : free cash flow)은 기업의 재무 상태의 건전성을 드러내는 좋은 지표이다. 그것을 통해 기업의 운전 자본과 고정 자본 등의 자본 요구도, 부채 및 지분 상환력, 성장 지속력 등을 알 수 있다. 가용현금흐름은 다음과 같이 구해진다.

FCF = EBIAT + A + D - WC - CAPex

FCF(free cash flow) : 가용 현금흐름

EBIAT(earning before interest but after tax) : 이자 지급전 세후 순이익

A(amortization) : 상환금

D(depreciation) : 감가상각비

WC(working capital):운전자본 소요

CAPex(capital expenditure) : 자본 지출

결과적으로 자산집약도가 낮고 마진이 큰 사업기회가 보다 매력적이다.

매출이익률. 지속적인 고성장을 위해서는 매출액 이익률(gross margin)이 40% 이상 유지되어야 한다. 높은 매출액 이익률이 달성될 때 초기의 각종 경영과 영업상의 실책을 보전 할 수 있는 완충작용과 경영상의 유연성을 제공한다.

손익분기점까지 걸리는 시간, 현금흐름, 손익. 전형적으로 양의 현금흐름에 도달하는 데 2년 정도 걸리지만 이 기간이 빠를수록 좋은 것은 사실이다. 그러나 예외적으로 유망한 사업인데도 불구하고 이 기간이 긴 경우도 있다.

회수문제

부가가치 잠재성. 혁신적 기술 등을 통해 고부가가치를 지닌 벤처, 다시 말해 인수 기업의 입장에서 전략적 중요성을 띤 기업이 그렇지 못한 기업보다 매력적이며, 투자 회수의 단계에서 진가를 발휘한다. 기업 매각 시 외형의 4 내지 6배 수준으로 거래될 수 있는 고부가가치를 가진 사업기회가 매력적이라 할 수 있다. 유통, 고객기반, 시장의 지역적 범위, 독자적 기술, 계약상의 권리 등에 있어 전략적 지위를 확보하고 있어야 한다.

사업가치 평가지수. 해당 산업과 시장 및 기술적 특성에 따라 사업 가치 평가와 관련된 각종 평가 지수가 달라 질 수 있다. 따라서 창업하고자 하는 업계에서 과거에 어떻게 거래되어 왔는지를 검토하는 작업이 필요하다.

회수기제 및 전략. 성공적인 창업과 사업 전개를 하는 창업

기업가는 종국적으로 기업을 공개하거나 사적으로 매각함으로써 투자자와 자신의 노력에 대한 수확을 기획한다. 매력적인 사업기회의 경우, 수확 내지 퇴출에 대한 명확한 비전이 사업초기에 설정된다.

자본시장 여건. 기업공개는 자본시장 여건에 따라 위험성이 크게 변한다. 불황 시장에서는 상대적으로 기업의 가치가 저평가되므로 기업공개는 자본시장이 활황일 때에 잘 맞출 줄 아는 식견을 갖추고 있어야 한다.

경쟁우위 문제

고정비와 변동비. 매력적인 벤처는 저원가로 생산할 수 있는 원가구조를 가져야 한다. 그렇지 못한 경우는 강력한 경쟁자의 출현으로 신규 벤처의 수명은 위험에 처한다.

통제 정도. 시장을 주도하는 기업의 점유율이 20% 이내이고 가격, 비용, 유통에 대한 경영통제력이 분산되어 있다면 매력적인 기회가 된다. 이런 경우 신규 벤처의 진입 시 기존 기업들이 심각한 진입장벽을 만들기가 어렵다.

진입장벽. 아무리 혁신적인 상품으로 시장을 초기에 공략하는 벤처라고 할지라도 추후에 경쟁업체의 사장 진입을 적절히 방어하지 않으면 경쟁 우위를 지속 할 수 없다. 기술, 제품혁신, 시장혁신, 생산능력, 법적 · 계약적 우위, 고급 인맥과의 네트워크, 핵심 기술인력 확보 등은 진입장벽의 원천이 된다.

경영팀 문제

창업팀. 관련 업계의 최고 인재를 총 집합시킨 훌륭한 팀으로 구성된 창업 경영진은 매력적인 사업 기회로 평가된다. 구성원들은 관련 업계에서 이미 경험, 식견이 있고, 상호 보완적이라야 한다.

산업 및 기술적 경험. 업계에서 기술적, 영업적으로 입증된 탁월한 경력을 지닌 경영팀은 가장 중요한 전략적, 경쟁적 우위를 확보할 수 있다.

도덕성. 경력 상 성실성이나 신뢰도에 흠이 없는 창업가와 창업팀이어야 사업 추진을 위한 상호간의 협력을 증진 할 수 있다.

지적 솔직성. 창업자 자신이 무엇을 알고 있고 무엇을 모르는지, 그리고 팀 내에서 무엇을 보완해야 하는지 알고 있으며, 이에 대해 솔직성이 있어야 한다.

치명적 결함 사항

협소한 시장규모, 과당경쟁, 높은 진입장벽, 가격경쟁력 미비 등을 포함한 중요 사항에 결정적 결함이 하나라도 있다면 매력적인 사업기회로 보기 어렵다.

개인적 기준

목표 및 적성. 사업상의 각종 요구 조건들과 창업자가 개인적으로 바라는 바가 적절히 맞아 떨어져야 한다. 아무리 객관적으로 성공 잠재력을 지닌 사업기회라고 하더라도 창업자의 개인적 목표와 갭(gap)이 있게 되면 열정적으로 창업과정을 헤쳐 가기 어려울 것이다.

기복의 문제. 하방위험이 지나치게 크다면 매력적인 사업기회로 보기 어렵다. 사업을 추진하다 보면 기대한 대로 잘 되는 경우도 있지만, 예상치 않게 위기에 봉착하게 되는 경우가 많다. 창업자는 이런 위기에 처했을 때 이를 극복할 수 있는 재정적, 정신적 여유가 있어야 한다.

기회비용. 자신의 현재 직장이나 하고 있는 일을 포기할 만큼 매력이 있는 사업인지 여부도 중요한 고려 사항이 된다. 즉, 사업기회가 아무리 매력적이라고 할지라도 예비 창업자는 사업의 위험 부담을 고려하여 자신이 현재하고 있는 일이나 다니고 있는 직장에서 얻는 보상을 포기 할 만큼 상대적으로 큰 것인지를 비교해 보아야 한다.

소망. 사업추진과 관련된 제반 여건에 대해 예비 창업자 개인에게 바람직해야 한다. 똑같이 매력적인 사업기회라 할지라도 창업자에 따라 이러한 심리적 평가가 달라질 수 있다.

위험 대비 보상 허용한계. 일반적으로 창업 기업가는 도박가도 아니고 극도의 위험 기피자도 아니다. 창업기업가는 불필요한 사업 위험은 최대한 피하고, 단지 계산된 사업 위험(calculated risk)만 감당하려고 노력한다. 따라서 창업기업가의 '계산된 위험'에 대해서 기대하는 보상의 수준이 허용 한계수준 내에서 적절히 일치하는 사업기회라야 매력적이라 할 수 있다.

스트레스 허용도. 고성장 벤처를 경영하는 데는 창업자의 헌신적 노력이 수년간 지속되어야 한다. 따라서 창업자는 특정 벤처기업 경영에 따르는 스트레스에 대처할 수 있을 만큼 그 일이 적성에 맞아야 한다.

전략적 차별화

조화의 정도. 창업 경영진, 사업기회, 필요 자원 측면과 외부 환경이 전략적 차별점과 적합성을 가지고 있어야 한다.

창업팀. 창업자와 더불어 탁월한 경영진을 보유하는 것은 구성원들에게 바람직한 학습과 문화를 고양하는 토대가 된다.

서비스 관리. 기존 기업과 차별화된 획기적인 대 고객 서비스를 제공한다면 중요한 경쟁무기가 될 수 있다.

타이밍. 시류를 타는 적합한 타이밍은 종종 분명하게 우열을 가르는 요소가 된다.

기술. 독자적이고 혁신적인 기술은 성공을 보장하지는 않으나 상당한 경쟁우위 요소인 것은 사실이다.

유연성. 외부 상황변화에 기민하게 대응하는 능력(신속한 위임, 적응, 폐기 등)은 특히 대기업에 대응하는 중요한 전략적 우위 요소가 된다.

기회 지향성. 명확한 전략에 비추어 새로운 기회를 끊임 없이 모색할 수 있어야 한다. 전략이 없다면 모든 아이디어가 기회로 인식될 수도 있다.

가격 책정. 고객에 제공되는 가치를 잘 고려하여 적정한 가격을 책정하는 능력이 있어야 한다. 흔히 저지르는 실패 중에는 가격을 적정한 선보다 낮게 책정하는 일이다.

유통 경로. 직접우편, 홈쇼핑, 정보광고, 인터넷 등 가능한 신종 유통경로의 가능성을 개척해야 한다.

실수에 대한 여유. 매출액, 원가, 현금흐름, 타이밍, 필요자본, 자금조달 등 수 많은 시행착오가 발생할 경우 회사가 견뎌낼 수 있는 가능성은 어떤 수준인가의 문제이다. 높은 차입금과 낮은 영업이익은 추락의 신호와 같다.

수요예측 기법

신제품에 대해서는 시장 도입 전에 수요예측을 해야 하는 어려움이 있다. 그럼에도 불구하고 수요예측을 해야 하는 이유는, 수요예측이 신제품 도입이 적절한 시기, 제품설계, 가격구조, 판매경로 설정 등 주요 의사결정을 위한 기초 자료를 제공하기 때문이다.

시장성 분석

사업의 성패는 역시 창업자가 예상한 만큼의 시장이 있는지에 달려 있다고 할 수 있다. 앞의 아이디어 선정과정을 통해 계획 중인 사업의 전반적 사업성을 검토하고 평가 할 수 있는데, 그 과정에서 시장성과 관련된 요소들을 파악해야 한다.

시장성 평가는 주로 예상되는 수요의 규모를 예측하는 것인데, 먼저 전체 시장 중에서 자사가 차지할 시장 규모를 추정하는 방법을 생각해야 한다.

분해법 vs. 조립법

수요예측을 위해서는 먼저 전체 시장 중에서 자사가 차지하는 점유율을 바탕으로 전체 수요 내지 자사 수요의 적정성을 가늠해 볼 수 있다. 이를 위해서 분해법과 조립법이 이용된다.

분해법(breakdown method). 전체 시장규모를 먼저 예측한 후, 그 중에서 창업기업이 차지할 수요를 예측하는 방법이다.

조립법(buildup method). 제품 별 시장을 먼저 예측한 후, 이를 합산하여 전체 시장의 규모를 추정하는 방식이다.

분해법과 조립법은 동시에 구사하면 수요예측의 정확도를 높이는 데 도움이 된다.

특정 제품에 대한 수요예측 방법은 크게 질적 예측법(주관적 방법)과 양적 예측법(객관적 방법)으로 나눌 수 있다. 질적 예측법에는 시장조사법, 델파이법, 유추법 등이 이용되며, 양적 예측법은 시계열 분석, 인과형 예측법이 주로 이용된다.

수요예측 개관

수요예측 방법의 분류

수요예측 방법은 표 5-1과 같이 수요예측을 해야 하는 상황과 예측기간에 따라 달라진다.

표 5-1 상황에 따른 수요예측 방법의 유형

	기존 제품/서비스	새로운 제품/서비스
단기 장기	시계열 분석(time series analysis) 계량경제모형 (econometric model) 확산 모형 (diffusion model)	시장조사 (consumer-based approach) 주관적 예측 (subjective estimation) 비교·유추에 의한 방법 (analogy)

주관적 예측에 대비되는 객관적 또는 양적 예측법에는 이동평균법과 지수평활법 등 시계열 분석이 주로 사용된다. 시계열 분석(time series analysis)은 년, 월, 주, 일 등의 시간

간격에 따라 제시된 과거의 수요량으로부터 그 추세나 경향을 파악하는 방법이다. 시계열 분석은 예측기간이 길어질수록 예측치가 시계열 과정의 평균에 수렴하는 경향이 있어 주로 단기 수요예측에 바람직하다. 시계열 분석은 창업기업의 제품이 완전히 새로운 것이어서 기존 시장의 추세와 관계가 없는 경우에는 사용할 수 없다.

계량경제모형은 예측하고자 하는 수요와 이에 영향을 미치는 독립변수들 간의 상호관계를 수식화하는 방법이다. 그러나 여기에 사용되는 개별 독립변수의 예측치 조차 불확실성을 지니므로 장기적으로 안정된 수요예측을 기대하기는 어렵다.

확산모형은 신제품의 시장도입 초기에 나타난 수요자료를 기초로 상품성장을 예측할 때 사용된다. 이 모형에서는 신상품의 누적 구매자 수가 시간이 지남에 따라 'S' 자 형태의 곡선으로 가정할 수 있음을 바탕으로 예측한다. 신상품 도입 초기에는 확산속도가 가속되다가 S 곡선의 변곡점 이후에는 확산 속도가 감소되어 안정화 상태에 도달할 것이라는 선험적 분석에 의해 S 곡선의 형태를 추정하는 것이다.

신제품의 수요예측

질적 예측법은 장래의 기술 또는 새로 개발된 신제품에 대해서 영업사원이나 전문가의 주관적인 의견에 기초하여 예측하는 방법이다. 이 경우, 과거의 자료나 장래의 사태변화에 관한 자료가 빈약하기 때문에 양적 예측방법을 쓸 수 없고 전문가의 직관력이나 의견, 또는 유추에 의존하게 된다.

델파이법(Delphi methods)

델파이법은 인간의 직관력에 의해서 장래를 예측하는 직관적 예측방법의 하나로 원래 기술예측용으로 개발되었다. 이 기법의 특징은 전문가를 한 자리에 모으지 않고 미래 상황에 대한 일련의 질문서를 각자 보내오게 하는 것이다. 모아진 자료는 문항 별로 평균값과 사분위 값 등으로 요약하여 각자에게 재차 보내는 피드백 과정이 반복된다. 전문가들을 한 자리에 모으지 않는 이유는, 한자리에 모일 경우 의견이 소수에 의해서 주도되거나 다른 사람의 의견에 의해서 영향을 받을 수 있기 때문이다.

의견조사에 의한 예측

시장조사 등 다수의 의견을 수렴하는 방법이다. 시장조사는 전화나 면담에 의한 조사, 설문지 조사, 소비자 모임에서의 의견수렴, 시험판매 등의 방법이 있는데 보편적인 것은 면담조사와 설문지 조사가 일반적으로 사용된다. 시장조사는 주로 신제품에 대한 수요예측 등 단기예측에 사용된다.

유추에 의한 예측

새로운 사업이나 제품을 개발한 경우 과거의 경험이나 데이터가 없는 경우가 대부분이기 때문에 유추에 의한 방법이 이용된다. 즉 개발된 제품과 유사한 특성을 갖는 기존 제품에 관한 경험 데이터에 비추어 예측하는 방법이다.

이 방법은 수요량, 시장 점유율 등을 예측하는 점추정보다는 수요 경향, 시장 점유속도 등의 추세를 추정하는 데 사용된다. 비교 대상은 유사재, 대체재, 보완재 등 다른 제품, 서비스를 이용하거나, 유사한 제품이나 서비스가 이미 존재하는 외국의 자료를 이용할 수 있다.

시나리오 분석

시나리오란 발생 가능한 미래에 대한 묘사로서 특정 의사결정에 중점을 두어 나타날 결과를 조망하는 방법이다. 일반적 예측기법은 미래의 불확실성을 주관적 판단에 의하거나 그 상황을 추정 또는 가정하여 예측하는데, 시나리오 분석은 특히 모든 불확실성을 대상으로 발생할 가능성을 검증하여 다양한 상황에 대처 할 수 있도록 하는 장점이 있다.

시나리오 방법을 이용하여 의사결정을 하게 되면 사업이 직면한 기회와 위협의 전체 영역을 인식하여, 기획 과정을 체계화 하고, 불확실한 미래 상황에 체계적으로 대처하기 위한 방법을 제공한다. 따라서 시나리오 방법을 쓰면 사업 아이디어의 선택 그 결과에 따른 미래사업의 상황을 평가할 수 있는 수단이 된다.

시나리오 방법은 변화의 역동성에 대한 더욱 완전한 이해를 하게 하며, 기회와 위협의 영역을 총체적인 고려함으로써 돌변상황으로 인한 위험을 줄이게 한다. 또한 사업 대안의 선택 범위의 확대하고, 더욱 탄력적이고 유연한 전략을 구사할 수 있게 하는 등의 장점이 있다. 그러나 적용하는 방법이 다소 복잡하여 적용이 어렵다는 점이 문제로 지적된다.

시나리오의 구성과 분석까지 총 6단계로 진행되며, 각 단계별로 산출물은 관련 전문가들의 충분한 의견 수렴을 거치면서 완성해 나가고, 최종 목표를 완성하더라도 수시로 단계를 재 검증하여 사업의 방향에 참고 하여야 한다. 그림 5-5는 시나리오 분석의 흐름을 보이고 있다.

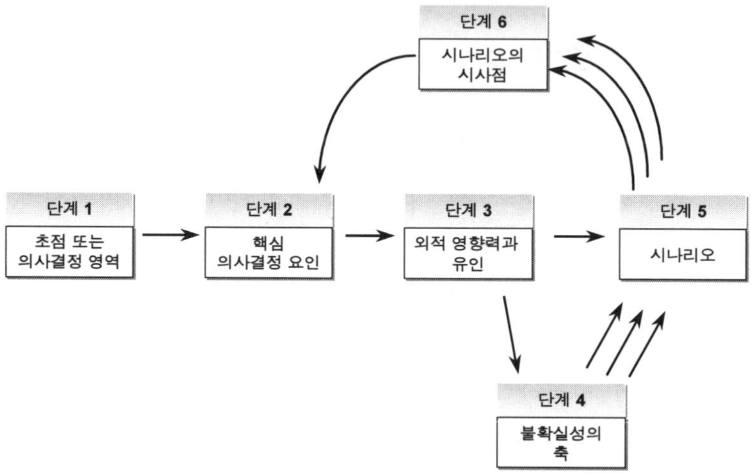

그림 5-5 시나리오 분석의 흐름

1단계(초점 또는 의사결정 영역 결정). 시나리오 분석의 궁극적인 목적, 즉 최종적인 의사결정의 요점, 범위, 시점, 분석의 틀 등을 명확히 한다. 의사결정의 초점을 구체화 하여 기술해 두는 단계다.

2단계(핵심 의사결정 요인). 의사결정에 직접적 영향을 미치는 영향요소들을 규명한다.
예) 기술발전방향, 시장 규모, 성장률, 경쟁제품·대체기술 등

3단계(외적인 영향력과 유인). 핵심 의사결정요인의 미래 상

태를 결정짓는 2차적 영향 요소들을 파악하고 분석 및 재구성한다. 이 단계의 목적은 기술적·경제적 환경에 대한 개념적 모델을 수립하고 각 요인들간의 인과관계를 파악하는 것이다.

4단계(불확실성의 축). 2차적 영향요소들을 유사한 성질을 갖는 것들끼리 유형화한다. 각각의 유형이 장래 전개될 수 있는 방향(불확실성의 축)을 선정한다.

5단계(시나리오 구성). 각각의 불확실성의 축을 조합하여 시나리오를 구성하고 구체화 한다. 이 때 내부적 일관성이 결여된 발생가능성이 희박한 시나리오는 제외한다.

6단계(시나리오의 시사점 도출). 의사결정 초점과 관련하여 의미를 도출한다. 각각의 시나리오로부터, 혹은 전체를 종합적으로 고려하여 기회와 위협, 전략적 의미를 분석하고 대안을 도출한다.

6 아이디어의 상품화

제품개발 과정

제품개발 사례

특허 및 지적 재산권

제 6 장 아이디어의 상품화

그럴듯한 아이디어를 찾았다는 것은 창업에 핵심적인 시발점이긴 하지만 그것은 단지 시작일 뿐이다. 그 아이디어가 다듬어져 제대로 작동하고 고객의 요구를 만족시킬 수 있는 품질과 가격의 제품 또는 서비스가 되지 않는 한 아이디어 자체로서는 의미 없다.

아이디어를 다듬어 상품화하는 과정은 아이디어의 실현성을 분석하고, 나아가 제품 또는 서비스를 설계, 개발하는 일을 포함한다. 이제는 선정된 아이디어를 창의력을 가지고 실제 시장상황에서 작동되도록 만들어야 하는 것이다.

제품개발 과정

아이디어의 실현성 분석

아이디어의 선정 단계를 통과한 아이디어는 사업 실현성 분석(feasibility analysis)을 거치면서 정교하게 다듬어진다. 아이디어의 실현성 분석은 사업성의 제 능력을 점검하고 갖추어 가는 과정으로 다음과 같은 네 가지 분석이 포함된다.

1) 제품 기능성(workability) 분석 - 개발하려는 제품 컨셉트가 구현될 수 있는가?
2) 시장성(marketability) 분석 - 품질, 가격, 납기 등의 측면에서 시장 요구사항을 맞추어 낼 수 있는가?
3) 생산가능성(produceability) 분석 - 현재의 생산 프로세스와 설비로 생산해 낼 수 있는가?
4) 수익성(profitability) 분석 - 종합적으로 볼 때 적정 수익이 나올 수 있는가?

실현성 분석은 다음과 같은 창업 실패의 가능성을 막아주는 데 도움을 준다[39].

- 개발되고 있는 사업개념이 작동될 성 싶지 않거나 시장 요구에 맞지 않아 제품이나 서비스에 들어 가는 노력과 돈이 낭비된다.
- 사업개념이 작동되기는 하지만, 성능, 스타일, 포장, 설명서, 서비스 절차 등에서 시장 요구상황을 맞추지 못해 오래지 않아 경쟁자가 더 나은 제품을 들고 나타나고, 최초 창업회사는 강제 탈락된다.
- 작업성, 고객구매조건을 잘 갖추었으나 적정원가에 생산할 수 있는 설계가 되지 못하여 생산 시 원가가 터무니없이 치솟는다.
- 제품이 오작동하여 제조물 책임(product liability) 문제에 휘말리게 된다.

---

39 Vesper, Karl H., *New Venture Mechanics*, Prentice Hall, Englewood Cliffs, N. J., 1993, p31

- 창업된 사업체가 유지되려면 다방면에서 재능을 규합하고, 갖가지 자원이 필요한데, 초기에 이를 미리 갖추는데 실패하여 힘이 달리는 창업이 되었다.
- 현재 개척 중인 사업기회와 연관된 다른 기회들을 살리지 못하여 창업이 성공은 하였으나 성공의 정도가 만족스럽지 못하다.

훌륭한 아이디어라 해도 이것이 성공적 이려면 많은 노력이 들어가는 상품화 과정을 거쳐야 하며, 이어서 사업개념, 시장판매가능성이 확인되는 실행의 과정을 거쳐야 한다. 사업 실현성 분석은 사업을 추진해 나가기로 작정을 하고, 이제 제품이나 서비스를 제조하여 팔리도록 하고 이로써 이익을 남기도록 차질 없이 진행시키는 데 대한 분석 및 실행활동이다. 실현성분석은 될 수 있는 대로 많은 비용을 들이지 말고 할 수 있는 방법을 찾아야 한다. 장비는 구입하기 보다는 빌릴 수 있는 방법을 찾아야 하고, 재고도 최소량만을 확보하여 고객의 반응을 테스트해 본다. 이렇게 하는 데도 자금이 많이 들면 첫 단계로서 책상머리에서 분석해 보는 것도 한 방법이다.

설계 및 제품개발

성공적 제품개발의 평가

제품개발은 시장기회의 포착에서 시작하여 제품의 생산,판매 및 인도까지의 활동들의 집합이다. 기업의 입장에서 성공적인 제품개발은 생산 가능하면서도 높은 수익성을 보장하는 가격으로 판매되는 제품을 산출하는 것인데, 그 성과를 사전적으로 평가하기는 어렵다. 보통 다음의 다섯 가지 측면이 제품개발 활동의 종합적인 성과를 평가하는 지표를 구성한다[40].

제품 품질. 개발 노력의 결과물인 제품이 얼마나 좋은가? 고객의 니드를 만족시키고 있는가? 튼튼하고 신뢰성이 있는가? 제품 품질은 궁극적으로 시장점유율과 고객이 흔쾌히 지불하고자 하는 가격에 반영된다.

제품 원가. 제품의 제조원가는 어떠한가? 제조원가는 자본재인 기계나 공구의 감가상각비와 단위 제품을 생산하는 데 직접적으로 들어가는 재료비 및 인건비를 포함한다. 제품 원가는 특정 판매량과 특정 판매가격에 대하여 이익이 얼마나 날 것인지를 결정한다.

개발 기간. 얼마나 빠르게 제품개발 노력을 끝낼 수 있는가? 개발기간은 회사가 경쟁과 기술개발에 얼마나 적절히 대응할 수 있는가와 개발팀의 노력으로부터 얼마나 반대급부를 빠르게 회수할 수 있는가를 결정한다.

개발 비용. 제품을 개발하기 위해서 회사가 얼마나 많은 비용을 소비했는가? 개발비용은 보통 이익을 달성하기 위해 필요로 하는 투자의 중요한 부분을 차지한다.

---

[40] Ulrich, K. T. and Eppinger, S. D., 서효원 외 역, *제품 설계 및 개발*, 시그마프레스, 1999, pp2-4.

개발 능력. 이번 제품개발 프로젝트의 결과로 회사가 미래 제품을 개발하는 데 얼마나 능력이 향상되었는가? 개발능력은 회사가 미래에 제품을 보다 효과적이고 경제적으로 개발하는 데 사용할 수 있는 자산이다.

이러한 다섯 가지 측면에서의 높은 성과는 궁극적으로 개발 노력의 경제적 성과를 이끌어 낼 것이다. 창업 기업은 나름대로의 판단에 따라 이들 척도 외에도 자사의 전략에 맞는 성과 기준을 만들어 사용함으로써 제품 설계 및 개발 노력의 성과를 측정하고 관리해야 한다.

설계의 과정

아이디어의 정교화 과정에서 가장 중요한 것은 아이디어를 제품화하는 설계(design)의 과정이다. 설계는 이후 제품화의 전 과정뿐만 아니라 생산, 판매에 이르는 전체 제품의 라이프사이클에 영향을 미치게 된다. 만일 잘못된 설계를 뒤 단계의 생산이나 판매 과정에서 수정해 나간다고 하면 이는 기업이 운영활동을 얽어 매는 결과를 빚는다. 치솟는 원가 요소와 시장으로부터의 클레임으로 창업자의 시간과 운영자금을 바닥 낼 것이다.

앞에서 설명한 실현성 분석의 네 측면은 설계를 효과적으로 하기 위한 설계요건 또는 설계기준이라 할 수 있다. 설계과정은 대개 이 설계요건을 중심으로 진행된다.

표 6-1 신제품개발의 단계와 점검사항

단계	단계 별 주요 점검사항
예비조사와 실현성분석	추상적 도안 스케치, 시장요구 예비조사, 성능요건 열거, 특허검색, 대안적 도안 개념화, 잠정적 설계명세, 개발 기간, 비용 추산, 생산원가 추산, 재무이익률 추산
개발 탐색	대안분석의 강화, 계산, 도안작성, 부품/자재 선택, 예비적 레이아웃, 주어리리그/브레드보드, 목컵, 사용자분석, 스타일, 외부전문가와 상의, 특허 및 클레임항목 조사, 경쟁자 나열, 비교, 생산방법 대안 숙고, 유사한 성공기술의 평가, 유사한 성공시장의 평가
개발모델 설계	잠재 결점 분석, 전망되는 서비스 요건, 레이아웃 및 디테일 그림, 시장과 잠재고객 재점검, 가능 공급자 점검, 특허침해 가능성 재점검, 원가 재점검, 디자인 수정양보 사항, 일정, 자금조달 노력
개발모델 제작	재료 구입, 도우미 채용, 스타일 잡기, 안전관리, 사용편의, 안락성 확보 등, 공장에서 성능점검, 결과분석, 설계수정, 생산모델 변경가능성 나열, 생산원가 재 추정
개발모델 검증	성능검사사양 확립, 검사절차 나열, 검사도구 설치, 검사결과 자료수집, 분석, 시장적합성 재숙고, 예상문제점 우선순위 나열, 사업성공 가능성 재평가
생산모델 설계	사양의 적절성, 디자인 평가, 원가 분석, 대체 생산방법 분석, 경제성 향상가능성 분석, 세부도안 및 자재명세표, 사용법과 서비스 매뉴얼, 특허권 재점검, 시장적합성과 경쟁우위성, 공구 등의 대안 분석, 제조상의 애로점 예측
생산모델 제작	임시적 공구설계와 제작, 자재 구입, 생산과정의 주의사항 나열, 생산모델 제조와 검사, 잠재고객에 대한 베타검사, 제시되는 의견에 따라 수정
생산모델 검증	사양 대비 설계 검사, 설치, 검사, 결과의 기록, 고객반응 조사자료 확보, 외부전문가 평가서 확보, 가능 경쟁상품 평가, 경험에 비추어본 수정, 미래 개선계획 수립, 사용 및 서비스 지침서 검증

표 6-1은 구체적으로 창업 신제품 개발 시 적용될 수 있는 개발단계와 단계 별 세부적인 고려사항을 보이고 있다[41]. 이들 각 세부 단계는 창업 기업의 상황에 따라 수정되어야 한다. 불필요한 단계는 지워버려야 하고 대신 필요한 사항으로 교체해야 하며, 우선순위가 큰 항목을 가려내야 한다. 그리고 자재의 소요일정과 개발 업무를 수행하는 사람들이 지켜야 할 일정을 가다듬어야 한다.

제품설계 시 고려사항

제품의 설계는 창업자의 경험을 바탕으로 도전과 창의 정신을 발휘하면서 이루어지는 과정이다. 창업자는 설계 단계에서 다음 사항들을 특히 유념해야 한다.

– 선례의 역할

대개 초기의 개념설계는 창업자의 과거 직업경험 등에서 습득한 결과에 기초하게 된다. 창업자는 독창성만 강조할 것이 아니라, 모방을 강점으로 활용하여 일단 단시일 내에 실행모델을 개발한 후 이를 지속적으로 개선하는 방법이 유망할 수 있다[42]. 이렇게 함으로써 위험과 비용을 줄이고, 실행성을 높일 수 있게 된다.

– 추상적 설계

실물모형을 만드는 일이 비용이 많이 들 경우, 실물모형을

---

[41] Karl H. Vesper, *New Venture Mechanics*, Prentice Hall, Englewood Cliffs, New Jersey, pp34-35.

[42] 제 11 장의 "병행적 경쟁" 전략을 참고할 것

구상하기 전에 먼저 추상적으로 머리 속에 설계의 구도를 그려보는 것이 바람직하다. 추상적 설계의 방법에는 그냥 생각만으로 해보는 방법, 종이와 연필을 가지고 책상에 앉아서 그려보는 방법, 그리고 컴퓨터 모델링에 의한 방법 등이 있다.

– 실물모형

실물모형을 만들게 되면 여러 가지 이점을 얻을 수 있다. 그 제품이 기능을 발휘하는지 확실히 알 수 있게 되며, 기능이나 모양이 어떻게 보여지는지, 그리고 어떻게 개선할 수 있는지 대안을 모색할 수 있게 된다. 특히 예상 잠재고객에게 보여서 반응을 확인할 수 있고, 동업자나 투자자에 보여 설득할 수도 있다. 실물모형에는 목컵(mockup), 주어리리그(jury rig), 그리고 프로토타입(prototype)이 있다.

목컵은 외견 상 모양을 보여 주는 플라스틱, 나무, 진흙 등으로 만들어지는 모형이다. 예를 들면 진흙 목컵으로 만든 자동차는 자동차의 실제 외관이 어떨 것인지 확인해 볼 수 있게 하는 유용한 방법이다. 주어리리그는 어떤 제품의 개념을 설계 상의 핵심점을 강조해서 만들어 그 설계 개념이 실제로 작동하는지 나타내 보이는 것이다. 프로토타입(원형제품)은 외관과 성능제원이 함께 구비되어 검증과 실험의 대상이 되고, 예비 고객에 보여줄 수 있는 시제품 모형이다.

아이디어는 제안의 10%가 완성된 것이고, 작동되는 모형을 보이는 것은 90% 완성으로 볼 수 있는 것이다. 이들 모형은 창업자 자신이 직접 만들 수 있으면 좋지만, 시간과 자원 부족 등의 이유로 외주 또는 개발계약에 의해서 제작할 수도 있다.

– 개발계약

만약 개발할 제품이 첨단기술 제품이고, 어려운 기술과 가공이 필요한 경우, 모든 것을 자체적으로 해결하려 하기 보다는 외주를 하는 편이 당장의 현금지출을 줄일 수 있는 방법이 된다. 외주 개발을 해야 한다면 이미 평판이 좋은 공작소 등과 개발계약을 체결하는 것이 좋다.

– 디버깅

결함을 찾아내어 제거하는 일을 디버깅(debugging)이라 한다. 개발의 전 과정에 걸쳐 신제품이나 서비스에 어떤 결함이 내재되어 후에 문제를 야기할 가능성이 있는지 신중하게 찾아 내야 한다. 설계 단계에서는 원인을 알 수 없는 오동작을 잡아 내느라고 생각지도 않은 시일을 소모하는 수가 많다.

– 스타일링과 포장

실현성 분석과 제품설계를 진행하면서, 개발 후 그 제품을 고객에게 어떤 모양으로 제시할 것인지 미리 생각해 두어야 한다. 개발된 상품이 아무리 좋다고 해도 고객에 전달되고 인식되는 가치는 표현되는 방법에 따라 전혀 다르게 나타날 수 있다. 특히 상품의 스타일과 포장은 고객의 인식에 큰 영향을 준다. 스타일이나 포장은 외견상 품위 있어야 할 뿐 아니라 사용하기 쉽고, 안전해야 하며, 보관, 운반이 용이해야 한다.

– 생산설계

제품모형을 설계하는 데 따르는 어려움은 이것을 실제 생산에 걸어 제조가 가능하도록 하는 데 비하면 아무 것도 아니다. 설계된 제품이 제조 현장에서 말썽 없이 진행되도록 하려면 제조성, 조립성이 고려된 설계가 되어야 한다. 전체 부품의 수는 가능한 한 적게 유지되어야 하고, 표준화 되어야 하며, 신뢰성 있는 작업이 이루어지고, 또한 비 숙련 작업자에 의해서도 경제적으로 생산될 수 있어야 한다. 생산설계가 완벽하지 못하면 제조과정에서 수많은 설계변경이 필요하게 되고, 결국은 큰 원가를 유발하게 된다.

신제품개발과 라이프사이클 원가

신제품 개발 시 전체 라이프사이클 원가는 초기에 고정되는 특성이 있다. 그렇기 때문에 원류 단계에서 오류가 있을 경우, 후에 아무리 이것을 시정하려 해도 한계가 있기 마련이다. 따라서 제품설계의 앞 단계에서 보다 철저한 분석과 개선이 이루어져 오류가 없는 설계가 되어야 한다.

그림 6-1에서 알 수 있듯이 제품의 기획 등 원류단계에서 보다 큰 개선의 기회가 있다. 이는 원류단계인 앞 부분에서 제품의 라이프사이클 원가는 거의 대부분이 결정되어짐을 의미한다. 잘못된 설계는 제조 단계에서 발견되어 그 잘못을 수정하는 데 수 많은 설계변경과 제조활동의 혼란을 야기함으로써 원가를 치솟게 만든다. 또한 문제가 있는 채로 고객에 인도되었다면 나중에 치명적인 고객 클레임을 야기할지도 모른다. 설계 과정이 중요한 이유가 여기에 있다.

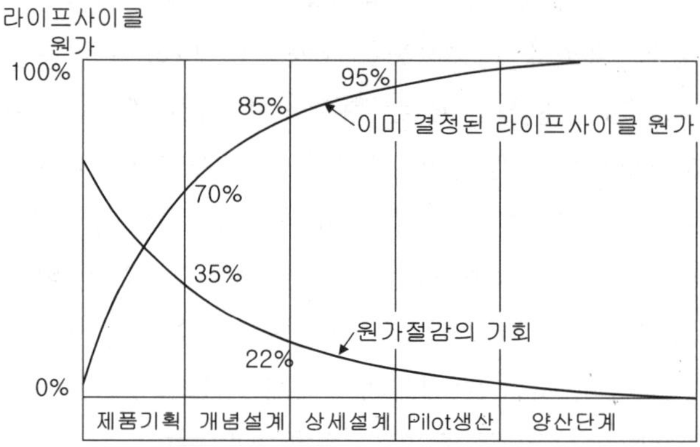

그림 6-1 제품개발 단계와 라이프사이클 원가

시장조건 맞추기

개요

제품이 성능을 잘 발휘할 수 있게 설계되고, 또한 생산을 제 조건에 맞게 해낼 수 있도록 되었다 하더라도 제품이 시장조건에 맞도록 하는 것이 중요하다. 시장요구는 크게 두 가지로 볼 수 있는데, 첫째는 고객이 이 제품을 원할 것인가 라는 측면이고, 둘째는 얼마를 지불하고자 하는지의 측면이다. 그런데 주의할 점은 창업 기업이 알려줄 때까지는 고객들은 실상 자신이 원하는 것이 무엇인지 알지 못하는 수가 많다는 점이다.

시장조건에 맞추기 위해서는 밀기(push)와 당김(pull)의 개념을 이해할 필요가 있다. 밀기는 기술개발이 앞서 가면서, 이 기술로 상품을 만들면 새로운 시장이 열릴 것이라고 '도박'을 하는 방법이다. 당김은 고객이 원하는 것이 무엇인지 주의 깊게 분석하여, 그것으로부터 상품을 개발하는 방법이다. 비록 당김의 방법에 의한 시장 맞추기가 예비 창업자로서는 성공의 가능성이 더 많은 것은 사실이지만, 창업 후에 조만간 일어날 경쟁자의 진입 등을 생각하면 창업자는 당김과 밀기 개념을 둘 다 이용해 경쟁관계를 정비해 나가야 한다.

시장조건을 맞추기 위해서는 1)시장조사를 통하여 고객의 요구를 재확인하는 일과, 2)제품의 가격을 결정하는 일의 두 단계가 요구된다[43].

시장조사

창업자는 자신이 개발한 제품이 어느 정도로 시장조건에 맞는지 여러 국면에서 검토를 하게 된다. 시장조사의 방법은 다음과 같이 여러 가지가 있다.

자기중심적 평가. 자신의 주관에 비추어, 자신이 필요한 만큼 다른 사람도 그 제품이나 서비스를 원할 것이라는 식으로 시장이 있는지 여부를 짐작하는 방법

시장비교. 시장에 나와 있는 제품 중 자신이 개발하고 있는 것과 유사성이 있는 것을 선정하여 체계적으로 비교하는 방

---

43 Karl H. Vesper, *New Venture Mechanics*, Prentice Hall, Englewood Cliffs, New Jersey, pp47-62.

법

시장 세분화. 창업자는 전체 시장을 대상으로 하기 보다는 시장을 세분화하여 목표 시장을 선정하는 것이 바람직하다. 시장 세분화에는 나이, 성별, 상품기능별, 지역, 기호, 직업 등 다양한 기준이 이용된다.

2차 시장자료 조사. 자신이 직접 자료를 조사하는 방법이 아닌 2차 자료를 이용할 수도 있다. 상공회의소, 신문사, 경제연구소 등의 조사자료를 이용하여 창업자가 개발 중인 상품에 연관된 자료를 조사한다.

인구통계적 분석. 인구통계 자료는 비교적 구하기 쉬운 자료다. 이러한 자료를 토대로 자기 사업의 시장 규모를 가늠해 보는 방법이다.

비공식적 면접. 자신의 사업 분야에 상당한 지식과 경험이 있는 사람을 직접 만나서 이야기 하는 가운데, 개발 상품의 시장조건을 파악하는 방법이다.

공식적 조사. 공식적 조사는 기존의 기업에서 흔히 하는 일로서 전문적인 시장조사 기관에 의뢰하여 조사하는 방법이다. 예비창업자의 경우, 많은 조사비용을 들여 이런 일을 하기란 쉽지 않을 것이다. 그러나 꼭 필요하다면 가능한 한 비용이 적게 들어가는 방법을 찾아 공식적 조사를 의뢰해야 한다.

트레이드 쇼 전시. 제품을 트레이드 쇼에 출품하는 것은 시장 조건을 파악하는 매우 유용한 수단이 된다. 트레이드 쇼에는 관련 분야의 제조업자는 물론 고객, 도매상, 소매상, 판매대리인, 공급업자 등 관련 전문가들이 많이 모인다. 이곳에서 개발된 제품을 선보이기도 하고, 또는 다른 업체의 제품과 비교, 분석하여 개선점을 찾는 일이 가능하다.

파일럿 판매. 파일럿 판매(pilot selling)는 판매가능성을 검증하는 활동이다. 장차 대상고객이 될만한 고객에게 시험적으로 판매를 해 봄으로써, 판매 상의 성공 또는 실패의 경험을 쌓게 된다. 파일럿 판매에서 얻은 자료는 제품의 설계에 피드백 되어 개선에 이용된다.

가격 결정

가격결정은 아이디어에서 출발한 상품이나 서비스를 견고하게 다듬는 마지막 부분의 결정사항이다. 가격결정에는 크게 세 가지 요인이 고려되는 데, 이는 제품생산에 들어간 원가, 경쟁자들의 가격수준, 예상 고객의 지불 의지의 수준이다. 이 중에서 가장 중요한 것은 세 번째로서 고객이 지불할 용의가 있는 가격을 파악하는 일이 가격결정의 출발점이 되는 것이 좋다.

엔지니어들은 흔히 제조원가에 얼마간의 이익을 붙여 가격을 결정하는 식의 오류를 범하는데, 이 경우 장차 증가할지도 모르는 간접비를 누락하여 계상하지 못하는 등 지나치게 낮은 가격을 책정하는 수가 많다. 창업 기업에는 보증비, 서비스요원의 활동비, 디자인 상각비, 응용 엔지니어링 비, 판매대리인 수수료 등 수많은 비용항목이 발생한다. 일반적으로, 간접비와 유통망의 중간상까지 감안하면 최종고객이 지불하는 가격은 제조원가의 5배 정도 되는 경우는 흔히 있다. 따라서 자신이 구상 중인 사업 분야에서 원가 대비 가격이 어떤 수준에서 결정되고 있는지 파악해 두어야 한다.

가격이 결정되면 얼마만한 이익이 실현 가능한지 판단해 볼 수 있다. 이제 가격이 최종적으로 결정될 순간에 이르러 마침내 사업을 개시할 시점이 된 것이다. 이 시점이 되면 원가에 관한 자료 등 재무제표를 만들 수 있는 자료는 거의 산출할 수 있게 된다. 기초적인 원가 자료뿐 아니라 매출액 변동에 따른 이익의 변동도 계산해 볼 수 있다. 예비 창업자는 다양한 시나리오에 대한 수익성을 분석해 봄으로써 가격, 매출목표 등 중요한 의사결정을 하게 된다. 수익성에 대한 분석을 위해서 그림 6-2과 같은 모델이 이용될 수 있다.

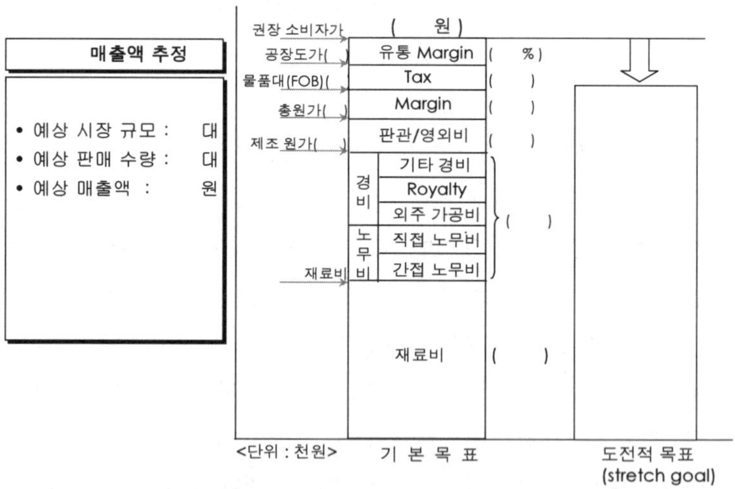

그림 6-2 목표원가 및 가격결정

그림 6-2의 분석 모델은 개발 제품의 가격과 목표원가를 시뮬레이션 해보는 데 도움을 준다. 현재의 가격에서 충분히 이익이 실현될 수 있는지, 그리고 목표원가는 현재의 원가구조 상 실현가능한지 살펴보고, 원가관리를 중점적으로 실행해서 원가구조를 개선할 영역은 어디인지 찾는 것이다. 목표의 설정은 기본안과 더불어 좀더 도전적인 목표치를 동시에 설정함으로써 원가관리 노력에 참고할 수 있어야 한다.

제품개발 사례

미래산업 정문술 회장[44]

풍전기공 시절

갑자기 직장을 잃고 막막한 생활을 하고 있던 어느 날 전 직장 시절에 그의 운전기사로 일했던 사람으로부터 좋은 사업이 있으니 맡아보지 않겠느냐는 제안이 들어왔다. 그 순간 뭔가 해야만 한다는 긴박감이 우선적으로 작용하였고, 그는 즉시 퇴직금의 절반인 2,000만원을 투자하고 기존 사장과는 동업의 형태로 회사경영에 참여했다. 그러나 막상 회사에 가보니 전임사장을 포함해 이사라는 사람들은 아예 회사에 나타나지도 않았으며, 나중에 안 사실이지만 공장에 있는 기계들까지 모두 담보에 걸려 있는 형편이었다.

---

[44] 국승규, 벤처기업의 선구자 정문술의 생애와 경영이념에 관한 연구, 전문경영인연구, 2001

첫 사업에서 여지없이 속임수에 말려들었지만 정문술은 어쨌거나 그때부터 사업의 길로 들어서게 되었다. 기술력만이 사업이 승패를 결정한다는 경영관을 세우고 본격적으로 금형 개발에 돌입했으며, 당시로서는 큰 비용을 투입하면서 일본으로부터 시오이 세이치라는 퇴역 기술자를 초빙했다.다행히 그 일본 기술자는 장인정신에 투철한 사람이어서, 정밀한 금형을 다루는 사람이 장갑을 낄 수는 없다며 항상 맨손으로 기름투성이의 기계를 만질 정도였다. 그 결과 풍전기공의 직원들은 그로부터 고도의 기술을 새로 익혔으며, 오래지 않아 '잘 안 되는 것이 있으면 풍전기공으로 가라'는 말이 부천 공단에서 나돌 정도가 되었다.

그러나 회사의 업무 성격이 매번 새로운 기술을 요하는 주문생산 방식인데다 잦은 출장수리 요청, 기술자를 빼 가려는 거래처 등 도처에 많은 어려움이 있었다. 그 중 결정적인 것은 어느 대기업과 금형제작 주문을 받으면서 계약 조건에서 속은 것이었다. 통상 금형은 제작자인 하청업체가 소유권을 갖고 사용권만 대기업이 갖는 것인데, 그 대기업의 모 부장은 하청업체가 대기업의 주문 조건에 약하다는 약점을 이용하여 계약서에 그런 내용을 교묘히 빼도록 함으로써 금형의 소유권을 빼앗기게 된 것이었다.

결국 그는 풍전기공을 떠맡은 지 1년 만에 퇴직금의 반을 날리는 수업료를 치르고 패배의 쓴 잔을 마셔야 했다. 그러나 그런 가운데 소득이라면 사업 경영이라는 것을 어렴풋이 배웠으며, 많은 사람들과의 인간관계를 통해서 후에 그의 사업에 결정적인 영향을 줄 몇 사람들과 운명적인 만남이 이루어졌다는 점이다.

미래산업의 창업과 기술개발

첫 번째 사업에서 실패했지만 정문술은 절망하지 않고 2년 동안 와신상담하면서 새로운 사업을 구상했다. 미래지향적이고 경쟁자가 적은 사업이라야 하고 현재 이용할 수 있는 기술력을 토대로 한 사업이라야 한다. 그 결과 결정된 사업 아이템이 반도체 생산장비였다. 일단 사업방향이 결정되자 즉시 '미래산업'이라는 이름으로 사업자 등록을 마쳤으며, 풍전기공을 그만 둘 때 약속했던 옛날 식구들을 다시 불러들였다. 그래서 자본금 8,000만원에 전체 직원 6명의 사업이 시작되었다. 그는 일단 안정적인 수입원을 확보하기 위해 몇 개의 업체로부터 간단한 기계부품 하청을 받았다. 그리고 그 일을 사원들에게 전적으로 맡기고 자신은 반도체 생산장비의 개발에 전적으로 매달렸다. 국내 반도체 조립라인을 차례로 살펴보고 나서 그는 차츰 '리드 프레임 매거진'에 관심을 가지게 되었다. 그는 경쟁력 있는 매거진 생산에 도전하기로 마음먹고 국내 업체들의 제품과 함께 미국, 일본의 제품을 모아서 세밀한 기술 검토에 들어갔다. 이 과정에서 실패한 금형 사업의 기술이 크게 도움이 되었다. 금형으로 이음새 없이 한 번에 찍어내는 리드프레임 매거진이 탄생한 것이었다. 제품이 나오자 바로 의장동록과 실용신안을 출원해 놓고 곧바로 제품 생산에 돌입했다. 그 결과 반도체 업체들마다 그가 개발한 신제품에 갈채를 보냈으며 그로부터 3개월도 되지 않아 그 제품이 온통 시장을 장악했다. 주문이 쇄도하면서 매출은 불과 몇 달 만에 억 단위로 뛰어 올랐고 미래산업은 일약 반도체 조립 장치업체의 상위 반열에 오르게 되었다.

새로운 사업확대와 시련

리드프레임 매거진의 개발로 기업인으로서 첫 성공을 맛본 정문술 사장은 무인 웨이퍼 검사장비의 개발에 도전하기로 결심했다. 그리고 그 분야에서 앞서 가던 델트론 오토메이션사의 경영자이자 핵심 엔지니어인 어서 테일러와 합작으로 DS 코리아라는 법인을 설립했다. 그러나 신제품의 개발에 드는 연구비용은 미처 예상하지 못했던 엄청난 규모였고, 그는 친지의 돈을 구걸하다시피 융통해 자금을 댔지만 개발 프로젝트는 밑 빠진 독에 물을 붓는 격이었다. 결국 자금 압박으로 파산이 눈앞에 다가오자 더 이상 살아갈 희망을 잃고 죽기 위해 혼자 산에 올랐다.

막다른 골목에 이르면 또 다른 깨달음이 오는지, 그는 4년 동안 18억이라는 돈을 쏟아 부은 웨이퍼 검사장비의 개발을 깨끗이 포기하기로 결심했다. 대신 그 동안 시행착오를 겪으면서 확보한 기술들 - 기계설비, 전자 하드웨어, 소프트웨어, 제어 계측, 진동, 소음제어, 현미경 연동 제어 등의 기술력만은 국내 최고라는 자부심이 새로운 희망으로 다가왔다. 그리고는 제품개발의 눈높이를 약간 낮추어 새로 출발한다는 방침을 세웠다.

그 후 반도체 테스트 핸들러 장비의 개발에 성공하면서 정문술 사장은 재기에 성공한다. 오랜 시행착오 끝에 성공한 핸들러는 로보틱스, 센서 활용 광학, 위치제어, 정밀 모터 활용, 컴퓨터 프로그래밍에 걸친 종합 기술제품이었고, 한동안 국내에서 독보적인 반도체 장비 메이커로 군림할 수 있었다.

반도체 장치 제조 중소기업 P사의 사례[45]

사례 요약

P사는 1979년 2월에 설립된 회사로 초기에는 기계 2대와 4명의 사원이 모여 전자부품인 와이어하네스(wire harness)를 생산하는 영세업체에 불과했다. 이 회사는 1991년 일본의 한 연구소에서 프로브 카드(probe card) 기술을 이전 받으면서부터 반도체 검사장비 분야로 진출하였다. 1992년 제품개발에 성공함으로써 사업의 발판을 마련하였고, 이후 점진적인 제품개선과 프로브 유니트(probe unit) 및 프로브 스테이션(probe station)을 독자적으로 개발하는데 성공함으로써 본격적인 성장궤도에 오르게 되었다. 그 결과 1995년 12월에는 세계최초로 1G DRAM 검사용 프로브 카드 시작품 개발에 성공하였고, 1999년 2월에는 33인치 TFT-LCD 검사에 대응할 수 있는 프로브 스테이션을 개발하는데 성공하였다.

모방에 의한 기술개발

기계 2대와 4명의 사원으로 설립되어 와이어 하네스라는 단순 전기 배선 부품을 제작하던 영세업체였던 P사는 1980년대 후반 급격한 원가상승, PCB 다층화에 따른 시장수요 감소, 경쟁업체 등장에 따른 수익성 감소 등으로 위기에 봉착하게 되었다. P사는 새로운 사업 분야에 대한 진출을 적극적으로 모색하던 중 반도체 관련 전시회를 통해 프로브 카드가

---

45 설현도, 반도체 장치 제조 중소기업의 신속한 기술능력 축적과정에 대한 사례 연구, 명지대학교 금융지식연구소, 지식연구, 2007

첨단 분야이면서, 소모성이 있는 제품이며, 수작업을 통해서 제작된다는 것을 알게 되었다. 또한 프로브 카드라는 제품이 국내에서 충분한 사용자를 확보할 수 있고, 개발에 성공할 경우 시장 선점을 통해 성공 가능성이 높다는 판단을 하게 되었다. 프로브 카드를 제작하기 위해서는 설계기술, 생산기술, 검사기술이 모두 갖추어져야 하는데 P사는 이와 관련된 직접적인 경험은 없었지만 그 동안 와이어 하네스 생산을 통해서 축적된 수작업 숙련기술을 가지고 있었다.

관련 사전지식이 거의 없는 상태에서 신제품을 개발하기 위해 P사는 전시회 세미콘 저팬(SEMICON Japan)을 통해 알게 된 동경 캐소드 연구소(Tokyo Cathode Lab. 이하 TCL)와 1991년 기술도입계약을 체결하고, 곧바로 기술 연수생을 선발하여 파견키로 했다. TCL측에서는 전자공학, 반도체공학, 기계공학 등을 전공하고 일본어에 능통한 사람이 최소한 5개월 동안 훈련을 받아야 프로브 카드를 제작할 수 있다고 하였으나 연수생으로 선발된 세 사람은 모두 TCL측의 요구와는 정반대로 고졸출신에 일본어도 잘 못하며, 프로브 카드에 대한 사전 지식도 전혀 없는 사람들이었다. 그러나 이들은 무모할 만큼 강한 집념과 열정을 가진 20대 중반의 청년들이었고, 이들에게는 "연수와 동시에 반도체 장비의 국산화"를 해야 하며, "3개월 내에 기술연수를 마쳐야 한다"는 목표가 주어졌다.

기술연수생들은 약 1개월 동안 일본인 엔지니어로부터 기초적인 이론지식과 함께 실습 교육을 받았다. 일본인 엔지니어와 짝을 이루어 시범을 보고 이를 그대로 모방하고 연습하는 방식으로 훈련이 이루어졌다. 이는 지식 창출 이론으로 보자면, 연수생들은 훈련을 통해 프로브 카드 제작에 필요한 형식지를 내재화하고 일본인 엔지니어들의 암묵지를 도제 방식으로 습득하는 과정이었다 할 수 있다.

약 1개월 동안 밤낮을 가리지 않고 연습과 훈련에 몰두한 결과, 기초능력이 어느 정도 축적되었고, 이후부터는 직접 간단한 부품을 만들어보기 시작했다. 반복적인 연습과 훈련을 통해 수작업에 필수적인 숙련기술이라는 암묵지가 축적되었다. 연습 과정 내내 연수생은 숙소에 돌아와서도 새벽 늦게까지 그 날 배운 것과 문제점을 토론하고 정리했다. 숙소에서의 토론과 일본인 기술자와의 질의응답을 통해서 그 동안 습득한 암묵지가 외재화 되었고, 다른 구성원의 지식과의 결합이 이루어질 수 있었다.

이렇게 연습과 문제해결과정이 끝없이 반복되는 시행착오를 통해 이들은 프로브 카드를 제작하는 공정을 한 단계씩 익혀갈 수 있었고, 예정된 3개월이 지나자 마침내 이들의 손에는 손바닥 보다 작은 16핀 짜리 프로브 카드가 쥐어지게 되었다.

연수생들이 3개월간의 훈련을 통해 얻은 것은 단순히 프로브 카드를 제작하는 생산기술만이 아니었다. 사전지식이 전혀 없는 상태에서 출발하여 기초지식부터 차근차근 배울 수 있었고, 생산기술 외에도 검사방법, 시작라인 관리 등에 대한 지식을 습득할 수 있었다. 즉, 프로브 카드 생산에 필요한 생산 시스템 전반에 대한 지식과 일본식 관리 방법이라는 무형적 지식까지 습득할 수 있었다.

제품 성능의 개선

P사에서 다음 단계에서의 지식창출 과정은 공정 혁신을

중심으로 이루어졌다. 그 이유는 프로브 카드 제품은 주문제작 방식으로 생산되기 때문에 수없이 많은 종류의 제품이 제작되고 있었지만, 제품의 특성상 제품 종류에 따른 기술적인 지식 차이는 크지 않았기 때문이다.

따라서 이 단계의 지식창출 과정의 특징은 웨이퍼(wafer) 크기의 증대와 칩 크기의 축소라는 반도체 산업의 기술환경 변화로 인한 사양 변화에 적응하는 과정으로 볼 수 있다. 예컨대, 웨이퍼의 대형하와 칩 크기의 축소는 프로브 카드 제작 과정에서 평탄도 관리, 제품 변경 등에 대한 새로운 공정 기술들을 요구하게 되었던 것이다.

64핀용 제품을 개발하여 납품에 성공한 P사는 1993년 2월 16M DRAM용 시제품을 개발하는데 성공하였으나 최종 성능 검사 과정에서 오작동이 나타나는 문제가 발생했다. 문제의 원인을 찾기 위해 전 공정, 후 공정 팀장과 팀원들이 모여 해결책을 찾기 시작했으나 뚜렷한 원인을 찾을 수가 없었다. 모든 사양이 업체에서 요구하는 허용범위 내에 들어가 있었고, 특별히 문제가 될 만한 것은 아무것도 없었다. 다만, 달라진 점이 있다면 16M DRAM 이전까지는 6인치 웨이퍼를 사용했으나 16M DRAM 부터는 8인치 웨이퍼가 사용되었다는 것 밖에 없었다. 8인치 웨이퍼가 사용되었다는 것을 발견한 개발팀은 제품 사양을 꼼꼼하게 다시 점검하기 시작했고, 마침내 평탄도 기준 위치가 기존 제품과 달라졌다는 사실을 발견하게 되었다. 곧바로 새로운 기준 위치에 맞게 제품을 수정한 결과 한 번에 문제를 해결할 수 있었다. 이를 계기로 P사는 평탄도 문제를 근본적으로 해결하기 위해 의견을 수렴한 결과 문제의 원인이 프로브 카드 제작에 사용되는 기구들 - 수동 프로브 장치, 연마 장치, 치 공구 부착 등에 있다는 것을 파악하고 이에 대한 해결책을 찾기 시작하였다.

수동 프로브 장치는 프로브 카드 제작 과정에서 핀의 위치를 정렬할 때 사용하는 기구로 6인치 웨이퍼까지는 TCL 사에서 들여온 장비를 사용할 수 있었으나, 8인치 웨이퍼부터는 수용을 할 수 없는 상태였다. P사는 이러한 문제를 해결하기 위해서 대학에서 기계설계를 전공한 전문 인력을 영입했다. 새로 영입된 전문 인력은 기존 기구에 대한 분석을 통해 각 부품들의 기능을 파악하고, 부품들을 직접 설계하기 시작했다. 이렇게 만들어진 설계도는 작업자들의 의견을 물어서 수정과 보완이 이루어졌고, 설계도가 완성되면 외부업체에 부품 제작을 의뢰하였다. 외부업체에서 제작된 부품들이 납품되면 이것들을 모아서 기구를 조립하였고, 완성된 기구는 각 공정의 팀장 및 작업자들이 직접 테스트를 해보고 이에 대한 피드백을 제시해 주었다. 이러한 과정을 반복하며 다시 수정과 보완이 이루어졌고, 그 결과 기존의 기구에 비해 훨씬 우수한 성능과 품질을 가진 수동 프로브가 개발되었다.

연마기는 텅스텐으로 만들어진 니들(needle)의 끝 부분을 갈아서 단면을 만들어 주는 기계로 평탄도에 직접적으로 영향을 미치는 기계다. 1995년까지는 TCL사에서 들여온 기계를 사용하고 있었는데, 이 기계는 수동방식이어서 힘을 균등하게 배분하기 어려워서 평탄도를 유지하기 어렵다는 문제가 있었다. 기술자들은 수동기계에 모터를 부착함으로써 균등한 힘의 배분이 가능하게 했고, 높이 조절을 자동으로 할 수 있도록 개선함으로써 평탄도 문제를 해결할 수 있었다.

한편, 8인치 웨이퍼를 사용함에 따라 한 번에 검사할 칩의 수가 2배로 증가하여 일정한 면적에 미세한 핀을 고밀도로 집적시키면서 핀 간의 잡음(noise), 누출(leakage)이나 단락(short) 등을 줄일 수 있는 기술이 요구되었다. P사는 이러한 문제를 새로운 니들의 개발과 니들을 심는 작업자들의 숙련 기술과 경험을 통해서 해결했다. 기술의 일부는 자체적으로 해결했고, 일부는 협력사의 지원을 받는 방식으로 융통성 있게 해결한 것이다. 예를 들면, 새로운 니들의 개발은 그 동안 기술 개발을 도와 준 TCL사와의 협력을 통해 이루어졌다. 그 동안 축적된 경험과 지식을 바탕으로 신제품에 사용될 니들의 특성과 사양을 도출하고, TCL 사에 제작을 요청하였으며, 제작된 샘플에 대한 성능 검사를 통해 개선 및 보충할 사항을 피드백 해주었다. 이렇게 사양제시−샘플의 성능검사−피드백−개선이라는 과정이 반복되었고, 마침내는 필요한 사양의 니들을 얻을 수 있었다.

이러한 과정은 외부업체와의 상호작용과 내부에서의 반복적인 실험을 통해 지식기반을 제고시키는 과정을 유기적으로 결합함으로써 기술개발을 성공시키는 과정을 보여 준다. 즉 대기업에 비해 모든 자원이 열세인 중소기업이라 하더라도 지속적인 개선을 통해 어떤 특정한 분야에서 강한 기업이 될 수 있는 것이다.

특허 및 지적 재산권

특허에 의한 지적 재산의 보호

발명과 혁신

Ethernet 기술을 발명한 메트칼프(Bob Metcalfe)는 '혁신 없는 발명은 사장될 뿐'이라는 말을 했다. 이는 발명이란 시장 검증을 뚫고 사업화하는 험난한 혁신의 과정의 극히 일부분일 뿐임을 말하는 것이다. 발명은 화려해 보이지만 사업화에 이르는 혁신의 과정을 통과하지 못하면 별 의미가 없다.

발명왕 에디슨(Thomas Edison)은 백열전구를 상업화하는 데까지 3,000번 이상의 실패를 경험해야 했다. 그러나 그는 이를 실패가 아니라 이론의 잘못됨을 증명하는 과정들로 여겼다. 복사기를 발명한 칼슨(Chester Carlson)은 엔지니어였지만 대공황으로 취직에 실패하고 있다가 1934년 광전도 현상을 이용한 건식 복사 프로세스를 발명했다. 그는 과거 배터리 제조업체의 특허부서에서 근무했던 경험을 살려 4년간 부업과 장모의 가게에서 실험을 거듭하여 1938년 특허를 출원하는 데 성공했다. 그러나 그는 IBM, Kodak, GE, RCA 등에 자신의 기술을 사업화해 줄 것을 제안했으나 모두 거절당했다. 그러다가 배틀(Battle) 연구소의 지원으로 사업화에 성공하여 1949년 할로이드(Holloid) 사에서 최초의 복사기를 출시할 수 있었다. 그는 1968년까지의 생애에 걸쳐 약 1조원의 라이선스 수익을 올렸다.

특허 등 지적 재산권은 투자자를 모으고, 마케팅의 수단이 되는 등 혁신을 촉진하는 촉매가 되며, 작은 기업이라 하더라도 기존의 대기업이 점하고 있는 독점적 지위를 일거에 무력화할 수 있는 무기가 될 수도 있다. 그러나 창업기업이 자신이 개발한 발명을 사업화하는 데는 많은 난관을 넘어야 한다. 창업기업으로서는 가능한 수단을 동원하여 자신의 발명을 사업화할 때까지 혁신의 고된 길을 헤치며 시간을 벌어야 한다[46].

특허

특허는 세계 최초로 창작된 기술을 바탕으로 존재한다. 이를 특허법적으로 보다 정확히 정의하면 특허권으로 전환되는 것은" 자연법칙을 이용한 창작된 기술적 아이디어나 개념" 이다.

지식기반경제가 되면서 특허의 활용형태가 기술 분야별, 사업단계 별로 보다 다양하게 전개되며, 그 중요성도 날로 커지고 있다. 특히 우리나라의 경우 이제는 일본, 미국 등 기술 선진국의 견제를 받는 가운데, 중국 등 후발 경쟁국의 추격을 방어하기 위한 핵심적인 수단으로서 특허가 매우 중요해졌다.

오늘날을 지식경제라 하듯이 과거 20년 전에는 전체 자산 중 20% 정도를 점하던 지적 재산의 비중이 이제는 오히려

---

[46] 발명의 사업화 과정에 정부의 지원을 받을 수 있는 길이 많이 생겼는데, 발명진흥회의 우수발명시작품제작지원사업, 중소기업청의 예비창업자 지원사업, 아이디어상업화 지원사업, 실험실창업지원사업, 서울시의 특허기술 상품화 기술개발 지원사업 등이 있다.

전체 자산의 80%를 점하는 시대가 되었다. 이에 따라 과거에는 특허 등 지적 재산권에 대한 인식이 기업 핵심기술의 보호가 주 목적인 방어적 목적 또는 일종의 비용으로 인식되었지만, 이제는 특허를 다양한 전략적 목적을 위해 능동적으로 이용하고자 하는 시대가 되었다. 그러나 모든 자원이 결여되어 있는 창업기업으로서는 이런 일을 제대로 관리하는 일이 말처럼 쉬운 일은 아니다.

제품을 개발하여 창업을 추진하고 있는 기업가가 늘 마음속에 갖고 있는 고민은 "애써 개발해놓은 제품인데, 사업이 잘되는 시점에서 경쟁업체들이 마구 들어와 버리면 어떡하나?"와 같은 걱정이다. 특허 등록에 의해 독점적 권리를 받았다 해도 후발 경쟁자들은 다양한 방법으로 특허를 회피할지도 모른다. 따라서 단지 외부 전문가에게 일임할 것이 아니라 창업자 스스로 법적, 기술적 측면의 고려를 좀 더 철저히 함으로써 특허 출원서의 내용이 2~3년 후 사업화에 성공했을 시점에 자신의 지적 재산권을 잘 보호할 수 있도록 유념해야 한다.

기술의 특성에 대한 고려

기술의 특성에 따라 특허로 보호받아야 할 필요성과 영향이 달라진다. 따라서 특허의 중요도를 알기 위해서는 해당 기술의 특성을 살펴야 한다.

기술의 수명. 특허의 영향력을 결정하는 가장 중요한 판단기준은" 기술의 수명" 이다. 기술의 수명이 길면 기술을 비밀로 유지하는 것이 어려우므로 특허로 적극 확보하여야 하나,

기술 수명이 아주 짧을 경우 특허보다는 영업비밀로 유지하는 것이 보다 유리할 수 있다.

기술의 원천성. 원천기술이라고 하면 예를 들어 미국 퀄컴(Qualcomm)사가 보유한 휴대폰의 CDMA기술을 들 수 있다. 이런 원천기술은 그 중요도가 대단히 높고 많은 기업의 관심의 대상이므로 영업비밀이 아닌 특허로 보호해야 한다.

해결수단의 복잡성. 발명의 경우에는 해결수단이 복잡하면 회피설계를 하기가 쉬워진다. 따라서 해결수단이 간단한 발명이야말로 특허로 확보할 경우 회피설계가 거의 어려워 그 영향력이 크다고 할 수 있다. 그러나 해결수단이 간단하면 심사나 특허 분쟁과정에서 특허로 인정받기가 어려운 측면이 있다.

기술의 대체 가능성. 대체기술이 많을수록 특허권의 독점적 지위를 약화시키므로 기술의 대체가능성이 크면 특허를 받더라도 그 효력이 크지 않고, 반대로 기술의 대체가능성이 적으면 특허의 효력이 크다고 할 수 있다. 따라서 대체 가능성이 큰 기술이라면 공격적인 특허 전략보다는 방어적인 전략이 적합하다고 할 수 있다.

기술과 특허 확보의 연속성. 기술개발이 연속적으로 이루어지고 그 개발된 기술이 계속적으로 특허로 확보되면 그 분야는 특허 영향력이 커지게 된다. 개별 특허들 각각은 영향력이 별로 없다고 해도 그런 특허가 여러 건에 이른다면 그러한 모든 특허를 피해가면서 경쟁자가 이 제품을 생산하여 판매한다는 것은 대단히 어렵기 때문이다. 다시 말해 초기 방어적 특허들이 그 건수가 많아지면서 공격적인 특허들로 변하는 효과가 있다.

재래 기술과 첨단 기술. 일반적으로 재래 기술 분야는 특허 영향력이 적은 분야이다. 재래 기술분야는 개발의 여지가 적어 신기술이 나타날 가능성이 낮기 때문이다. 그러나 드물기는 하나 재래 기술 내에 간혹 좋은 개량 기술이 나올 수 있는데, 이 경우 기존에 형성된 시장이 크다면 그 기술과 관련한 특허는 첨단기술분야만큼 영향력이 클 수도 있다.

사례[47]

알루미늄 적층 거울을 개발한 A씨

A씨는 소기업을 경영하는 사람으로 오랜 시간에 걸쳐 연구를 거듭한 끝에 유리를 사용하지 않고 알루미늄 등 금속을 적층하는 방식의 자동차용 거울을 개발했다. 그리고 기술개발을 완료하자 곧바로 대리인을 통해 특허출원을 마쳤다. 이어 사업화에 착수하여 천신만고 끝에 국내 굴지의 자동차 회사의 고급차종에 납품을 하는 성과를 달성하게 되었다.

그런데 호사다마와도 같이 이때부터 난관이 발생하기 시작했다. 느닷없이 독일의 한 회사가 국내 굴지의 법무법인을 대리인으로 지정하여 A씨가 보유하고 있는 특허에 대해 무효심판을 제기한 것이다. 무효의 이유로 제시된 핵심적인 사

---

47 이윤원, 특허경영전략, 기계산업, 2008

항은 명세서의 기재가 너무 포괄적이라서 당연히 특허되지 않아야 할 것이 부당하게 특허된 것이라는 것이었다.

당시 A씨는 자신의 기술개발 내용이 너무나 훌륭한 것이기 때문에 전문가에게 특허출원을 의뢰하면 특허명세서, 출원, 특허권의 확보까지 문제 없이 잘 될 것으로 판단했고, 이후 특허권을 확보하였으므로 전혀 문제가 없는 것으로 알았다고 했다.

이 소송사건으로 A씨는 정신적으로나 물질적으로 큰 피해를 입었다. 특히 A씨가 괴로워했던 점은 그렇게 좋은 기술을 개발해놓고도 특허명세서를 엉터리로 작성하여 모든 것을 다 날려버렸다는 사실이었다.

실사현수막 기술을 개발한 K씨

K씨는 실사현수막 기술을 세계 최초로 개발했다. 이제는 현수막을 프린트로 인쇄하여 만드는 것을 당연히 여기지만, 그가 기술을 개발한 1990년대 후반 경에는 현수막을 손으로 그리지 않고 인쇄로 제작한다는 것은 당시로서는 획기적인 발명이었다.

K씨는 그 기술을 어렵게 개발하고는 바로 사업화에 착수하였다. 물론 초기에 특허를 내는 것도 잊지 않았다. K씨는 성실하게 사업에 임한 결과 사업을 시작한 지 3년이 지나자 매출액이 100억 원에 육박하게 되었다. 조만간 코스닥에도 상장하고 세계로 뻗어나갈 계획도 수립할 정도로 사업의 앞날은 밝은 듯이 보였다. 하지만 이 무렵부터 문제가 나타나기 시작했다. 후발 경쟁업자들이 품질은 조악하지만 대폭 낮은 가격으로 시장에 진입하기 시작했던 것이다. K씨는 법무

법인의 도움을 받아 경쟁자가 특허를 침해했다는 경고장을 보내고, 법원에 그 업체들을 고소하는 등 대응을 하기 시작했다. 그러나 특허권을 보호받는 데는 실패했다.

나중에 안 사실이지만, 특허출원 당시 출원서의 내용이 너무 조잡해서 핵심 기술의 내용을 정확하게 기술하지 못했던 것이다. 그 후 몇 달이 지나면서 시장에 참여한 후발 업체들은 십여 개로 늘어났고 K씨는 그 이듬해 부도를 내고 말았다.

7 단독 창업과 팀 창업

단독 창업

팀 창업에 의한 소유권의 공유

결별

제 7 장 단독 창업과 팀 창업

창업은 협력자를 필요로 한다. 협력자 중에는 동업자로서 소유지분을 나누어 가져야만 하는 경우도 있고, 그렇지 않은 단순 협력자도 있다. 고객, 공급자, 종업원, 외부 조언자 모두가 도움의 원천이며 이런 도움은 지분과는 관계가 없고, 또한 비용 조차 간혹 무료일 수도 있다. 소유지분을 나누는 방식은 초기 비용을 들이지 않기 위해서, 또는 다른 방법으로는 받을 수 없는 도움을 줄 사람을 채용하는 수단으로 제공되기도 한다. 지분을 나눌 때에는 각 동업자가 얼마만한 비율로 나눌 것인지, 그리고 그 조건은 어떤 것인지에 관한 의사결정이 필요하다.

단독 창업이든 팀 창업이든 성공적인 예가 많이 있으므로 꼭 어느 편이 좋다고 말할 수는 없다. 단독으로 창업한 사람들은 될 수 있는 대로 완전한 소유권과 자율성을 가져야 한다고 주장한다. 그러나 고성장 벤처로 성장하기 위해서 요구되는 외부의 투자를 유치하는 데는 역시 우수한 창업팀이 중요한 평가 요소인 것도 사실이다. 본 장에서는 우선 단독 창업에 대해서 살펴본 후, 도움을 얻는 여러 방법에 대해서 논의한다. 그리고 소유지분을 나누는 팀 창업에 대해서 살펴보고자 한다[48].

---

[48] Vesper, K. H., *New Venture Mechanics*, Prentice Hall, pp104-

단독 창업

단독 창업을 하는 이유

창업자와 그 주위의 몇 명에게 그저 일자리를 제공하는 데 그치는 회사와 잠재력이 큰 벤처를 구분하는 중요한 차이의 하나가 좋은 경영팀의 존재 여부이다. 팀이 없는 벤처가 반드시 실패할 운명을 가지고 태어난다는 것은 아니지만 팀 없이 잠재력이 큰 벤처를 만들기는 몹시 어렵다는 것이 통념으로 되어 있다.

그러나 투자에는 소유권의 이전이 거의 요구되므로 성장 잠재력을 일부 포기하면서도 단독으로 창업하는 예가 많이 있다[49]. 단독으로 창업하고자 하는 주된 이유는 소유지분과 사업에 대한 통제를 완전하게 유지하고 싶기 때문이다. 창업자가 전문성과 자금을 충분히 갖추고 있다면 단독 창업이 가장 쉬운 길일 것이다. 그렇지 않다 하더라도 가능하다면 동업자를 처음부터 생각할 필요가 없다. 필요한 도움은 가능한 한 창업회사가 될 성 싶게 진행되어, 창업자의 협상력이 보다 강화되었을 때 구하는 것이 좋다.

단독 창업을 해서 회사의 성공이 가시적인 단계까지 이끌어 갈 수만 있다면, 창업자는 나중에 막대한 재산을 보존할 수 있다. 이 때에는 적은 지분으로도 더 많은 자금을 유치할 수 있기 때문이다. 그러나 적지 않은 창업자가 초기 종자돈

114.

[49] Vesper, K. H., *New Venture Mechanics*, Prentice Hall, pp107.

이 부족하여 주식으로 도움의 대가를 지불하고 있는데, 나중에 지나치게 많이 준 것을 알고 후회하는 수가 많다. 특히 변호사의 법률 서비스나 창업지원 컨설턴트에 지분을 주는 일은 흔히 후회를 부르기 쉬운데, 그들의 지원이 창업 초기에는 시급하고 중요하지만 일단 성장기에 들어 가면 업의 본질과는 상관 없는 일이 되기 때문이다.

단독 창업의 경우는 동업자와의 조정 등에 소요되는 의사결정의 지연이 발생하지 않는다. 예를 들어, 창업기업의 재무나 생산 등 창업자를 보완하기 위한 특정 기능을 맡지도 않으면서 돈만 댄 동업자는 자신이 투입한 돈 때문에 수시로 회사의 결정에 참견하고, 귀찮게 구는 수가 많다. 일 자체에 전문성도 없는 이러한 참견이 창업자의 주의를 분산시키고 일의 진척을 가로 막게 될 것은 뻔한 일이다. 그래서 창업자로서는 돈만 대는 동업자보다는 일을 맡아 수행하는 전업 동업자가 더 필요하다. 그렇지만 전업 동업자라 하더라도 성격이나 정책에 대한 불일치로 인하여 서로 목적하는 바가 충돌한다면 심한 경우는 돈만 대고 잔소리하는 동업자와 마찬가지로 창업 회사를 표류 시킨다.

이런 골치 아픈 문제를 피하기 위해서 단독 창업을 하지만, 단독 창업이 쉬운 일은 아니다. 자금이 넉넉하다면 사람들을 고용해서 쓰면 되겠지만 그렇지 않은 경우는 온 가족이 나서서 고생을 해야 한다. 모든 의사결정을 신속히 하면서 좌충우돌 문제들을 해결해 나가는 세월을 보내야 한다. 일반적으로 단독 창업을 해서 회사를 끌고 나갈 수 있을 때까지 최대한 앞으로 나가야만 창업자의 협상력은 커질 수 있다. 아이디어 단계보다는 시제품 단계가 더 큰 가치를 줄 것이고, 특허를 얻었다든지 최초 매출을 일으킨 경우는 더 큰 가치를 창출하게 된다.

창업의 법적 형태

단독 창업은 법적으로 두 가지 형태 중 하나를 취할 수 있다. 하나는 개인사업(proprietorship)이고 다른 하나는 법인(incorporation)의 형태다. 개인사업은 회사와 창업자 개인이 사실상 동일한 실체다.

법인의 형태를 취하게 되면 회사는 그 소유주와 독립적으로 존재하는 실체가 된다. 이렇게 됨으로써 사업상의 채무는 소유주 개인의 책임이 아닌 법인의 책임이 된다. 법인이 됨으로써 사업주가 사망하더라도 회사는 존속될 수 있다. 그리고 법인은 후에 소유지분을 나누는 의사결정에 있어서 훨씬 편리하다.

개인사업 형태와 법인 사이에 동업의 형태인 유한회사가 있다. 이들 간의 차이를 표 7-1에 간략히 정리하였다[50].

위 어떤 경우든 창업자는 초기에 소유경영체제로 출발한다. 그러나 회사의 규모가 커지고 또한 지분의 분산이 이루어지면서 점차 전문경영자를 영입하여 경영되는 전문경영체제로 진행하는 것이 보통이다.

대기업에 있어서 전문경영자는 전문적인 지식과 경험, 능력을 인정 받아 선임되며, 기업경영에서 의사결정 주체로서 기업의 유지와 성장을 꾀하는 전문적 기관의 역할을 수행하

---

[50] Vesper, K. H., *New Venture Mechanics*, Prentice-Hall, pp109.

게 된다. 이 경우 창업경영자를 비롯한 대주주들은 이사회를 통하여 주주로서의 이해를 대변하게 된다.

표 7-1 창업의 법적 형태 비교

	개인 사업자	동업	유한회사	주식회사
회사의 채무로부터 사업주 보호	불가능	불가능	계약에 따라 유한적 보호	가능
설립 비용	낮음	가변적	높음	가변적
주기적 서류업무	적음	적음	적음	많음
사업자 사망 시	회사 정지	회사 정지	계약에 따라 다름	회사는 존속
소유지분의 이전	어떤 형태로 가느냐에 따라 다름	어려움	계약에 따라 다름	용이함
기업 공개	불가능	불가능	어려움	가능
형식변경	용이함	용이한 편	어려운 편	어려움

그러나 대기업으로 성장하기 이전 단계에는, 또는 그 후라 해도 창업경영자가 전문 경영능력을 갖추고 있는 경우에는, 창업자 스스로가 최고경영자의 역할을 수행하는 경우가 보통이다. 특히 창업자가 그 기업의 조직문화를 형성하는 데 미치는 영향은 절대적이라 할 만 하다.

저비용 지원의 획득

창업자는 스스로 재능이 많고, 자원도 어느 정도 가지고 있기는 하겠지만 그래도 대개는 외부로부터 도움을 필요로 한다. 창업자금은 아껴 써야 하므로 창업자는 가능한 한 싸게 얻을 수 있는 지원처를 찾아야 한다.

이런 저비용 지원을 얻을 수 있는 예로서, 잠재 고객은 창업이 성공적일 경우 직접적인 수혜자가 될 수 있으므로 창업자를 기꺼이 도울 것이다. 공급자도 역시 비슷한 이유에서 창업자에게 도움을 줄 수 있다. 공급자는 창업기업이 비즈니스 개념을 개선하는 과정에서 원재료나 서비스의 선택에 대해서 조언할 수 있으며, 잠재적인 고객과 경쟁자가 누구인지 알려줄 수 있다. 정부기관은 흔히 창업을 지원하는 공식적인 기구를 가지고 있는 수가 많다. 성공적인 창업경험을 교육과정을 통해 전달해주기도 하며, 창업지원을 위한 보육사업에도 관여한다. 창업보육 사업은 정부기관뿐 아니라 대학에서도 제공된다. 창업투자회사는 비록 그들이 투자하지 않은 회사라 하더라도 장래성이 있는 사업계획을 가지고 있는 회사에 중요한 조언을 해 주기도 한다.

외부의 지원을 얻으려면 우선 아는 사람들을 그 사람의 전문 분야 별로 열거하고, 또한 그 사람의 소개로 다른 전문가를 만날 수 있으면 좋을 것이다. 중요한 점은 그냥 책상머리에 앉아서 구상하지 말고 열거된 사람과 약속을 정해서 만나보아야 한다는 점이다. 만나서 이야기 하는 가운데 새로운 사람을 소개 받는 수도 생기고, 보다 구체적인 단계로 이야기가 진전될 수 있는 것이다. 창업자는 인맥 접촉을 개발하는 일에 평소 노력을 기울여야 한다.

창업자는 비용이 별로 들지 않는 지원처를 찾다가 한계에 다다르면, 그 때는 어쩔 수 없이 변호사, 회계사, 전문 컨설턴트 등 비용이 들어 가는 외부 전문가를 찾아 나설 수 밖에 없다.

사외 전문가

저 비용의 지원을 제공하지는 않을지 모르지만, 창업자는 전문성의 문제로 대개 파트타임(part time) 방식으로 창업자에게 자문을 제공하는 사외 전문가의 도움을 필요로 한다. 여기에는 법률전문가, 회계사, 광고업자, 보험중개인, 컨설턴트 등 각종 전문가와, 사외 이사, 감사 등을 들 수 있다. 보통 세금과 법적 전문성은 파트타임으로 얻기 쉬우며, 재고통제 체계를 수립한다든지 하는 특수한 문제는 단지 일회성의 자문을 얻는 컨설턴트를 이용하면 된다.

창업기업에 반드시 필요하며, 그 전문성을 창업자가 스스로 제공하거나 신속히 배울 수 없는 것이라면 한 두 명의 사외 자문이 필요할 것이다. 여기서 핵심적인 의사결정의 기준은 그 전문성이 한 두 번으로 족한 것인가, 또는 파트타임으로 가능한 주변적인 것인가, 아니면 창업기업 업무의 결정적인 경로에 있는가, 그리고 그 전문성을 외부에서 얻는다면 사업기밀을 누출하게 되는가 하는 점 등이다.

팀 창업에 의한 소유권의 공유

자금과 소유권에 있어서 100 퍼센트 사업을 장악하는 단독 창업도 있지만 동업자, 투자자 등과 소유지분을 나누어 갖는 팀 창업이 있다. 여기서는 팀 창업의 제 국면에 관한 문제들, 그리고 팀 해체에 대해서 논의한다.

팀 창업의 제 국면

창업은 팀을 형성해야 성공 가능성이 높다고 믿는 전문가들이 많이 있다. 특히 벤처 투자회사는 단독 창업자보다는 팀 창업의 경우를 선호하며, 특히 팀 내에 서로 보완적인 능력을 갖출 것을 선호한다. 기업이 돌아가는 데는 매우 다양한 기능들이 존재한다. 제품 또는 서비스의 설계는 제품 개발에 관한 기술적 측면과 외관 디자인과 같은 심미적 측면으로 나누어 요구되며, 자금조달과 관리, 회계처리, 세무, 판매, 생산, 인사 등 모두가 전문적인 지식을 요하고 경험을 필요로 한다. 이런 기능들을 창업자 혼자 모두 갖추고 있을 가능성은 크지 않다.

필요한 도움은 창업회사의 발달 단계에 따라 달라진다. 어떤 경우는 설계, 생산, 판매에 관한 기술적 전문성이 요구되기도 하고, 또 자금, 시설, 매장의 준비와 같은 것일 수도 있다. 또 다른 경우는 단순히 단독으로 창업하는 데 대한 심리적 불안감 때문에 동업자를 요구할 수도 있다.

한 창업자가 팀 창업에 대해서 가지는 반응은 크게 엇갈린다. 많은 수의 창업자는 시일이 경과한 후에도 팀 창업이 불가피한 것이었고 만족할만한 것이었다고 생각하는 반면, 다른 창업자는 이를 후회하기도 한다.

창업자의 관점에서 팀 창업에 의해 소유지분을 나누어 가지려는 이유는 (1) 자본을 출자 받고 그 대신 대가를 지불하는 수단으로, (2) 핵심적인 인물을 채용하고 동기 부여할 목적으로, (3) 창업 팀에 평등감을 주기 위해서, (4) 유대감을 돈독히 하기 위함 등이다.

사실 소유지분을 나누는 한이 있더라도 사업을 누군가와 함께 하는 것은 더 재미 있는 일이 될 수 있다. 사람은 사회적 동물이기 때문이다.

그러나 지분을 나누지 않으려는 이유도 많이 있는데, (1) 부의 감소, (2) 사업체에 대한 통제와 의사결정권의 제한, (3) 타 소유자와의 갈등, (4)프라이버시의 감소, (5) 동업자의 질문에 답하며 살아야 한다는 점을 들 수 있다[51].

결론적으로, 지분을 나누어 팀 창업을 하는 가장 중요한 이유는 자본을 끌어들이는 것과 전문적인 지식 또는 기술을 확보하기 위한 것이다. 그런데 자본을 끌어 들이기 위해서 지분을 나누어 가지기는 했지만 능력 없는 동업자를 끼고 살아야 한다면 심각한 일이다.

잘 구성된 팀은 외부의 투자자들에게 매력적으로 보이게 하는 요인이 된다. 판매, 기술, 통제 면에서 균형 잡힌 팀을 보유하고, 창업자가 이들을 잘 관리할 수 있을 때 그 회사는

---

[51] Vesper, K. H., *New Venture Mechanics*, Prentice-Hall, p117.

대기업으로 성장할 잠재력을 가지고 있다고 볼 수 있다.

팀 정신

성공적인 기업가는 기업가적 철학에 바탕을 둔 미래의 비전을 만든다. 이 비전 속에는 팀은 어떤 성격이어야 하는가, 어떻게 보상 받아야 하는가, 창업을 통해서 달성하고자 하는 것은 무엇인가와 같은 성문화 되지 않았지만 팀의 공유된 지침이 되는 기본 규칙이 들어 있다.

이런 기본적인 정신적 장치가 창업 기업이 성공하기 위해서 매우 중요하다. 비전을 만들어 내고, 핵심인물이 이를 받아 들이고, 그 꿈을 실현시키도록 리드하고 열망을 불어 넣고, 설득하고 동기 부여하는 창업자의 능력이 창업기업의 성공에 중요한 요인이 된다는 것이다.

성공적인 기업가들이 가지는 팀 철학과 태도에는 다음과 같은 요소가 포함된다.[52]

응집력. 팀의 구성원은 함께 회사의 성공을 위해서 헌신해야 한다는 것을 믿는다. 구성원 모두가 이기지 않으면 아무도 이길 수 없다는 것을 믿으며, 보상이나 인센티브는 회사의 가치를 키우는 데 달려 있음을 이해한다.

팀워크. 혼자 일하면서 개인을 영웅으로 만들기보다는 팀으로 일하는 것에 더 큰 가치를 부여한다. 다른 사람의 성공을

---

52 Timmons, Jeffry A., New Venture Creation, 5th ed., McGraw-Hill, pp293-296.

함께 축하하며 서로 돕는다.

통합성. 부문 적정화를 넘어 전체적 관점에서 어려운 선택과 의사결정 상의 상쇄(trade-off)를 할 줄 안다.

오래 걸리는 일에 대한 헌신. 오래 몰입하고 헌신하지 않으면 보상 받지 못함을 이해한다.

회수의 정신. 월급의 크기나 사무실의 위치나 크기보다는 성공적인 회수가 게임의 법칙이다.

가치창조에 대한 헌신. 고객, 공급자, 주주와 팀 구성원 모두에게 돌아갈 파이(pie)를 키우는 일에 헌신한다.

불평등. 창업회사에서 맹목적인 평등보다는 핵심과제에 누가 어떤 책임을 지는가 결정하고 규칙을 정해야 한다. 지분율도 창업자가 대부분 장악할 정도로 차등을 인정해야 한다.

공정성. 핵심 종업원에 대한 보상과 주식 지분율은 장기간에 걸친 기여, 업무수행, 성과에 기초해서 조정되어야 한다.

회수의 공유. 보다 성공적인 기업가들은 법적, 윤리적 의무가 없는 상황에서도 공정한 배분의 이슈를 회수의 문제에까지 확대 적용하는 것을 볼 수 있다.

동업자 선택

동업자를 선택하는 일에 있어서 무엇보다도 가치관과 성격이 창업자와 어울릴 수 있어야 한다는 것이 중요하다. 창업 과정 중에는 불가피하게 갈등이 일어날 수 있는데, 서로 간에 가치관과 성격 상의 문제로 충돌이 된다면 돌이킬 수 없는 파국으로 치달을 가능성이 크다.

둘째로는 기술적 능력에 있어서 맡은 바 역할을 충분히 해낼 수 있어야 한다. 동업자를 영입했더니 필요한 전문지식이나 능력이 부족한 것을 나중에 발견하게 되어 심각한 문제에 봉착하게 되는 경우가 있다.

셋째는 시간투입과 열의로 창업 기업에 기여해야 한다는 점이다. 동업자 중 누군가가 소유지분에 걸 맞는 정도로 일에 몰두하지 않는 사람이 있다면 팀 정신이 깨어질 수가 있다.

마지막으로는 소유지분이 공평하게 배분될 수 있어야 한다는 점이다. 공평한 배분이란 모두 동일한 지분율을 주어야 한다는 것은 아니다. 리드하는 창업자는 분명 더 많은 지분을 소유해야 하며, 동업자들 간에도 그 기여도에 따라 배정되는 지분율은 달라질 것이다.

리드창업자가 동업자를 선택하는 데 있어서 전형적으로 나타나는 문제점은 대개 다음과 같은 것들이다.

업무해결능력의 부족. 일반적으로 창업자는 자신이 평소 잘 알고 있던 사람과 함께 사업을 시작한다. 친척이나 친구일 수도 있고, 전 직장의 동료일 수도 있다. 자신을 아주 탁월한 마케팅 매니저라고 선전하고 다니던 사람을 영입하여 마케팅 매니저로 앉혔으나 몇 달이 지나고 비로소 그 사람이 충분한 전문성이 없다는 것이 밝혀졌다 하자. 이런 상황에서는 서로에게 좋지 않은 감정이 팽배해질 것이다. 이런 실수를 줄이려면, 그 사람의 과거 직위나 직책보다는 실제 업적과 성과를 판단기준으로 삼아야 한다는 것이다. 예컨대, 그가 대기업에서 중역이었다는 점이 아니라 실질적으로 어떤 성공 경험을 가지고 있느냐 하는 점이 중요하다.

인격상의 결점. 동업자가 정직하지 않다는 것을 뒤늦게 알고 분개하는 창업자의 이야기가 많이 있다. 동업자를 선택할 때는 그 사람이 살아온 인생역정 전체를 살펴 보고, 어떤 배경과 경력을 가지고 있었는지 사전에 깊이 조사해야만 한다. 한편 창업자는 자신의 인격이 동업자에 영향을 미친다는 점도 깊이 인식해야 한다. 어떤 기업가는 자신이 사업 상 어떻게 상대 회사를 이용했으며 갖은 책략을 썼는지 자랑하여 주위 사람을 즐겁게 하려고 했다. 하지만 그는 자신의 이익을 위해서는 직업윤리를 팽개치는 사람이라는 것을 동업자에게 심어준 것이다.

성격충돌. 어떤 사람과 편하게 함께 지낼 수 있을지 알고자 한다면 오랫동안 여러 가지 상황 속에서 그 사람과 가깝게 지내 보아야 한다. 어떤 두 사람이 함께 동업할 구상을 하고 있었다. 그 중 한 사람이 동료를 자기 집에 여러 번 초대하여 상대방에게 자기를 열어 보이려고 노력했다. 그러나 상대방은 늘 자신을 노출시키지 않으려 했고 무엇인가를 숨기는 것 같았다. 이런 사람과는 동업 계획을 포기하는 것이 좋다. 현재 자신을 불편하게 만드는 성격, 또는 습관 등의 사소한 차이가 나중에는 점점 확대되어 보일 것이기 때문이다.

정책상의 견해 차이. 사업운영을 놓고 동업자끼리 견해 차이가 생길 수 있다. 사업이 잘 되면 그러한 견해 차이는 잠복해 있을 것이다. 그러나 회사가 어려움에 처하면 그 책임이 누구에게 있으며 어떻게 처리할 것인지에 대해 심각한 견해 차이가 생길 수 있다. 여기에 묘책은 없다. 다만 평소에 동업자 사이에는 충분한 대화로 커뮤니케이션이 단절되지 않도록 해야 한다는 점이다.

가치관 차이. 동업자 선택의 기준으로서 가장 중요한 일은 동업자 간에 가치관의 문제로 충돌이 일어나지 않아야 한다는 것이다. 사소한 습관이 점차 심각하게 싫은 점으로 부각될 수도 있다. 어느 정도의 갈등은 불가피하다. 더욱이 창업자는 자주적이고 독립적이고 싶어하는 욕구가 남다르기 때문에 언젠가 때가 오면 동업자를 몰아내고자 한다는 것이다. 또 다른 불화의 원인은 동업자가 애초에 자금을 이용해 불합리한 조건을 강요하는 경우이다. 참여 동기가 애초에 순수하지 못한 것을 알면서도 창업자는 자금 사정 상 할 수 없이 동업을 수락한 경우, 형편이 좀 완화되면 동업자를 몰아내고 싶어지는 것이 당연하다.

시간투입과 정력 투입 상의 불균형. 어느 동업자 한 사람이 시간 투입을 적게 하거나 일을 등한시 하면 일 진척에 차질이 생기고 팀 정신이 와해될 수 있다. 벤처 자본가들이 동업자는 모두 빠짐 없이 자본을 출자해야 한다고 주장하는 것은 구성원 간에 일어날 수 있는 헌신의 불균형을 막으려는 의도이다.

초기부터 너무 많은 수의 동업자를 둔 경우. 너무 많은 동업자를 두어 창업 한 경우에는 의견을 조정하는 데 많은 시간을 낭비할 수 있다. 일단 회사가 성공적으로 창업되었다 해도 동업자 간 분배의 문제를 낳는다. 너무 많은 수의 동업자가 있다면 분배되는 규모는 크지 않을 것이고 상대적으로 인센티브 효과는 떨어진다.

소유지분 나누기

동업으로 창업할 경우 이내 문제가 되는 과제는 소유지분의 분할에 관한 것이다. 같은 역할을 할 수 있는 사람을 쉽게 고용할 수만 있다면 소유지분을 나누어 영입하지 않아야 한다. 그러나 자본조달과 소유지분을 나누는 문제에 있어서 지분보호의 요구와 동시에 고려되어야 할 사항은 성장자금의 요구이다.

소유지분을 나누는 일은 매우 복잡해서 간혹 동업자간의 협력관계를 손상할 수도 있다. 쉬운 방법은 우선 소유지분을 동등하게 나눈 가정에서 출발하여, 각 동업자의 기여도에 따라 재조정하는 것이다. 재조정의 기준은 다음과 같은 내용이 될 수 있다[53].

- 한 동업자가 자금의 대부분을 댔다면 그 동업자가 제일 많은 지분을 가져야 한다. 그렇지 않으면 후에 이자를 포함하여 돈을 돌려 받도록 보증한다.
- 한 동업자가 핵심적인 개념으로 기여했고, 사업을 운영하는 데 리더가 될 것이라면 그 동업자가 가장 많은 지분을 가지고 사업의 통제권을 유지하는 것이 좋다.
- 한 동업자가 필요불가결하고 교체될 수도 없는 사람이라면 그 사람이 가장 많은 지분을 소요하여야 한다.

만약 한 동업자는 창업 아이디어와 기술적 전문성을 가지고 온 반면, 다른 동업자가 자금과 인맥을 댔다면 소유지분은 어떻게 균형을 잡아야 할 것인가? 이런 경우는 다른 요인에 따라 결정해야 할 것이다. 예를 들어 어느 동업자가 창업회사 내에서 일을 원하고, 또 누가 시간이 있는지, 그리고 누가 대타를 찾을 수 없을 만큼 더욱 중요한지를 판단하여야 한다.

각 동업자가 무엇에 관심이 있는지도 고려해야 한다. 어떤 사람은 가족의 부양을 위해서 지분보다는 당장의 급여가 필요한 사람도 있을 것이고, 어떤 사람은 아직 급여가 필요하지 않은 사람도 있다.

만약 위의 경우와 같이 각 동업자가 창업 아이디어, 자금, 일에의 몰입, 받아 가는 급여 등의 면에서 동등하다고 판단

---

[53] Vesper, K. H., *New Venture Mechanics*, Prentice-Hall, pp129.

되면 우선 소유지분을 동등하게 나눈 상태에서 출발하여 조정 작업을 시작할 수 있다. 그리고 나서 차이가 필요한 부분에 대해서 서로 납득할 만한 토의를 통해서 조정한다. 합의가 잘 이루어지면 문제가 없지만 만약 그렇지 못하다면 지분을 적게 배정 받았다고 느끼는 동업자는 그 상태를 수용할 것인지 결별할 것인지에 대해서 결정해야 하는 일도 발생할지 모른다.

여기서 늘 고려되어야 하는 원칙이 하나 있다. 그것은 합심하여 창업을 크게 성공시켜 놓으면 약간의 지분 차이가 있다는 것이 문제 될 것이 없다는 점이다. 큰 파이의 작은 조각이 오히려 작은 파이의 큰 조각보다 클 수 있기 때문이다. 가장 문제 되는 것은 뒤에 논하게 될 창업 동지 간의 불화와 결별의 문제일 것이다.

결별

동업자 간 불화의 원천

창업 동지인 동업자 간에는 언제까지나 협력 관계가 유지될 것으로 생각하고 창업을 했지만 여러 가지의 예상하지 못했던 일들이 일어날 수 있다. 동업자 간의 문제들은 흔히 불화로 발전하며 더 나아가 동업자를 밀어내고자 하는 움직임으로 발전하기도 한다. 동업자를 밀어내고자 하는 이유에는 다음과 같이 다양한 동기가 있다.

과욕. 동업자를 축출하려는 이유는 지나친 욕심에서 비롯된다. 창업동료를 제거하는 것이 합리적인 이유를 여러 가지로 드는 가해자의 속 마음에는 과욕이 있다. 적은 규모일 때는 좋은 관계가 유지 되다가도 회사 이윤이 커지면 동업자의 태도가 달라질 수 있는데, 이 때에도 그 바탕에는 과욕이 있다.

권력. 권력을 잡기 위한 음모로 인하여 동업 관계가 깨지는 일도 흔히 있다. 소유지분을 1/3씩 가지고 있는 세 명의 동업자 사이에서 두 명이 결탁하여 다른 한 명을 밀어내고, 이어서 회사 전권을 장악하여 나머지 한 명도 밀어 내는 식이다.

일 하지 않는 주주. 회사 설립 시 투자에만 참여하는 주주와 일을 하는 주주 사이에서 생길 수 있는 불화의 문제도 흔히 일어난다. 일을 하는 주주들은 회사의 성장이 자신들이 땀 흘린 노동의 대가라고 생각한다. 그러한 반감이 자라나 기회가 되면 투자만 한 동업자를 제거하는 구실을 찾는다. 그렇기 때문에 출자자라면 어느 정도는 회사 경영에 참여하는 것이 바람직하다.

주주의 사망이나 신변 변화. 어느 주주의 사망이나 신변 상의 변화가 생길 경우 그 주식의 매입에 관한 합의를 사전에 명확히 해 놓지 않으면 동업관계를 깨고 누군가를 밀어내려는 움직임이 생길 수 있다.

관심의 다변화. 창업 시 밀접한 동료의식을 가지고 출발한 동업자가 다른 신규 사업에 투자하면서 그 쪽에 관심을 두게 된다면 동업자 사이에 갈등이 생길 것이다. 이러한 갈등이 발전하여 동업자를 밀어내는 일이 생긴다.

동업자의 위치에서 밀려나지 않으려면 다음과 같은 고려가 필요하다.

1) 가능하면 대주주가 되도록 한다. 즉 소유 지분을 50%가 아니라 51%를 보유한다.

2) 사규에 주주총회 장소, 안건 통과 방법, 회사의 합병, 급여 지불, 재조직, 회사형태의 변경, 유가증권의 발행 등 중대 안건에 대해서 명시하고 거부권 조항을 넣는다.

3) 경영에 참여한다. 실상 경영에 참여하지 않고 있는 동업자란 말은 성립되지 않는다.

4) 동업관계를 끝내고자 할 때 각자의 이권을 처분하는 방법을 미리 정하는 지분매입 합의서(buyout agreement)를 미리 작성해 둔다.

동업 결별에 흔히 쓰이는 방법

창업 동료를 밀어내는 일이 흔한 이유는 그 만큼 그 절차가 쉽기 때문이다. 웹스터(Frederick A. Webster)는 창업자

중에는 동업자를 위험이 높은 초기 단계에 불러 들여 돈을 투자하게 만들고, 나중에 위험이 가라 앉고 이익이 나기 시작하면 내쫓아 버리는 자들이 있음을 알리고 있다. 창업 동업자를 밀어내는 흔히 쓰이는 방법은 다음과 같다.

직원신분으로 해고. 동업자가 출자 후 직원 신분으로 월급을 받는 경우에 직원을 해고하는 형식으로 해고할 수 있다. 따라서 출자자는 피고용인으로서 월급을 받으며 일 하고자 할 경우에는, 해고 시 가지고 있던 주식을 약속한 가격에 매입해 준다는 합의서를 받아 두는 것이 좋다.

배당금 지불 보류. 밀어 내고자 하는 동업자에게 지급될 배당금을 동결하는 방법도 이용된다. 회사의 이익 규모가 크지 않은 단계에서는 법적으로 대항할 방법이 없다.

이사회에서 해임. 비공개 회사는 보통 모든 주주가 이사로서 이사회에 참여한다. 소주주인 동업자를 밀어 내는 흔한 방법으로 이사회에서 제명하는 방법이 이용된다. 이런 일을 방어하려면 사규에 모든 주주는 이사의 권한을 갖는다는 내용을 명기하는 것이 좋다.

자본의 재구성. 회사의 합병, 주식의 상환, 추가발행 등 자본을 재편성하는 방법을 말한다. 명분 있는 구실로는 지분을 우선주로 만들고 우선주는 회사의 재량에 따라 액면가로 상환될 수 있다는 조항을 두면 소주주인 동업자의 소유권은 대주주의 처분에 놓이게 된다. 이를 방어하기 위해서는 사규에 대주주는 소주주들의 승인 없이 회사를 재편성하지 못한다는 규정을 두어야 한다.

강조할 점은, 동업자끼리 초기에 잘 맞았다 해도 해결 못할 분쟁으로 갈라서게 될 때를 대비하여 지분매입 합의서 형식으로 사전에 필요한 사항을 규정해 두어야 한다는 것이다. 즉 지분매입 합의서에 퇴출 조항을 넣어, 동업자가 서로 갈라설 때 어떤 값으로 지분을 되팔 것인지 공증해 둠으로써, 창업동업자의 부당한 횡포에 대항할 수 있다.

8 창업자금 조달

창업자금 조달의 주요 과제

성장단계별 소요자금의 추정과 조달

창업자금 조달의 원천

제 8 장 창업자금 조달

창업기업이 자금을 조달하는 것은 기존 기업에 비해 훨씬 어려운 일에 속한다. 아직 고객기반이 갖추어져 있지 않고, 매출 실적이 미미한 창업 기업에 선뜻 자금을 대려는 투자자가 나오기 어렵기 때문이다. 또 사업이 어느 정도 자리잡은 후에는 사업을 본 궤도에 올려 놓기 위해서 시설 투자와 원재료 확보, 운영자금 등으로 더욱 많은 자금이 필요해진다.

창업자금 조달의 주요 과제

자본조달과 지분확보

창업을 전개함에 있어서 자금이 얼마나 필요할 것이며, 언제 필요한지 알고, 이어서 필요한 자금을 어디서, 어떻게 마련하는가에 대해서 알고 있어야 한다. 창업기업의 자금조달에 있어서 중요한 점은 자금이 필요해지기 훨씬 이전에 이를 예측하고 대비해야 한다는 점이다. 자금의 압박이 심해진 다음에 조달하려는 시도는 대개 가능성이 희박할 뿐 아니라 조건이 나쁜 자금을 쓰게 될 가능성이 커진다.

자금의 조달에 있어서 자신의 소유지분을 그대로 유지하는 자금도 있지만 소유지분을 나누어야 하는 경우도 있다. 창업자는 창업 초기에 자금이 부족해지면 소유지분을 일부 희생하면서 자본주를 불러들일 것인지, 아니면 소유지분을 상실하지 않고 자금을 조달할 수 있는 방법은 없는지 살피게 된다. 대부분의 창업자는 지분을 온전하게 지키려고 노력을 하지만, 최근 벤처창업의 경우와 같이 전략적으로 지분을 나누어 가지기도 한다.

소유지분을 잃지 않는 방법

- 자기지분 원천: 저금, 창업동지, 고용직원
- 차입 원천: 친구와 친인척, 고객, 공급자, 은행

소유지분을 나누어야 하는 방법

- 엔젤(angel)과 침묵동업자
- 벤처캐피털
- 공모

필요자금의 최소화 방법

재무제표 항목의 분석

창업자금은 되도록 적게 들도록 해야 한다. 창업에 들어가는 자금의 규모를 최소화하기 위해서는 재무제표를 구성하고 있는 항목들을 자세히 살펴보는 것이 유익하다. [54]

---

[54] Vesper, K. H., *New Venture Mechanics*, Prentice-Hall, p142.

손익계산서 항목. 임대료, 급료, 연구개발비 등의 항목을 최소화할 방안을 강구한다. 예를 들어, 장소가 영업 자체에 그리 큰 영향을 미치는 것이 아니라면 싼 곳을 빌리고, 창업자를 비롯한 종업원의 급료를 최소한도로 낮춘다. 연구개발도 개인적 인맥을 동원하여 정부 출연 연구소나 기업, 대학 연구소 등에 협력을 구한다.

대차대조표 항목. 기계장비를 중고나 경매물건을 구입한다든지 또는 임대한다. 외상매출을 줄일 방법을 찾으며, 동시에 가능하면 외상으로 매입할 방안을 찾도록 한다. 재고는 진부화, 금융비 등 막대한 비용이 소요되므로 가능한 한 미리 구매하지 않도록 한다.

외주생산의 이용. 초기부터 모든 설비를 갖추고 자가 생산하려고 하기보다는 전략적으로 외주생산을 많이 이용하는 것이 자금 면에서 유리할 수 있다. 외주는 창업회사의 자금수요를 크게 줄여줄 수 있으며 생산능력을 신축적으로 조절할 수 있다. 그러나 외주는 이익을 외주처와 나누어야 하는 대가를 치르게 된다.

요컨대, 자금을 아껴 쓰면서 사업을 경제적으로 시작하는 방법을 따라가면 현금부족의 위험을 덜 수 있다.

투자자 없이 창업할 경우의 원칙들

기술력을 무기로 외부의 막대한 자금을 조달하는 창업의 경우와 달리, 자기 자본으로 창업하는 데는 다음과 같은 원칙들이 도움이 된다[55].

– 신속히 회사운영을 시작하라.

조그만 회사라도 일단 사업이 운영되기 시작하면 뜻밖의 기회가 생길 수 있다. 작은 시장을 겨냥하여 아이디어를 모방하는 것도 효과적일 수 있다. 그러나 완벽한 계획을 위해 사업운영을 머뭇거린다면 그런 기회를 만나지도 못할 것이다.

– 신속히 손익분기점에 도달하고 현금이 생기는 프로젝트를 찾아라.

대기업 관점에서 볼 때 다소 산만하다고 평가되는 수익 기회라도 창업자에게는 좋은 기회일 수 있다. 수익성은 창업자의 자신감과 함께 공급자, 고객, 직원들에게 큰 신뢰감을 심어줄 수 있다.

– 인적 판매에 적합한 고가품이나 서비스를 제공하라.

기존 브랜드를 대체할 저가 소비재를 가지고 성공하려면 엄청난 시장조사와 판촉 노력이 있어야 한다. 그러나 종종 고가의 상품과 서비스는 창업자 개인의 열정과 판매수완으로 마케팅 비용을 대신할 수 있기 때문에 성공적으로 시작할 수 있다.

– 고급인력을 포기하라.

투자를 유치하기 위해서는 연봉이 높은 재무담당임원이나

---

55 Bhide, A." Bootstrap Finance : The Art of Start-ups" ,HBR on Entrepreneurship, Feb. 1999, pp149-174.

마케팅 책임자를 고용하기도 한다. 그러나 자력으로 창업하는 경우는 그럴만한 자금의 여유가 없다. 많은 창업자들이 높은 연봉이나 옵션을 제공하기 보다는 기술향상과 경력개발의 기회를 제시하여 인력을 유치하고 점차 훌륭한 인재로 다듬어 내고 있다.

– 성장속도를 조절하라.

성장에 필요한 자금을 감당하지 못해 실패하는 사업이 많다. 그러므로 자력으로 창업한 사업이 성공하려면 성장속도를 감당할 만한 수준으로 유지하도록 특별히 신경 써야 한다.

– 현금에 초점을 맞추어라.

자력으로 창업한 기업은 매출을 통하여 회사 비용을 감당하면서 동시에 성장자금까지 마련해야 하기 때문에 처음부터 충분한 이익을 내야 한다. 이익을 통해 현금흐름에서 흑자를 내지 못한다면 자력으로 창업한 사업은 결코 성공할 수 없다.

– 초기부터 은행관계를 돈독히 하라.

은행대출을 활용하면 지분양도의 대가를 치를 필요가 없고, 재고나 매출채권이 증가함에 따라 자금을 쉽게 조달할 수 있다. 그러나 신규 사업은 은행대출을 받기가 매우 어렵기 때문에 창업기업은 대출이 필요한 시점보다 오래 전부터 은행계좌를 개설하여 거래하면서 신용을 쌓을 필요가 있다.

성장단계별 소요자금의 추정과 조달

현금과 현금 흐름

그림 8-1은 창업기업의 현금흐름을 초기 투자자본 대비 손실률로 나타낸 것이다. 이 그림에서 영업 상 손익분기점은 2.5년 정도에 실현되고 있으며, 초기 투자자본을 회수하는 데는 6년이 넘게 걸리는 것을 보이고 있다. 즉 창업기업에 있어서는 현금흐름 상 장기간에 걸친 현금 유출이 있음을 알 수 있다[56].

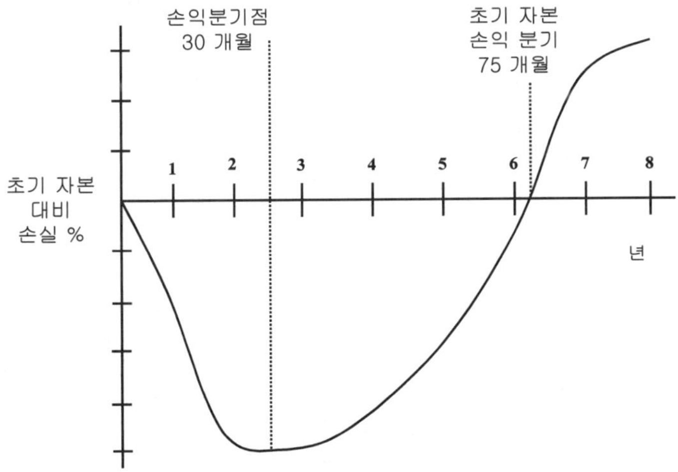

그림 8-1 창업기업의 현금흐름

현금과 현금 흐름을 적시에 확보하고 관리하는 것이 창업

---

[56] Jeffry A. Timmons, *New Venture Creation* : Entrepreneurship for the 21st Century, Forth Edition(Burr Gidge: Irwin, 1994): 446-447.

자금 조달의 핵심이다. 창업 기업은 재무 상황의 변동의 폭이 훨씬 크고 속도가 빠르기 때문에 재무적 의사결정과 행동을 취하는데 있어 보다 발 빠른 움직임이 요구 된다. 창업 기업에 대해서는 적정 액수를 일시에 투자하는 것이 아니라 3개월에서 18개월 단위로 경영 성과를 보아가면서 단계적 자금 지원(staged capital commitment)을 하는 것이 보통이다.

성장단계 별 자금조달

미국 기술표준연구소는 벤처기업이 제품을 개발하여 시장에 출시할 때까지의 단계별 소요자금과 창업자의 가용자본 간의 변동을 표시한 그림 8-2와 같은 모델을 발표하였다[57].

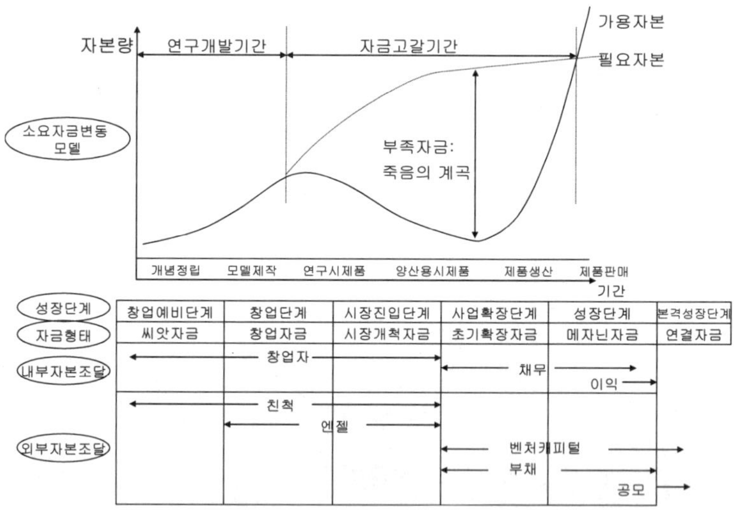

그림 8-2 성장단계별 주요 자본조달의 원천

---

[57] 이장우, *벤처창업*, 법문사,2000, pp127-132.

개념정립에서 연구시제품이 나오는 단계까지는 그런대로 준비자금과 소요자금의 균형이 유지되어 자금의 문제가 그리 심각하지 않다. 그러나 연구실 수준의 시제품에 대한 성능검증이 완료되어 양산용 시제품을 생산하는 시점(시장진입단계)부터 개발된 제품의 매출이 본격화되어 성장이 가시화될 때까지 가용자금이 바닥이 나 심각한 자금부족 사태에 직면할 수 있는데, 이 기간을 죽음의 계곡(valley of death)이라 한다. 이 기간 동안은 성공에 대한 확신도 없고 투자 위험이 높기 때문에 벤처캐피털이 투자를 기피하는 경향이 있다. 이에 따라 창업자는 주변의 친척이나 친지로부터 자금을 조달하여 위기를 극복한다. 그림 8-2의 하단부에는 각 단계 별로 필요로 하는 자금의 유형과 자금조달원이 요약되어 있다.

씨앗자금(종자돈)

씨앗자금 또는 종자돈은 비교적 적은 규모의 액수인데, 창업자가 가지고 있는 아이디어를 증명해 보이기 위해서 연구하고 제품모형을 제작하는 데 들어가는 자금으로 보통 창업자나 친지의 자본으로 충당한다.

운영자금조달

제품모형이 제작되고 이제 서서히 본격적인 창업 단계에 들어가면서 운영자금이 들어가기 시작한다. 창업자금과 시장개척자금이 이 단계에 속한다.

창업자금. 제품개발을 완성하고 사업계획을 가지고 기업화하는 단계에 필요한 자금이다. 주요 자금원은 창업자나 친지들이며 엔젤 투자자, 벤처캐피털 등으로부터 자금을 조달할 수 있다.

시장개척자금. 제조 및 마케팅 활동 등을 위해서 소요되는 초기 운전자금이다. 즉, 생산이나 사업운영을 완전가동하기 위해서, 또는 시장을 뚫고 개발해 내기 위해서 들어가는 자금으로 설립자금(start-up financing)이라고도 한다. 주요 자금원은 엔젤 투자자, 정부융자 및 보증대출, 전략적 파트너십, 삼자보증 등이 있다.

기업확장자금

창업초기단계를 지나 기업이 어느 정도 안정화되면 기업확장자금이 필요한데 기업성장과 상품판매량이 증가함에 따라 추가적으로 소요되는 외상매출금 증가, 재고, 광고, 생산과 매출을 포함한 운전자금과 시설확정을 위한 자금이다. 이 단계에서 자금조달을 할 때의 핵심 쟁점은 "회사가 이익을 내고 있는가?"이다. 이 단계에 속하는 자금의 유형에는 초기확장자금, 메자닌 자금, 연결자금이 있다.

초기확장자금(운전자금). 매출이 증가하고 있으나 아직 손익분기점 이상의 수익을 내지는 못하고 있는 상태에서 운전자금이 필요한 단계다. 이 단계에서는 벤처캐피털의 자본이 투자된다. 운전자금은 전통적으로 사업가들이 함정에 빠지기 쉬운 부분이다. 즉, 설립 시에는 모든 자금 사정이 순조로워 별 문제가 없을 것 같은 사업이 매출이 예상을 크게 앞지르면서 자금사정이 어려워진다. 특히 매출채권이 제때 수금되지 않고 상품의 이익은 아직 충분하지 않은데 물량확보를 위해서 자금이 많이 필요해지는 것이다. 많은 신규 업체들이 매출액이 기대 이상으로 신장되면 상품과 서비스의 질을 감당할 수 없는 문제들이 생기고 물량확보 능력도 없어 결국 도산에 이르기도 한다.

메자닌자금(mezzanine). 매출이 증가하고 충분한 이익이 실현되어 사업을 대대적으로 확장하는 데 필요한 자금을 조달하려는 것이다. 주로 공장확장, 시장확대, 마케팅, 품질개선 등에 사용되는 자금으로, 주요 자본조달원은 내부이익, 벤처캐피털, 부채에 의한 자본조달, 추가적 엔젤 투자 등이다.

연결자금(bridge financing). 이제는 회사를 공개하지 않고서는 더 이상의 사업확장이 어렵다고 판단되어 주식을 상장하려고 생각할 때 필요해지는 자금이다. 주식공개 절차를 밟는 동안 자본비율이나 소유구조를 재구성하고 재무구조를 정비하기 위해서 일시적으로 소용되는 자금이다. 주요 자금조달원은 벤처캐피털이다.

필요자금의 규모

언제 얼만큼의 자금이 필요한지 미리 예상해야만 급한 상황에 미리 대비할 수 있다. 창업자는 필요자금의 규모와 시기, 그리고 그 자금을 어디서 조달할 것인지에 대한 총체적인 밑그림을 가지고 관리하고 지휘해야 한다. 창업자는 흔히 창업 후 초기에 요구되는 자금의 규모를 과소 평가하는 경향이 있다. 이는 자금이 소요되는 비용항목을 충분히 고려하지 않았거나 예상 매출을 지나치게 낙관적으로 잡기 때문이다.

창업 후 자금소요를 비교적 정확히 예측하려면 추정 재무제표를 작성해야 한다. 대부분 창업기업은 5년간의 계획기간에 대해서 추정 재무제표를 만들게 된다. 계획기간의 앞 부분은 월별로 작성하고 나머지는 분기별로 작성하되, 최대한 간결하게 작성하는 것이 좋다.

추정손익계산서

손익계산서의 출발점은 판매예측이다. 적절한 판매예측이 된 후에는 매출원가를 산정해야 한다.

Y1 년 추정 위한 가정

- 매출액 : 매출수량 증가로 인하여 20% 증가 예상, 100,000(매출액) × 120% = 120,000
- 인건비 : 연초 인원수 10명에서 2명 증원, 인건비 인상률 5%, 1인당 인건비= 25,000/10명 = 2,500, Y1년 인건비 2,500 × 12명 × 105% = 31,500
- 소모품비 : 물가상승률 2%, 5,000 × 1.02 = 5,508
- (변동비) = 120,000(매출액) × 2.0% × 102% = 2,448
- (고정비) = 3,000 × 102% = 3,060
- 120,000(매출액) × 8.0% × 103% = 9,888

Y1 년 매출액/비용 (단위:천원)

구 분	Y0 년		Y1 년	
	금 액	%	금 액	%
매 출 액	100,000	100.0	120,000	100.0
인 건 비	25,000	25.0	31,500	26.3
소 모 품 비	5,000	5.0	5,508	4.6
(변 동 비)	(2,000)	(2.0)	(2,448)	(2.0)
(고 정 비)	(3,000)	(3.0)	(3,060)	(2.6)
판매 촉진비	8,000	8.0	9,888	8.2

그림 8-3 손익계산서 추정의 예

서비스 기업인 경우는 매출원가의 추정이 비교적 단순하지만, 제조기업인 경우는 좀 더 복잡해진다. 비용에는 수많은 항목이 있지만 창업기업에 중요한 항목에는 제조원가, 판매비와 일반관리비, 영업 외 비용 등이 있다. 제조원가를 추정하려면 그 구성요소가 되는 재료비, 노무비, 제조경비를 적절히 추정해야 한다.

전년도 실적치가 있는 경우, 각종 비용의 추정은 비교적 용이하다. 비용을 추정하기 위해서는 그림 8-3과 같이 전년도의 실적에 대하여 각 비용 항목이 어떻게 움직일 것인가에 대해서 가정해야 한다. 이렇게 추정된 결과에 따라 손익계산서를 만들면 회사의 원가구조를 알 수 있게 된다. 그러나 창업기업의 경우, 원가에 관한 과거의 실적이 없는 경우가 많다. 이럴 경우에는 유사한 제품을 생산해 오고 있는 다른 기업 또는 유사 산업의 원가구조 등 관련 자료를 이용해서 추정하는 수 밖에 없다.(그림 8-4 참조)

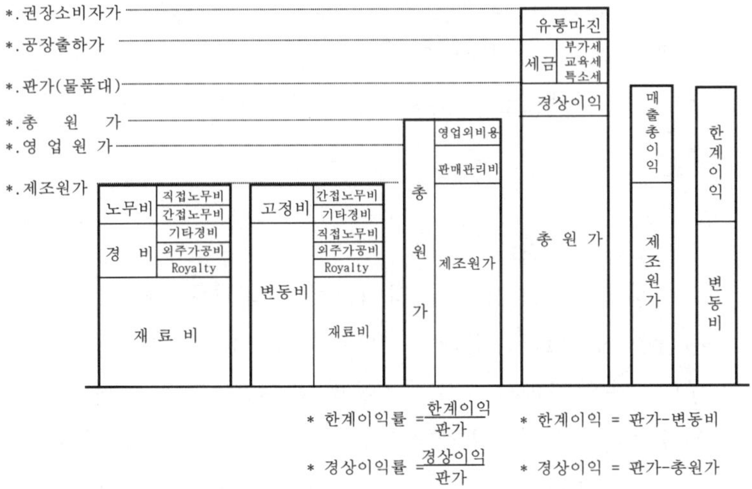

그림 8-4 제조기업의 원가 구조

추정 대차대조표

대차대조표를 추정하기 위해서는 매출채권, 재고자산, 유형자산, 부채와 자본의 구성에 대해서 추정해야 한다. 외상매출금은 예상되는 수금율을 추정하여 잔액이 계산된다.
외상매출금 잔액의 추정 시, 당월 매출액의 몇 퍼센트를 당월, 1 개월 후, 2 개월 후에 수금할 수 있는지 추정하여 다음과 같이 계산할 수 있다.

월말 외상 매출금 잔액 = 월초 외상 매출금 잔액 + 당월 매출액 - 당월 및 전월 매출액 중 당월 수금 가능액

재고자산을 파악할 때에는 제품 판매에 따라 제품, 재공품, 원재료의 생산량과 판매량을 누적적으로 계산하여 추정한다. 토지, 건물, 기계장치 등은 개별 항목 별로 추정하고, 이러한 자산에 대해서 융자가 있을 때는 부채 항목으로 기술한다. 부채 항목에는 외상매입금과 미지급금 항목 등이 우선 고려된다. 마지막으로 부채와 자본을 반영하여 추정 대차대조표를 완성한다.

추정 현금흐름표

추정 현금흐름표는 손익계산서와 대차대조표의 재무정보를 결합한 형태로서 당해 기간의 현금 잔고의 변동내역을 보여준다. 손익계산서 항목은 실제 금액을 그대로 현금흐름표에 기재한다. 반면, 대차대조표 항목들은 실제 금액의 증감을 계산하여 반영한다. 현금흐름표는 다음과 같은 여섯 부분으로 구성되어 있다.

① 영업활동으로 인한 현금유입 : 순매출액 - 매출채권 증가액
② 영업활동으로 인한 현금 유출 : 매출원가 + 판매비와 일반관리비 + 조세 - 미지급금 + 재고증가분 + 선급비용 - 매입채무증가분
③ 영업활동으로 인한 순 현금흐름 : ① - ②
④ 투자활동으로 인한 현금흐름 : 이자비용 + 부채상환 + 자본적 지출 + 연구개발비 + 배당금
⑤ 재무활동으로 인한 현금흐름 : 부채차입 + 조건부 사채 등
⑥ 현금의 증가 : ③ - ④ + ⑤

이렇게 추정 현금흐름표를 작성하여 언제 얼만큼의 자금이 소요되는지 추정할 수 있다.

창업자금 조달의 원천

종자돈과 부채에 의한 착수자금의 조달

종자돈(사업 착수자금)이란 예비 창업 단계부터 창업 초기에 사업을 착수하기 위한 자금을 말한다. 즉, 아이디어를 부화시키는 데 쓰이는 자금이다. 이러한 자금은 보통 지분 투자의 형태로 내부조달 되는데, 창업자의 개인적 저축과 친지

로부터의 투자, 그리고 창업자 자신의 재산을 담보로 한 융자금의 투자 등으로 조달된다. 그 밖에 동업자나 친구와 친인척, 그리고 사업거래 당사자로부터 조달이 가능하다. 이와 같이 자기자본으로 창업한다는 것은 마치 적시생산 시스템(JIT)에서 재고를 최소화 하여 기민하게 고객요구에 대응하는 생산시스템과 같다. 처음부터 자금이 많으면 느슨한 관리의 함정에 빠질 수 있고, 창업자는 자금의 흐름에 둔감해질 수 있다. 아래 창업자금의 원천은 일반적으로 지분을 나누지 않는 방법들이다[58].

창업자 자신의 현금

자기 주머니 돈을 창업 종자돈으로 쓰는 것이 거의 대부분의 경우이다. 자신의 돈을 쓸 경우 돈을 귀하게 쓰는 습관이 자연히 들게 되고, 사업 상 만나게 되는 거래 당사자들 및 이해 관계자들에게 창업의지에 대한 신뢰감을 심어 줄 수 있다.

지분율을 유지하기 위해서는 자신의 주머니에서 나온 종자돈을 가지고 사업의 모양새를 가능한 한 더 많이 갖춘 후 외부 자금을 사용하는 것이 좋다. 창업의 꼴이 전혀 갖추어져 있지 않을 때 남의 돈을 쓰게 되면 상당한 부분의 지분을 내어 주어야 할 지도 모른다.

창업동지

창업동지는 처음부터 함께 창업하기로 뜻을 모은 전업 동

---

58 Vesper, K. H., *New Venture Mechanics*, Prentice-Hall, pp152-154.

업자를 말한다. 창업에 함께 참여하여 필요한 일을 나누어 담당하며, 시간과 노력을 투자할 뿐 아니라 대개 출자도 함께 하는 경우가 많다. 이 경우 당연히 지분을 나누어 갖게 되지만 처음부터 함께 창업한 경우이므로 창업동지로부터의 추가적인 자금은 내부 자본으로 볼 수 있다.

친척과 친구

사업아이디어는 훌륭해서 곧 성공할 것으로 확신이 가는데, 자신이 가진 돈이 바닥이 나면 제일 먼저 둘러보는 곳은 역시 친척, 친구들이다. 친인척에게 사업자금을 대주었다가 큰 실패를 경험했다는 이야기라든지, 친구 사이에 서로 원수가 되었다는 이야기가 많다. 그래서 창업자는 가족과 친구들로부터 창업에 필요한 종자돈을 모아야 하는 경우라 해도, 반드시 '사업적' 매너를 지켜야 한다. 마치 은행 돈을 빌리는 것과 같이 사업에 대한 설명자료를 충실히 준비하여 그들을 설득하여, 그들이 이해를 완전히 하여 안심하고 돈을 내놓도록 해야 한다. 또한 금전대차의 계약서를 하자 없이 작성해주고 공증을 하는 것이 좋을 것이다. 이렇게 자신이 사업적으로 엄격해야만 스스로 책임과 창업성공에 대한 의무감을 더 무겁게 느낄 것이다.

거래상대

창업자 자신의 출자원천 외에 창업회사에 깊은 관련이 있는 거래 상대자로부터 종자돈을 구하는 경우도 있다. 예를들면, 창업회사가 원재료를 구매하는 공급자라든지, 반대로 창업회사의 제품이나 서비스를 사가는 고객은 창업회사의 성공에 따라 자신의 사업에도 깊은 영향을 받는다. 이런 경우, 자신의 필요와 이익을 위해 창업회사를 돕기도 한다. 이런 일이 가능 하려면 창업자는 자신의 제품이나 서비스가 공급자 또는 고객의 사업에 상당한 영향력이 있는 특성을 가지고 있다는 확신을 심어줄 수 있어야 한다.

은행

흔히 사는 집을 담보로 하든가 주위 사람이 신용보증을 서 줄 수 있는 경우는 쉽게 대출이 가능하지만 권할 만한 일은 아니다. 창업 초기 자금으로 가족이 살 집을 투자한다는 것은 현명한 판단이라 할 수 없다.

은행으로부터 조달된 융자자본은 창업자의 지분을 잠식하지 않고 필요 자금을 조달 할 수 있다는 장점이 있다. 그러나 융자된 부채는 상환일정에 따라 원금과 이자를 갚아 나가야 한다. 더구나 대출금의 이자율은 대개 높기 때문에 창업자는 이자와 원금의 상환을 위해서 높은 수준의 수익률을 달성할 수 있어야만 하기 때문에 자신의 저축이 없이 사업을 시작한다는 것은 매우 힘든 게임을 시작하는 것과 같다.

대개의 경우, 상환에 대한 기대를 충족시키기 위해 융자자는 자산을 담보로 하여 융자하게 되지만 현금흐름이 양호한 경우에는 무담보로 융자할 수도 있다. 현금흐름이 양호함을 보일 수 있으려면 오랫동안 건전한 재무기록을 거짓 없이 유지하고 있음을 보일 수 있어야 한다.

은행에서 자금을 구하는 것은 은행의 대출 관행, 특히 나라마다 형성된 금융 관행과 관련이 큰 듯 하다. 다음은 어느 벤처기업 창업자가 창업자금을 은행에서 구하고 있는 사례이다.

미국 사업 초창기에 자금이 필요했다. 대출 받기 위해서 사업계획서를 가장 두꺼운 바인더 한 권 분량으로 만들고 여기에 요약본을 첨부하여 당시 국내 모 은행의 미주지점장을 어렵사리 소개 받아 찾아갔다. 한참을 밖에서 기다리다가 안내를 받아 지점장 실에 들어가 30분간 사업계획에 대해서 프레젠테이션을 했다. 지점장이 가만히 듣고 있다가, 은행생활 20 년에 설립한지 한 달밖에 안된 매출 없는 회사에 대출해 준 적도 없고 우리들처럼 두꺼운 사업계획서를 가지고 와서 본인 앞에서 대출 프레젠테이션을 했던 회사도 없었다고 했다. 나는 얼른 이 분은 절대로 대출을 해 주지 않을 거라고 판단하고서 이내 화제를 다른 데로 돌려 얘기하다가 공손히 인사한 후 그 은행을 나왔다.

실패한 대출을 다시 시도하기 위해 미국계 은행에 가보기로 했다. 우리 사무실에서 얼마 안 떨어진 곳에 한 미국계 은행의 조그만 지점이 있었다. 그 은행에는 창구 상담원 4명을 포함해서 총 8명의 직원이 있었다.

줄을 서서 차례가 되어 대출 얘기를 꺼냈더니 그 직원은 곧바로 지점장한테로 친절하게 안내를 해주었다. 대출은 지점장의 담당 업무였던 것이다. 그 지점장은 젊은 사람이었는데 내 설명을 듣고 몇 가지 추가 질문을 하고 그 두꺼운 사업계획서를 열심히 뒤적거리며 메모하고 하더니 다음날 오후까지 답을 주겠다는 것이었다. 이미 한국계 은행의 관행을 경험한 뒤이므로 미국 사람들은 거절할 때도 굉장히 친절하게 하는구나 생각이 들었다.

이 때가 아침 11경이어서 밖에서 점심을 먹고 사무실로 갔다. 사무실에 들어서자마자 그 지점장으로부터 전화 왔다고 했다. 나는 무슨 일인가 하여 그냥 전화를 했다. 그랬는데 그가 전화상으로 바로 대출을 해 주겠다고 하는 것이 아닌가. 나는 뛸 듯이 기뻤다. 그러면서도 궁금하여 어떻게 다음 날 알려주기로 했었는데 이렇게 빨리 답을 주느냐고 물었다. 원래 그도 본점의 상사에게 대출승인을 받아야 하는데 그 때 그 상사가 휴가 중으로 다음날 출근하는 것으로 알고 있었기 때문에 그렇게 말한 것 이라고 했다. 그런데 마침 휴가 간 곳에서 그 상사로부터 전화가 온 김에 전화로 승낙을 받은 것이라고 했다. 대출은 이미 조금 전 프레젠테이션 할 때 거의 결정되었다고 했다. 현재 그 지점의 가장 큰 고객 중의 하 나가 바로 미국 로커스이다.

미국의 이 작은 사건은 나에게 깊은 인상을 남겼다. 외환위기 이전 우리나라 은행에서 대출담당자들은 여신 관리 규정집의 항목에만 충실하도록 요구를 받았으므로 자신의 소신에 의한 판단을 할 필요 없이 규정에 따라 그냥 전례대로 일을 처리하면 되었다. 담당자가 소신을 펼 수 없는 대출 관행은 형식주의와 무책임으로 곧바로 연결되는 경우가 많았다. 반 면에 미국 은행들은 직원이 대출 대상 회사의 내용을 정확히 이해하고 상환능력여부를 판단하는 능력을 중시한다. 미국 은행원이 고교동창생이 운영한다고 해서 규정집의 항목에 어긋나지 않지만 그 은행의 수익에 별로 도움이 안 되는 기업에 대출 결정을 내리진 않는다. 이는 신뢰를 바탕으로 한 시스템 위에서 소신껏 일하도록 권한을 위임한 뒤 성과에 따 라 공정하게 평가하여 승진과 강등 조치를 취하기 때문이다. 내가 지금도 기업운영을 하면서 중요하게 생각하는 것은 이처럼 신뢰에 기초한 시스템이 갖추어지면 권한이임과 공정한 평가는 자연스레 행해지게 된다는 점이다.

출처 - 나의 사업이야기, 매일경제, 2001. 3. 29

지분을 나누는 창업자금의 조달

모든 창업자들은 사업소유권을 완전히 자기만이 갖기를 원하겠지만 소유권을 나누어 가져야 하는 상황이 전개된다. 특히 자력만으로 필요로 하는 자금을 모두 조달할 수 없을 때라든지, 자신이 가지고 있지 못한 특별한 기술을 보유한 동업자를 영입할 필요가 있는 경우 등이 대표적이다. 하이테크 벤처의 경우는 창업이 어느 정도 진전되면 많은 자본이 일시에 필요하게 되기 때문에 소유권을 나누어 갖는 방법으로 자금을 조달할 수 밖에 없다.

창업자는 지나치게 지분을 혼자 가지려는 지분편집증이 있어도 안되며, 반대로 너무 적은 지분만 소유하고 있다면 사업에 애착이 없는 것으로 판단 되어 타인 자본을 모으는 데 장애가 될 수 있다. 창업자는 지분을 나누어 가지더라도 전체 사업가치가 괄목할 만큼 성장시킬 수 있으면 되는 것이다.

종자돈이 부족해지는 상황이 되면 크게 두 가지의 원천에서 자금을 조달할 수 있다. 하나는 개인적 차원의 원천으로부터 조달하는 것이고, 다른 하나는 벤처투자회사로부터의 자본조달이다[59].

---

59 Vesper, K. H., *New Venture Mechanics*, Prentice-Hall, pp177-

침묵동업자

침묵동업자란 창업기업의 경영활동에는 그리 활발한 활동을 하지 않고 조용히 그 기업이 잘되기를 바라며 지분 참여에 주로 관심이 있는 동업자를 말한다. 이들은 대개 창업자와 가까운 친구이거나 친척인 경우가 많으며, 혹은 우연히 알게 되어 친하게 된 사람이다. 마치 사람들이 만나 친구가 되거나 결혼하는 것과 유사한 일이 발생한다. 이런 연줄을 만들려면 창업자는 오래 전부터 자신의 창업 계획을 여기 저기 알리는 것이 좋을 것이다. 이런 소문이 주위에 알려지면서 우연한 기회에 마음이 통하는 침묵동업자가 나타날 수 있다.

비공식적 투자자(엔젤)

미국의 비공식적 벤처자본 시장은 창업기업에 대한 자금원으로서 가시적이지 않은 특징을 지닌다. 이 시장은 고위험, 고수익성의 투자를 즐기는 엔젤 투자자들로 구성되어 있다. 그들은 보통 상당한 사업경험과 재력을 지니고 있으며, 높은 교육수준을 가진 중년층의 개인들이다. 그러한 엔젤 투자자들은 벤처자본에 비해 창업 초기 단계의 벤처에 투자하는 것을 선호한다[60].

한국의 엔젤 투자자의 경우 2000년도 한 해의 통계를 볼 때, 30대가 45%를 차지할 정도로 미국의 경우보다 젊은 층에서 엔젤 투자를 한다. 엔젤 투자자 1인당 평균투자액은 1,900만원으로 전문 벤처자본이 투자하기에는 소액임을 알

197.

[60] 정승화, *벤처창업론*, 박영사, 1999, p306

수 있다[61].

미국의 경우, 엔젤은 대개 5천만 원 내지 5억 원 정도의 자본투자를 원하는 벤처로서 향후 5 내지 10년간 매출액이 20억 내지 200억 원 규모로 성장될 잠재력이 있는 기업에 단독 또는 조합으로 투자한다.

정상적인 엔젤 투자자는 자신의 돈만을 바라는 창업자보다는 자신의 경험이나 노하우, 조언, 도움을 원하는 창업자를 선호한다. 그들은 창업가와 마찬가지로 투자에 대한 회수뿐만 아니라 사업을 통한 성취감을 중시하는 투자자인 것이다. 이런 성향을 이해한다면, 창업자는 엔젤 투자자를 유치하기 위해서는 성급해서는 안되며, 일정 기간 교류를 통해서 서로 신뢰가 축적되어야 한다는 것을 알 수 있다. 또한, 엔젤과 연결이 되려면 기업의 고문 등 인맥을 활용하거나 적어도 엔젤 투자자와 친한 사람을 통해 접근하는 것이 좋을 것이다.

전통적으로 엔젤은 인내력 있는 후원자라는 의미에서 '천사(angel)'란 이름이 붙여졌다. 그들은 작은 규모의 투자를 적극 지원하고, 자금회수까지 장기간을 기다려 주며, 회수기간 이전에는 창업기업을 적극 도와 준다. 그러나 최근에는 엔젤이 단기 투기성 투자를 함으로써 조기에 자금을 회수하려고 해 벤처기업을 망치는 경우도 발생하고 있다. 이런 엔젤은 대개 벤처에 투자한 경험도 없고, 전문성 보다는 투기성에 의해서 투자한 사람들이 대부분이다. 따라서 창업자는 엔젤 투자자가 나타났다고 무조건 좋아할 것이 아니라 그 사람의 과거 행적 등을 꼼꼼히 조사할 필요가 있고, 또 거래

---

61 중기청 - 엔젤 투자자 성향분석, 매일경제, 2001. 3. 28

조건을 완벽하게 문서화해야 한다.

벤처자본으로부터의 자본조달

벤처자본이란 지분 투자를 목적으로 전문적으로 관리되는 자본을 말한다. 벤처자본의 업무 집행 파트너(general partner)들은 부유한 개인 투자자들을 유한 파트너(limited partner)로 하여 투자 펀드를 조성하여, 펀드의 관리 수수료와 투자 수익금의 일부를 취한다. 벤처자본은 투자의 위험성을 고려하여 일반적으로 연 50~60%의 투자 수익률을 목표로 한다. 투자 대상 기업에게 이렇게 높은 수익률을 요구하는 대신 벤처자본은 반복적인 투자 경험을 바탕으로 하여 창업자에게 사업 운영 전반에 대한 전문적인 자문을 제공한다.

전문적인 기업평가와 협상력을 가진 벤처자본과 투자 협상을 하게 되었다는 것은 그 자체로서 창업기업으로서는 행운이라 할 수 있다. 그만큼 기업가치를 인정 받는 수준까지 와 있다는 증거가 된다.

벤처자본의 투자행태는 창업 기업에 자금을 댈 뿐 아니라 경영활동을 지원한다는 점에서 전통적인 지분참여를 통한 투자와 다르다. 벤처자본가는 자본을 통하여 일정지분을 소유함으로써 그 창업기업의 경영에 대해서 공식적인 개입이 가능하고, 또 그들은 그 분야 사업의 전문가로서 대부분 발이 넓고 유력한 사람들과 네트워크를 형성하기 때문에 비공식적인 측면에서도 큰 목소리를 낼 수 있게 되어 있다. 대개 벤처자본회사는 투자한 창업기업에 이사회의 일원으로 참여하고, 인재를 선발하는 데 영향력을 행사하며, 고객이나 파트너를 소개하는 일에도 관여한다.

벤처자본은 엔젤 등 개인투자자에 비해서 투자규모가 크고, 창업 후기단계에 지분투자를 하는 것이 보통이다. 따라서 벤처자본의 투자는 개인 투자자에 비해서 보다 위험 회피적인 성향을 갖는다. 일반적으로 벤처자본회사가 찾는 투자대상은 다음과 같다.

- 성장산업을 찾고 그 안에서 선두 주자가 되어 일등 할 기업을 찾는다. 벤처자본가들은 급속히 성장할 제품이 아니면 관심을 가지지 않는다. 그들은 수 많은 투자대상 중에서 높은 순위의 투자이익률을 고른다. 적어도 3년 이내에 투자액 대비 5회전은 해야 하고, 5년 이내에 10회전은 해야 한다.

- 투자할 때부터 투자회수의 방안을 미리 구상하여 투자위험을 줄일 수 있는 기업에 투자한다.

- 투자위험은 시장, 기술, 재무, 경영의 위험 요소로 나누어 검토하며, 부정적 시각에서 출발하여 개별 위험을 하나하나 해소해 나가는 방향으로 분석한다.

- 투자기업의 성공요인으로서 창업자와 창업팀의 비중을 크게 둔다. 이들은 상호 보완적이고 융화적 문화를 가지며, 강한 기술을 겸비하며, 책임경영을 한 경험이 있어야 한다. 또한 자신의 비전을 실현하고자 하는 강한 기업가정신을 보유하고 있는지가 중시된다.

9 창업계획

창업계획 개요

창업계획의 접근들

사업계획서 작성의 실제

제 9 장 창업계획

창업자가 개발한 사업 구상을 실제로 추진하기 위해서는 그것을 실행에 옮기기 전에 어떠한 형식으로든 창업회사의 미래 방향을 계획하는 것이 필요하다. 창업 기업의 이러한 장단기 계획 활동을 창업계획(venture planning)이라 한다.

창업계획은 사업계획(business plan)과 그 강조점이 다르다. 사업계획은 이미 업(business)이 선택되고 규정된 후의 계획이라면, 창업계획은 벌여 나갈 사업이 어떤 것이 되어야 하는지에 대한 개념이 아직 정확히 잡히지 않은 단계의 계획이 강조된다. 이 두 계획이 실무 상 명확하게 구별되는 것은 아니지만 사업계획이 이미 정해진 사업을 성공시키기 위한 작전계획이라 한다면, 창업계획은 사업의 개념이 아직 정해지지 않은 단계를 포함한다[62].

---

[62] 조병주, Vesper Karl H., *기회발견과 창업메카닉스, 청아출판사, 1999.*, p330

창업계획 개요

창업계획은 필수적인가?

창업계획에 임하는 두 부류의 자세

창업계획이 이렇게 사업 초기에 이루어지는 관계로 창업자가 이에 임하는 자세에 있어서 창업자를 크게 두 부류로 나누어 볼 수 있다.

하나는 창업 준비 단계부터 매우 체계적이고 공식적인 계획을 세우고 그것을 실행하는 유형이고, 또 하나의 부류는 우선 사업 구상을 행동으로 옮기고 그때그때 상황의 변화에 따라 머리 속에서 새로운 사업의 계산과 계획을 세우고 집행하는 방식을 취한다. 선마이크로시스템즈의 창업자인 스콧 맥닐리(Scott McNealy)는 100 명 수준의 회사까지는 사업계획이 필요하지 않다고 생각했다. 그는 공동창업자가 만들어 준 사업계획을 한 번 훑어 보고는, 그 다음에는 한 번도 그것을 다시 찾지 않았으며, 그가 중시한 것은 현금흐름이라든가 판매 대비 비용의 흐름 등을 감각적으로 알고 있어야 한다는 것이었다. 창업기에는 계획이 너무 자주 변하기 때문에 기본적인 가정들을 폐기하고 다시 세우는 일이 반복된다.

대부분의 중소기업들은 선마이크로시스템즈의 예와 같이 사전적으로 체계적인 전략적 기획을 수행하지 않는다고 할 수 있다.

구체적인 조사의 예로서, 1989 년 Inc.지가 선정한 '미국에서 가장 빠르게 성장하는 500 개 개인기업' 중 100 개 기업의 창업자와 인터뷰한 내용을 들 수 있다[63]. 조사 대상기업의 41%는 사업계획을 전혀 작성하지 않고 있으며, 26%는 기초적인 사업계획서만을 작성했고, 5%는 투자자에게 제출할 재무계획서를 작성하고 있다. 나머지 28%의 기업만이 완전한 사업계획서를 작성하고 있다. 창업자가 위의 두 부류 중 어디에 속하더라도 서류상 또는 마음 속에 벤처 기획이 체계화되어 있어야 한다는 점은 공통적이라고 할 수 있다. 실제로 여러 번 사업상의 시행착오를 거쳐서 사업 궤도를 중도에 수정한 창업자들은 애초부터 사업계획을 체계적으로 생각하고 정리해 놓았다면 그러한 시행착오를 훨씬 줄일 수 있었을 것이다.

사업계획에 대한 종합적이고 분석적인 접근이 일반 기업의 세계에서 아무리 흔히 애용된다 하더라도 창업 기업에는 적절하지 않을 수 있다. 창업자는 일반적으로 경쟁자의 비용구조, 대안적인 기술 등은 물론이고 잠재 고객에 대해서 충분히 고려할 만한 시간이나 자금이 모두 부족하다. 오히려 지나친 분석이 해로울 수 있는데, 기회의 탐색 기간이 지나치게 길면 기회는 사라질 수 있다.

그렇다고 해서 분석과 계획이 전혀 필요 없다는 것은 아니다. 오히려 모든 벤처 사업은 일정 수준의 분석과 계획이 필요하다. 특히 창업 초기에 체계적인 장기 계획을 수립할 여력이 모자란 창업자는 외부 전문가로 하여금 전략적 기획을 자문 받는 것도 고려 해 볼만 하다.

---

[63] Sahlman, W. A., "How to write a Great Business Plan", HBR on Entrepreneurship, Feb. 1999, pp29-56.

창업계획의 목적과 목표

내부 및 외부 목적

창업계획이 쓰이는 목적은 다음과 같이 내부와 외부 목적으로 나누어 볼 수 있다[64].

1. 내부 관리수단으로서의 목적
   - 내가 벌이려고 하는 사업을 나 자신이 정말 잘 알고 있는가 정리해 본다.
   - 앞으로 무슨 일을 중점적으로 실행시켜야 하며, 무엇을 절대 놓치지 말아야 하는지 미리 대비한다.
   - 사업자금의 지출 시기와 항목을 미리 구상한다.
   - 계획을 주기적으로 검토하고 수정하기 위해서는 우선 초안이라도 계획이 있어야 한다.
   - 창업자와 내부 인원의 행동을 하나로 묶어주는 방법으로 사용된다.
   - 중요한 핵심 창업 멤버를 고용할 수 있게 해 주며, 새로 영입한 멤버들에게 새로운 업무를 효과적으로 설명하는 자료가 된다.

2. 외부 제시용으로서의 목적
   - 창업자본을 얻으려면 다른 사람에게 사업에 대해서 자세히 설명할 수 있어야 한다.

---

[64] Vesper, H. Karl and 조병주, *op. cit.*, pp329-365.

- 변호사, 은행, 자본가, 공급자 등 장차 필요한 사람들과 사업진행에 대한 상의를 할 수도 있고, 또 도움을 청하는 데도 창업계획이 필요하다.

창업계획을 만들어 보는 것은 두 가지 면에서 도움을 준다. 첫째, 창업이 성공적이 되도록 하는 단계적 목표를 미리 탐색해 보도록 한다. 둘째, 찾아낸 목표를 달성하는 수단이라든가 장애사항들에 대한 예방책을 미리 생각해 두게 한다.

계획을 세우는 일은 결국 '무엇이 가능할 것인가'와 '이를 달성하는 수단을 찾는 일'로 볼 수 있다. 이는 목표의 대안을 제시하는 일과 그 대안을 해결하기 위해서 극복해야 할 장애를 생각하는 활동으로 구성되어 있다. 즉, 포괄적 성격인 '기대하는 일'과 구체적 성격인 '가능한 일' 사이에서의 탐색과정이다.

목표의 세 수준

창업계획은 다음과 같이 3 수준의 목표를 명세화하는 역할을 한다[65].

수준 1. 창업목표를 정하고, 사업의 성격을 정의하며, 어떤 핵심 능력이 필요한지 정의한다.

수준 2. 시장, 고객, 경쟁자를 정의하고, 요구되는 판매와 이익폭은 어느 정도가 되어야 하는지 정한다. 그리고 고용은

---

[65] 조병주, Vesper Karl H., *기회발견과 창업메카닉스, 청아출판사, 1999.*, pp313-314.

어떤 인력으로 어떤 수준이 요구되는지 고려하고, 판매로부터 얻게 될 현금흐름의 목표를 정한다.

수준 3. 자작과 외주 의사결정, 재고 수준, 부채 수준, 판매원을 고용할 것인지 여부, 직원 일인당 기대되는 산출, 임금수준 등 사업운영 활동과 관련된 사항들에 대한 목표를 생각한다.

물론 이들 세 수준의 목표는 모두 중요하다. 기본적으로 상위 수준의 목표가 효과성 있게 잘 수립되어 있었다면 하위 수준 목표가 일부 잘 못되어 있다 하더라도 사업을 위태롭게 하지는 않을 것이다. 그렇지만 하위 수준의 활동들이야말로 상위 수준의 의도를 달성할 수 있게 해주는 것이다. 이렇게 전체 창업과정을 계층적으로 파악하는 것이 중요한 이유는 흔히 너무나 지엽적인 일에 정신이 팔려 시간과 자원을 낭비하여 대세를 그르치는 경우가 많기 때문이다.

창업계획의 접근들

점진적 창업계획

벤처들 중에는 창업계획을 체계적으로 세우지 않고 창업자의 머리 속에 계획을 가지고 있으면서 우선 창업을 하고 있는 경우가 많이 있다. 뜻밖에도 비교적 적은 수의 사업가들만이 공식적인 계획서를 만들고 있을 뿐, 많은 창업자들이 계획서를 만들지도 않고 창업을 시도하고 있다는 것이다. 즉 우선 시작해 놓고 몇 달 지난 후에야 비로소 계획서를 작성하는 일이 흔하다.

다음은 창업계획서를 만들지 않고 사업을 시작하는 모습의 유형들이다. 창업계획을 공식적으로 세우기가 도저히 어려울 정도로 정리가 안 되어 있는 경우에 다음과 같은 다소 비공식적인 방법으로 우선 사업을 시작할 수 밖에 없을 것이다[66].

한 발짝씩 나아가기

창업자라면 누구나 앞뒤가 꼭 맞는 계획을 짜 놓고 시작하고 싶을 것이다. 그러나 창업자의 머리 속은 온갖 생각으로 가득 차 있기는 하지만 늘 정리되어 있는 것은 아니다. 자신의 경험이 부족하다든가, 초기에 그리 할 일이 없어 보이고 모든 것이 막연한 상황이어서 계획을 세운다는 것이 좀 억지인 것처럼 느껴질 것이다. 이런 경우, 창업자는 억지로 계획을 완성하려 하지 말고, 앞으로 조금씩 더듬어가는 방법으로 창업을 진행하는 것이 현실적일 수도 있다.

작은 실수 감수하기

계획을 정교하게 세울 수만 있다면 창업 과정에 겪을 수 있는 실수를 크게 줄일 수 있을 것이다. 그렇지만 자기의 사업이 무엇인지도 충분히 모르는 채 창업을 하는 경우도 많으며, 이런 경우는 실수를 해 가면서 하나씩 배워나가는 수밖

---

66 Karl Vesper, New Venture Mechanics, Prentice-Hall, 1993, pp315-318.

에 도리가 없을 것이다. 실수를 각오하고 창업을 전개하는 것이므로 무모하고 큰 규모로 부딪히는 것보다는 조금씩, 가늘고 작게 움직여 나가면서 중간 중간에 궤도를 수정하는 것이다.

새 정보로 궤도 수정

창업의 진입단계에서 창업자가 가지고 있는 지식은 잘 못 되어 있는 경우가 많다. 이럴 때는 바뀌는 상황과 정보에 맞추어 즉시 새로운 개념을 정립하는 식으로 반응해 나가야 한다. 처음에 자신이 생각했던 시장이 성립하지 않는 경우도 있을 것이며, 시장을 옳게 잡았다 해도 고객에게 자신의 상품을 커뮤니케이션 하는 방법이 잘못 될 수도 있다. 또 고객이 원하는 바가 무엇인지에 대해서 처음 생각이 잘못된 것을 발견하기도 한다. 창업자는 창업을 전개하는 가운데 시장으로부터 접하는 새 정보의 의미를 깊이 음미하여, 자신이 이미 설정한 개념 중에 잘못된 것이 발견되면 즉시 사업개념을 재고하고, 새로운 행동을 전개해야 한다.

신축성 있는 자세가 필요

계획이란 원래 어느 정도 진부화 되는 속성이 있지만 창업기업에 있어서는 창업계획을 단지 단기적 지침으로 생각하는 신축성 있는 자세가 중요하다. 경우에 따라서는 완전히 다른 생각을 해야 할 경우도 있다. 이 모든 일이 초기에는 예견되지 못하고 실제 실행하는 과정에서 새로운 정보에 대응하는 가운데 발견되는 것이다.

선택적 계획 수립

계획을 수립하는 일은 시간 면에서 많은 비용이 드는 일이며, 그럼에도 불구하고 늘 한계가 있을 수 밖에 없다. 따라서 종합적인 사업계획을 한꺼번에 작성하기 보다는 다음에 열거되는 항목들을 중심으로 필요에 맞추어 하나씩 집중하는 방법이 바람직할 수도 있다[67].

판매예측과 계획

매출은 사업성공에 있어서 가장 중요한 요건이다. 매출을 창업 초기에 예상한다는 것은 쉽지 않은 일이다. 창업자의 의지가 중요하게 작용하기는 하겠지만 매출은 시장상황, 파는 방법, 제품의 성격, 경쟁자들의 움직임 등에 의해서 변할 것이기 때문이다.

그러나 자금의 수급 필요액도 매출액이 정해지지 않으면 산출될 수 없듯이, 사업계획을 수립하기 위해서 매출액 수준을 예측은 필수적이다. 매출액의 추정은 다음과 같이 세 가지 방법이 있다.

1) 하향식 추정방법 - 전체시장의 규모를 먼저 추정하고, 그 중에서 자기 사업체의 몫을 계산해 내려오는 방식이다. 자기 사업의 시장점유율을 과대 평가하지 않도록 주의해야 한다.
2) 상향식 추정방법 - 이 방식은 자기 사업의 구매고객

[67] Karl Vesper, *op. cit.* pp319-330.

을 세부적으로 구분하여 각 세부시장에서 자기 사업이 차지할 수 있는 매출을 계산해 낸 후, 이들을 모두 합산하는 방식이다. 이 방법은 하향식 방법에 비해서 좀더 수고스러운 방법이기는 하지만 이렇게 예측해 나가는 과정에서 자기 사업의 실체를 보다 현실적으로 깨달을 수 있다는 장점이 있다.

3) 수평적 매출추정 - 수평적 추정방법은 이미 설립되어 사업 중인 기존 사업체 중에서 창업기업과 유사한 기업들의 수준과 단순히 비교해 보는 방법이다.

활동 진행계획

이 단계는 창업에 필요한 활동이나 사건 또는 추진되어야 할 과제 등을 선후 관계를 논리적으로 엮어, 성공적인 추진을 하도록 준비하는 것이다. 치밀하게 준비된 활동계획은 창업자의 활동과 시간을 제어 통제함으로써 창업활동을 성공적으로 몰고 가게 하는 자기관리의 수단을 제공한다.

활동진행계획은 먼저 창업과정에서 마땅히 해결하지 않으면 안 되는 과제를 먼저 생각해 내어 목록화하는 것이 중요하다. 그 다음으로는 한정된 시간 범위 내에서 이 과제들을 이리 저리 짜 맞추어 일련의 순서를 정하면 된다. 흔히 활동계획을 세운다 하면 어느 한 시점에서부터 출발하여 차례로 다음 단계의 활동을 늘어 놓는 것을 생각하기 쉽지만 실제로는 그 반대가 된다.

활동계획을 좀더 정교하게 수립하기 위해서는 퍼트(PERT : Program Evaluation Review Technique)도표, 크리티컬 패스 방법(CPM : Critical Path Method) 등을 쓸 수 있다. 활동계획

의 최종 결과를 한 눈에 들어오게 정리하기 위해서는 간트(Gantt)도표로 정리한다. (그림 9-1 참조)

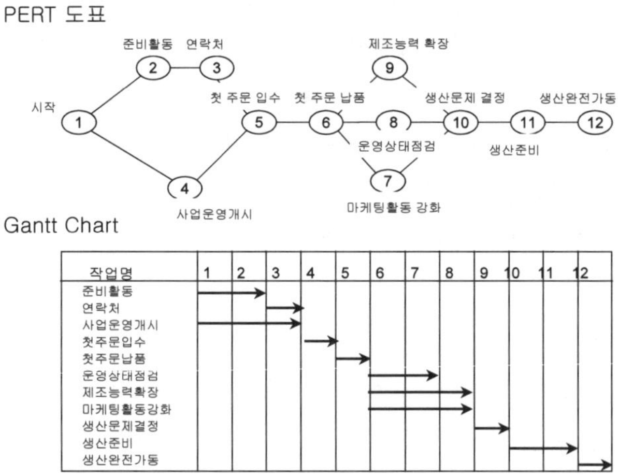

그림 9-1 PERT와 Gantt 도표

현금흐름의 예측과 계획

현금흐름을 예측하려면 매출액이 상당히 신빙성 있게 파악되어야 하고, 생산원가와 사업 운영상의 비용 등을 충실히 예측해야 한다. 이런 것이 제대로 예측되려면 사업계획을 어느 정도 이룰 수 있는 단계에 와 있다는 뜻이다. 그럼에도 불구하고 창업 단계에서도 가능한 분석과 판단을 동원하여 현금흐름에 대한 예측을 해야 한다.

현금흐름은 이익과 다르다. 이익이 있다 해도 수금이 안되어 현금이 들어오지 않는 경우는 얼마든지 있을 수 있기 때문이다. 현금흐름의 예측은 이런 모든 상황을 고려하여 현금의 과부족을 미리 예측하는 것이다. 현금흐름 예측의 주된 목적은 갑자기 현금부족 사태(지불불능)를 맞는 일이 없도록 하는 것이다.

문제의 예방

창업의 과정은 온갖 불확실성에 노출되어 있는 과정이다. 창업자가 나름대로 생각을 했던 일들도 뜻대로 되지 않는 경우가 많다. 매출액은 기대처럼 올라가지 않을 수도 있고, 필요 자본이 예상을 웃도는 일도 흔하다. 또 고용이나 종업원의 훈련 등에 들어가는 시간을 과소 평가해서 곤란한 일을 겪기도 한다. 그래서 창업자는 창업이 진행되기 전에 미리 발생하기 쉬운 문제들을 예견한 후, 문제발생을 원칙적으로 방지할 수 있도록 준비가 되어 있어야 한다.

벤처의 이정표 기획

이정표 기획(milestone planning)이란 사업을 준비하고 착수하는 시점부터 상황적 변화에 따라 경영상의 주요 사건을 중심으로 해서 점진적으로 사업 목표의 달성 수준을 검토하는 벤처 기획의 한 방법이다.

신규 사업에서의 계획수립은 창업 과정 자체의 불안정성 때문에 기존 사업의 경우와 근본적으로 다르다. 이정표 기획은 중요 사건 중심으로 계획을 수립하고, 계획에 따라 특정 단계의 이정표를 달성할 때, 창업자는 실제의 결과가 원래 가정했던 사항들과 어떻게 달리 나타났는가를 평가하고, 나아가 다음 단계의 이정표로 가는 데 필요한 조정을 하여 새로운 계획을 수립하게 된다. 이는 일종의 상황대응적 계획방법이라 할 수 있다. 대부분의 창업 기업들이 해결해야 할 경영상의 주요 사건은 다음과 같이 10단계의 이정표로 나누어 고찰해 볼 수 있다[68].

제 1 단계 이정표 - 시장과 제품 개념의 완성. 이 단계에서는 제품의 시장성을 조사하여 향후 개발을 지속할 것인가를 검토한다. 실제 제품개발에 들어가면 비용이 많이 들기 때문에, 이 단계는 전반적인 제품 개발에 들어가기 전에 그 타당성과 실현성을 검증하는 과정이다. 창업자는 제품의 특성, 목표시장, 목표가격 범위, 그리고 고객욕구의 인지도 등에 관한 제반 사업상의 가정들을 평가하여야 한다.

제 2 단계 이정표 - 제품 원형의 완성. 창업자는 시제품 개발 과정에서 예상되는 장애 사항, 미비점, 문제 해결 대안, 미처 깨닫지 못한 사업기회 등에 관한 중요한 정보를 얻어내야 한다. 제품 개발 과정이 장기간 요구될 때는 세부 이정표를 설정하는 것이 효과적이다.

제 3 단계 이정표 - 최초 자금 조달. 창업자가 외부로부터 사업 자금을 조달하려고 할 때는 투자자들이 사업에 대해 어떠한 평가를 내리고 있는가를 파악해야 한다. 외부에서 성공적으로 사업 자금을 유치했다는 사실 자체가 사업의 경제성 및

---

[68]Zenas Block and Ian C. MacMillan, "Milestones for Successful Venture Planning," Harvard Business Review, September-October 1985: 4-8.

비용 구조가 일단 바람직한 상황이라는 단서를 제공한다. 외부 자금 조달이 여의치 않을 경우 창업자는 기존의 사업계획이 외부 투자자들에게 매력적이지 않다는 사실을 인정하고, 이를 적극적으로 수정하여 필요 자금을 동원 하겠다는 자세로 임해야 한다. 즉, 자금 조달상의 애로를 사업 추진 방향을 수정하고 사업성을 향상시키는 기회로 활용한다는 자세가 중요하다.

제 4 단계 이정표 - 시운전 또는 시험운영. 개발된 제품을 양산하기 위해서는 생산체계가 수립되어야 한다. 창업자는 초기 공정에 관한 계획을 가능하면 일찍 착수하고, 그에 기반하여 공장의 전면 가동 방침을 설정함으로써 오류가 없고 효율적인 생산에 임할 수 있다. 창업자는 공장의 시운전을 통해, 원자재 및 공급처의 적합성, 원가의 적합성, 공정기술, 투자상의 선결 과제, 생산 인력의 훈련, 제품 품질과 관리 요건, 공정 레이아웃과 작업관리 등의 제반 영역에 대한 원래의 가정을 재검토하는 데 필요한 새로운 정보를 입수해야 한다.

제 5 단계 이정표 - 시장 테스트. 시장 시험 단계에서 창업자는 시장성에 관한 제 가정들을 검토할 수 있는 기회를 갖는다. 이를 위해서 필요한 정보에는 소비자의 제품구매 동기, 경쟁자와 비교하여 제품의 경쟁력, 실제 원가를 반영한 가격 경쟁력, 제품의 실제 기능, 목표시장과 요구사항에 대한 가정의 적정성 등이 포함된다.

제 6 단계 이정표 - 생산 개시. 창업자는 계속적인 생산 활동에 따라 시운전에서 수정된 가정들이 더 수정될 필요가 없는지 검토할 수 있다. 이 단계에서 중점사항은 제품의 지속적인 생산과 일정 수준의 품질을 유지하기 위해 실제 원가가 얼마나 되는가를 평가하는 일이다. 많은 경우 창업자들은 안정된 생산에 이르는 시간을 과소 평가하는 경향이 있다. 시간에 쫓겨 생산 공정을 서두르다 보면 사업 초기에 불량률을 높여 제품과 기업의 이미지를 크게 손상 한다. 따라서 창업자는 생산 개시 이정표를 확립하여 시간적 여유를 갖고 생산활동을 개시하여 수주 이전에 재고를 충분히 확보하는 것이 필요하다.

제 7 단계 이정표 - 선도적 판매. 선도적 판매 단계는 주요 유통 업체나 산업재 구매 업체에 최초로 생산된 제품을 인도하는 단계이다. 이러한 초기매출 단계의 성공적 수행은 판매 성과를 제고하는 촉진제 역할을 한다. 이 단계에서 얻어야 하는 정보는 시장시험 단계에서의 정보에 추가하여, 초기 판매기법의 적절성, 고객에 대한 서비스 요건, 품질관리와 제품명세에 대한 추가적인 정보 등이다.

제 8 단계 이정표 - 최초의 경쟁. 창업자는 경쟁 업체가 창업기업에 대해 어떤 대응을 할 것인가를 사전적으로 알기는 어렵다. 그러나 경쟁 업체가 구사할 수 있는 가격 인하, 판촉활동 등 다양한 경쟁 행위에 대해 각각의 대응 방침을 미리 정해 놓고, 경쟁 업체의 반응을 유의 주시하는 상황 대응적 계획이 필요하다. 이렇게 해야만 경쟁 업체의 최초 경쟁 행위가 있을 때 당황하지 않고, 경쟁행위가 어떻게 전개되는가를 관찰하면서 경쟁 업체의 진정한 역량과 의도를 차츰 체계적으로 파악 할 수 있게 된다.

제 9 단계 이정표 - 최초 재설계 및 방향전환. 초기 제품의 판매가 어느 정도 진척되고, 경쟁 업체가 대응 제품을 내놓으려 하는 시점에서 창업자는 제품의 재설계나 사업 방침의 변경을 꾀할 수 있어야 한다. 이 단계까지 오면서 창업자는 이미 초기 제품이 과연 시장과 소비자가 원하는 방향으로 설계되고 제조 되었는지를 검증할 수 있는 기회를 갖게 되었고, 그러한 시장 경험에 기반 하여 새로운 제품 아이디어를 구상하고, 사업 방침을 재설정할 수 있는 것이다.

제 10 단계 이정표 - 최초 가격 변경. 사업 기획상 미래 재무상황을 추정하기 위해서는 제품 가격, 원가, 경쟁 상황 등에 대한 제 가정에서 출발할 수 밖에 없다. 그러나 실제로는 제품의 실제 가치나 원가 등에 대해서 시장에 진출한 이후에나 알 수 있는 것이다. 최초로 주요 가격 변동을 시행하는 단계에서 창업자는 경쟁 환경, 기술, 원가 등의 변동 사항에 따라 제품 가격을 대대적으로 재조정하는 작업을 수행해야 한다. 이 단계에서 창업자는 시장가격의 변동이 일시적인지 또는 장기적인 것인지 파악하고, 만약 장기적인 변동인 경우 사업의 수익성은 보장될 수 있는 것인지, 그리고 만약 수익성에 문제가 있다면 원가구조를 변경하여 만회할 가능성은 있는 것인지 등의 사항을 검토해야 한다.

사업계획서 작성의 실제

공식적인 사업계획서의 형식

사업계획서가 이용되는 모습

자금조달이 필요하거나 사업 파트너를 유치해야 하는 단계가 되면 외부에 제시하고 평가를 받아야 할 체계적인 사업계획서가 필요하다. 특히 벤처기업에 있어서 사업계획서는 투자유치의 성패를 좌우할 만큼 중요한 도구가 된다. 아래 사례는 어느 여성 기업가가 사업계획서를 가지고 투자를 유치하는 모습을 그리고 있다.

"메어리 네일러(Mary Naylor)는 225명의 벤처투자회사로 구성된 포럼에 2000만 달러의 투자를 유치하기 위한 설명회를 하기 위해서 대회의실에 들어가며 마음을 가라앉히기 위해서 심호흡을 한다. 그녀는 비디오 압축 소프트웨어 기술로 창업한 KTWave의 대표다. 이틀 동안 열린 프레젠테이션은 대서양 지역 300개의 신청자 중에서 42명에게 기회가 주어졌는데, 심사는 주로 미리 제출한 사업계획서에 의해서 이루어진 것이다.

네일러는 이 포럼에 나오기 전에, 지역 투자회사에 의해서 제공되는 하루짜리 창업자 훈련과정에 참석했었다. 거기서 벤처투자회사가 평가하는 주요 요소들을 배울 수 있었는데, 여기에는 성공적인 발전계획, 강한 매니지먼트, 그리고 매력적인 제휴관계 등이 포함되어야 함을 알게 되었다. 작년에 그녀는 3백 75만 달러를 투자 받느라고 발이 부르트도록 각종 투자설명회와 네트워킹 행사에 나갔었다. 이번 투자유치가 잘 된다면 KTWave는 한 단계 높이 도약할 수 있을 것이다."[69]

사업계획서의 형식

이렇게 벤처자본의 투자를 받을 수 있으려면 정교한 사업계획서를 작성할 수 있어야만 한다. 반드시 일정한 형식이 있는 것은 아니지만 사업계획에 공통적으로 포함되는 항목을 중심으로 사업계획의 목차를 정리하면 표 9-1과 같다.

사업계획서 작성의 주안점

일반적인 원칙

사업계획서는 투자자금을 유치하기 위해서 작성되기도 하며, 자신의 사업운영을 위한 지침서로서도 작성된다. 마치 험한 여행을 하는 사람이 지도와 나침반이 있어야 하는 것과 마찬가지로 창업계획서는 현재 내가 어디에 있으며, 어디로 가고자 하는 것인지 안내해 주는 지침서다.

사업계획서에는 일정한 양식이 있는 것은 아니다. 그러나 모델이 될만한 잘 되어 있는 창업계획서를 자신의 사업계획서를 작성할 때 하나의 템플리트(template) 내지 체크리스트(check list)로 이용하여, 같은 내용이라 하더라도 좀더 커뮤니케이션을 증진할 수 있도록 하는 데 도움을 받을 수 있다.

---

[69] Toddi Gutner, "A Springboard for Entrepreneurs", Business Week, August 7, 2000.

표 9-1 사업계획서의 목차[70]

1. 요약
   전체 사업계획에 대한 요약
2. 회사의 현황 및 산업분석
   (1) 회사의 과거, 현재, 미래
   (2) 경쟁사
   (3) 전략
3. 제품 또는 서비스
   (1) 제품 또는 서비스에 대한 핵심적 설명
   (2) 제품개발 관련 항목
   (3) 제조와 운영
   (4) 품질관리와 서비스
   (5) 규제와 법적 문제
4. 시장조사와 분석
   (1) 전반적인 시장상황 파악 : 고객, 시장규모, 경쟁, 제품 수명주기
   (2) 시장조사
5. 마케팅계획
   (1) 제품 및 서비스의 가격 결정
   (2) 판매 촉진 : 판매방법, 판매지원, 광고 및 홍보
6. 생산계획
7. 조직계획
   (1) 핵심경영진
   (2) 소유구조
   (3) 동업자, 주주, 기타 투자자의 신상명세서
8. 재무계획
   (1) 재무자료의 제시
   (2) 민감도 분석
9. 부록
   각종 문서, 시장조사 자료, 계약관계 등에 관한 서류

---

[70] Deliotte and Touche, *writing and effective business plan*, 1993.

문제는 자신이 진정으로 사업을 정의하고 설명할 수 있는 논리적 구성을 하는 것이 중요하다. 즉 사업계획은 기술적 서술의 과정이 아니라 창업 경영자로서의 사고과정이다. '모로 가도 서울로 가면 된다'라는 말이 있지만 사업의 세계에서는 정반대다. 그보다는 최종목적지와 거기로 향하는 경로의 지도를 가지고 있는 것이 바람직하다. 또한 중요한 원칙은 투자자에게든 자신에게든 치명적인 약점을 숨기면서 작성된 사업계획서는 결국 자신을 바보로 만들게 된다는 점이다.

사업계획서를 작성할 때 첫 단계로 중요한 것은 사업의 전체 비전(vision)을 큰 그림으로 구성해 보는 것이다. 이것이 명확해지고 나면 핵심내용을 누락됨이 없이, 그리고 전체적으로 균형 잡히도록 작성해야 한다. 마지막으로 내용을 점검할 때, 사업계획 작성의 목적에 비추어 핵심목적에 부합되었나 늘 검토해야 한다. 전체 페이지수는 많은데 핵심 목적이 불분명한 것처럼 공허한 사업계획은 없을 것이다. 투자유치를 위해서 사업계획이 쓰일 때에도 문서는 가능하면 간단해야 하고, 공정해야 하며, 법적인 구속력보다는 신뢰가 강조되어야 한다.

요컨대, 어떤 양식이나 표준적인 방법에 너무 집착하지 말고, 자신이 잠정적으로 확정한 사업을 확실히 완수하기 위한 요건들을 톱·다운 식으로 체계적으로 정리해 놓으면 된다.

투자자를 사로 잡는 사업계획의 요소

샬먼(Sahlman, W. A.)은 대부분의 사업계획이 숫자에 너무 많은 지면을 할애하면서 정작 중요한 정보는 간단히 다룬다고 지적한다. 그는 훌륭한 사업계획의 조건으로 사람, 기회, 주변환경, 위험과 보상가능성이라는 네 가지 요소를 중심으로 정리할 것을 권유한다[71].

인적자원의 강점을 설명하라. 창업멤버들이 알고 있는 지식과 인맥, 그리고 창업자 자신의 인지도 등을 철저히 설명할 수 있어야 한다. 벤처 캐피털의 신화적 존재인 아서 록(Arthur Rock)은 "나는 사람에 투자하지 아이디어에 투자하는 것은 아니다"라고 말한다.

수익기회를 명확히 밝혀라. 성공적인 사업계획은 기회에 대해서 다음 두 가지 질문에 초점을 맞춘다. 첫째는 '기업의 제품 또는 서비스에 대한 전체 시장규모가 크고 또한 빠르게 성장하고 있는가?'라는 질문이며, 둘째는 '진출하고자 하는 시장이 구조적으로 매력이 있는가?'라는 질문이다.

외부환경에 대한 통찰력을 보여라. 일반적으로 기회는 환경 속에 잠재되어 있다. 환경에는 경제 활동, 인플레이션, 환율, 이자율이라는 거시경제 환경, 그리고 정부의 법과 규제들이 포함된다. 사업계획에는 이들 환경이 창업기업의 사업에 어떤 도움을 줄 것인지에 대한 통찰을 보여야 한다. 또한 환경의 변화를 예측하고 그러한 변화가 사업에 미치는 영향과 대책을 상세히 설명할 수 있어야 한다.

---

71 Sahlman, W. A., "How to Write a Great Business Plan" , HBR on Entrepreneurship, Feb. 1999, pp29-56.

위기관리 대책과 투자자 보상책을 밝혀라. 이 말의 의미는 사람, 기회, 환경이라는 조건에서 직면하게 될 위험에 과감히 대처하는 계획을 세우라는 것이다. 보상에 관해서는 투자자들에게 보상이 이루어질 어떤 대안들을 가지고 있는지를 제시하고 이를 지속적으로 발전시켜야 한다.

10 생산 및 운영활동의 착수

운영활동 개요

입지와 제조공간

자원의 확보

생산

제 10 장 생산 및 운영활동의 착수

생산 및 운영활동이란 제품 또는 서비스의 생산과 관련하여 창업 초기에 일어나는 일련의 과업에 대한 해결과정으로서 물적 자원과 결합된 인적 대응 전반을 말한다. 창업이 본격화되면서 온갖 물리적 자원이 필요해지며, 이런 것과 관련하여 창업자는 수많은 일거리로 바빠진다. 개별적으로 보면 하찮은 것 같은 일들이 계속해서 터져 나오며, 그렇다고 이런 일을 소홀히 했다가는 나중에 큰 일이 어긋날 수 있다. 이번 10 장에서는 운영활동의 착수에 포함되는 일들의 내용과 고려사항을 살펴 본다.

운영활동 개요

생산 및 운영활동의 범위

생산 및 운영활동을 시작하는 데 필요한 요소는 창업 기업에 따라 매우 큰 차이가 난다. 가장 간소한 경우는 자기 집의 식탁, 지하실, 또는 차고가 생산 현장이 되며, 다른 경우는 비싼 장비와 큰 초기 투자를 들이는 경우도 있다.

대체로 운영활동이란 자원을 준비하고 종업원을 채용하며,

그들이 작업을 할 수 있게 배치하고, 고객과 공급자를 연결하여 투입과 산출이 일어나게 하고, 태동하는 회사를 위하여 리더십 역할을 수행하는 일, 초기 입지를 정하고, 공식적·비공식적 계약을 체결하며, 무엇을 사고 무엇을 만들지 결정하고, 돌아가는 모든 일에 주의를 기울이는 일을 포함한다. 이런 일이 돌아가는 과정을 미리 연구하고, 생각함으로써 창업과정의 긴장과 혼돈을 줄이고 비용을 절감할 수 있다.

생산 및 운영활동을 준비하는 데 피해야 할 함정을 열거하면 다음과 같다[72].

- 시간과 자원을 소진하게 됨
- 부적합한 장비를 채택함
- 공급자와 비경제적인 또는 비효과적인 거래를 수락함
- 무능력한 종업원을 고용함
- 생산활동을 잘 못 관리하여 낭비가 심하고 품질이 조잡해 고객을 실망시킴
- 제품 또는 서비스의 개선에 있어서 경쟁자에 뒤쳐짐

본 장에서는 특히 생산 및 운영활동과 관련하여 이런 함정에 빠지지 않고 문제를 피하기 위한 고려사항들을 다룬다.

---

[72] Karl Vesper, New Venture Mechanics, Prentice-Hall, 1993, p241.

일의 우선순위에 대한 의사결정

창업활동은 문제의 연속이다. 대다수의 창업자는 이렇게 수많은 문제가 이어지리라고 처음부터 생각하지 못하는 수가 많다. 창업자는 많은 일이 본래 예상했던 것과 달라져 돌아가는 것을 발견하게 될 것이다. 어떤 때는 달라진 일을 조정하는 데 시간을 보내야 하고, 또 어떤 때는 "옆길효과"를 발견하는 기회를 잡기도 한다.

창업자는 닥쳐오는 문제들을 의욕적으로 모두 혼자 해결하려고 시도한다. 자원이 충분하지 않은 창업 회사에 있어서 가장 먼저 창업자나 창업팀의 시간과 에너지를 사용하고자 하는 것은 당연하다. 그러나 이 때 간과하지 않아야 할 것은 창업자의 시간도 역시 하루는 24시간뿐이라는 점이다. 즉 창업자가 빠져 들지 말아야 하는 함정은, 동업자나 다른 직원들에게 일을 이양하지 않고 모든 일을 자신이 떠 맡으려 하는 일이다. 이럴 경우 대개는 과업이 졸속으로 처리되거나 아예 아무 일도 못한 채 시간만 갈 수도 있다. 그러므로 창업자는 자신의 시간을 어디에 집중적으로 사용해야 할지 전략을 가지고 있어야 한다.

창업자에게 밀어 닥치는 수많은 과제 - 판매, 공장 가동, 제품과 서비스의 개선, 자금 문제의 해결, 종업원 선발, 인허가 문제, 수 많은 관련자와의 회의 - 중에서 어떤 일에 자신의 시간을 할애해야 할지 선택해야 한다. 창업자는 여러 가지 대안에 대한 상충관계(trade-off)를 고려하여 과업의 우선순위를 정하는 의사결정을 한다. 즉 비용을 좀 들이더라도 시간을 절약하는 방법, 당장 돈 나가는 것을 절약하지만 장차 더 오랫동안 비용이 발생하는 방법, 장래의 문제를 예방하기 위해서 미리 행동을 하는 것과 좀 더 명확해질 때까지 기다리는 일 간의 선택이 요구된다.

결론적으로 창업자는 행동의 우선순위를 세워 일해야 한다. 다시 말하면 창업과정 상 전략적으로 중요한 일에 초점이 맞추어져야 한다는 것이다. 예컨대 생산 활동을 전략적으로 중심적인 활동으로 잡았다면 다른 모든 일에 우선하여 여기에 초점을 맞추어야 한다. 반대로 제품개발과 판매를 중심적인 과업으로 잡았다면 운영활동의 우선순위는 매우 다르게 배치될 것이다.

일상의 긴급한 일들에 매달려 중요한 일을 빠뜨리는 실수를 범하지 않으려면 핵심과제의 일정표를 만드는 것이 좋다. 핵심과제의 일정은 생산 활동을 위한 핵심과제를 미리 내다보고 열거한 후, 각 과제가 요구하는 처리시간을 예측하여 기재함으로써 작성한다. 여기에서도 앞 절의 창업계획에서 언급한 바 있는 "PERT"와 간트도표를 쓰면 수많은 운영활동들의 우선순위를 정하는 데 도움이 될 것이다.

입지와 제조공간

입지 의사결정 일반

창업의 업종에 따라 달라지기는 하겠지만 입지 상 고려해야 할 주요 변수들을 다음과 같다[73].

- 고객의 집이나 근무처로부터의 거리
- 보행자수
- 인근에 위치한 타 사업체의 유형
- 인근의 작업자 : 임금수준, 기능, 교육수준, 직업윤리, 특별한 기술의 보유 여부
- 노무비 수준과 노동조합의 영향력
- 생계비 수준
- 회사가 보유 가능한 시설 여부
- 공급자, 연구소, 대학으로부터의 거리
- 그 지역의 자본 조달 가능성
- 그 지역의 입주 호감도
- 상업용 또는 주거용 건물의 구입가격 또는 임대료
- 피고용자의 편의성
- 지방세, 규제, 가용한 지원
- 법인세 등 세금
- 확장 가능성
- 관련 인프라의 유무(공항, 공급자, 장비, 항만, 대학, 경험 많은 교수진 등)
- 정부 또는 지방자치단체의 지원
- 범죄로부터의 안전

입지 변수 중 어떤 것이 더 중요한지는 해당 창업회사의

---

[73] Karl, H. Vesper, *op. cit.* p247

업종과 특징에 따라 달라진다. 즉 제품이나 서비스의 종류, 예상되는 고객과 그들의 구매 행태, 자작-외주 의사결정, 가용 공간, 임대료 금액, 건축비와 세금 등에서 창업 회사의 특성 상 중요한 것을 우선적으로 고려하게 된다.

다음은 업종에 따라 중요시 되는 입지 특성의 예이다.

- 소매 : 고객에의 편의성이 가장 중요하다. 주차공간, 높은 보행자 밀도, 고객에의 가시성은 상충관계가 될 수 있다.
- 서비스 : 음식업과 인적 서비스 사업은 소매업과 유사한 특성을 갖는다. 배관, 건축, 유리세공 또는 나무 가꾸기 등은 도시 내 어느 지역이라도 가능하지만 영업용 차량이 드나들 수 있어야 한다.
- 제조업 : 지역 시장에 판매하는 경우는 고객과 같은 지역에 있어야 하나, 전국 대상으로 판매할 때는 수송비, 작업자의 스킬, 급여수준 등이 더욱 중요한 요인이 된다.
- 도매 : 주로 매출이 일어나는 지역의 시내에 입지할 것

소매업과 서비스업의 입지

소매점과 서비스업의 입지는 도시의 어느 지역인지, 그리고 교통량으로 보아 어떤 도로 상에 입지할 것인지 결정해야 한다. 소매업과 서비스업의 경우 입지하는 위치에 따라 다음

과 같은 장단점이 있다.

- 간선 도로 : 차량 통행이 많고, 높은 가시성이 있다는 장점이 있으나, 세가 비싸고 주차공간을 내기 어려우며 고객의 주거지로부터 멀다는 단점이 있다.
- 이면 도로 : 세가 덜 비싸다는 장점이 있으나 단점은 간선도로에서와 유사하다.
- 도심지역 : 간선도로의 장점에 더하여 사무실 작업자 그리고 보행자가 많다는 장점이 있다. 단점은 간선도로에서와 유사하다.
- 쇼핑센터 : 장점은 주차가 용이하고 잘 알려져 있으며 교통혼잡이 없다는 점이다. 세가 비싸고 경쟁이 심하다는 점이 단점이다.
- 산업(공단)지역 : 넓은 공간과 잘 알려진 지역이라는 장점이 있는 반면에 쇼핑인구가 적은 점이 단점이다.

소매업종과 서비스업의 입지에서 특히 중요한 변수는 예상되는 매출과 대비하여 임대료가 얼마나 비싼가 하는 점이다. 업종에 따라 전형적으로 임대료가 얼마나 되는가는 조사된 자료를 구할 수 있을 것이며, 지역 별 인구통계에 의해서 예상되는 매출을 추정해 볼 수 있을 것이다.

입지를 정하기 위해서는 먼저 생각해 둔 가능한 지역을 몇 군데를 직접 돌아보고 후보가 될 빈 점포를 선정한다. 그리고 나서 사업에 어떤 항목이 중요한지 체크리스트를 만들어 본다. 충분한 주차장 공간, 적정한 교통량, 가시성, 물품의 입출고를 위한 접근성, 적합한 공조시설의 유무 등 체크리스트에 넣어야 할 사항은 많다.

제조공간

제조부문의 창업자에게 있어서 적합한 공간을 구한다는 것은 쉽지 않은 일이다. 한 가지 원칙은 적합하지도 않은 장소에 늘어 붙어 있어서는 안 된다는 점이다. 그러나 동시에 중요한 점은 나중을 위해서 지금 당장 필요하지도 않은 공간에 비용을 들이지는 말라는 것이다. 창업 초기에는 우선 허용되는 가장 싼 공간을 찾는 것이 가장 안전한 방법일 것이다. 실제로 많은 수의 창업자들이 초기에 자기 집의 공간을 이용하고 있다.

잘 알려진 기업들이 창업할 때 사용한 생산공간을 살펴보면 다음과 같이 아주 허름한 공간이 이용되고 있다[74].

- 지하 아파트 방에서 차고 위 방으로, 그리고 우유 채취간으로(Polaroid사)
- 차고(Hewlett-Packard, Nike, Apple)
- 낡은 양모 공장(Digital Equipment Corporation)

사업의 종류에 따라서는 창업보육센터(incubator)도 초기 생산공간이 될 수 있다. 창업보육센터는 대학, 공공연구기관, 지방정부, 민간기관 등이 신생중소기업의 창업을 촉진하고 육성하기 위해 설립한 것으로서, 창업자들을 입주시켜서 제

74 Karl, H. Vesper, *op. cit.*, p251.

반 혜택 및 서비스를 제공함으로써 신생 중소기업의 생존율을 높이고, 기술혁신결과의 실용화 촉진, 신사업 창출, 고용창출, 지방경제 활성화, 기술인력 양성, 대학 연구소 연구기능의 활성화 등 공공과 민간의 개발목표를 동시에 만족시킬 수 있는 제도로 활용되고 있다[75].

분석적 방법에 의한 입지선정 예

서비스 사업인 경우 입지선정은 매출액에 중요한 영향을 미치므로 특히 계량적인 분석이 필요하다. 회귀분석을 활용한 입지선정의 사례를 소개한다[76].

사례

회사원인 김갑동은 학생층을 고객으로 하는 새로운 개념의 서비스업에 대한 대리점 개업을 위해 점포의 입지를 선정하려 한다. 그는 몇 달 동안 기존의 대리점을 찾아 현장 조사를 하였으며, 필요한 갖가지 정보를 분석하였다. 조사 결과 이 사업이 매력적임을 확인한 후, 그는 그 서비스 업의 프랜차이즈 한국사업본부를 찾아가 대리점 개설에 관한 상담을 하였다. 사업본부에서 제시하는 대리점 개설의 자격 조건은 (1) 매장이 최소한 40평 이상이어야 하며, (2) 1억 이상의 자

[75] 배종태, "우리나라 창업보육센터의 활성화 방안" ,21세기를 향한 과학산업단지와 벤처기업의 성공전략 국제 워크샵 자료,(대전 : 한국과학기술원 신기술창업지원단, 1998. 8. 10),pp.157-158.

[76] 2000년 창업강좌 2권, 오산대학 물류, 유통산업연구센터, pp64-67.

본금이 준비되어야 하며, (3) 최소 월 5천만 원 이상의 매출 실적을 올릴 수 있는 지역이라야 한다는 것이었다.

위 조건 중 (1)과 (2)의 자격 요건은 갖출 수 있었지만, 월 매출액이 5천만 원 이상이 되는 지역을 선택하기 위해서는 예정 점포 입지에 대한 시장조사가 필요하였다. 이에 예비창업자는 예정 점포 입지의 매출액 추정을 위해 사업본부가 제공하는 자료와 직접 수집한 2차 자료를 수집하였다.

2차 자료의 수집

기존 운영하고 있는 대리점 입지의 반경 2㎞ 이내에 있는 주민 수, 초·중·고·대학생수와 연평균매출액에 관한 2차 자료를 본사, 동사무소 및 학교를 통해 조사하였다.(표 10-1)

표 10-1 기존 대리점의 인근지역 주민 수

단위 : 천명, 백만 원

구분	A점	B점	C점	D점	E점	F점	G점	H점	I점	J점	K점	L점
인근주민수	75	120	55	136	47	210	176	140	117	89	68	158
인근학생수	9	15	6	23	12	57	38	40	28	23	18	43
연평균매출액	780	1038	600	870	360	1700	1275	1030	935	750	590	995

입지에 관한 조사

본사의 추천과 예비 창업자의 개인적 판단에 따라 인근지역에서 주변에 아파트와 주택가, 그리고 초·중·고·대학이 비교적 밀집되어 있는 장소를 물색한 결과, X, Y, Z 의 3 개 지역이 가장 유망한 후보 지역으로 선정되었다. 이들 지역의 반경 2㎞ 이내에 거주하는 주민 수와 학생수를 조사한 결과는 표 10-2와 같다.

표 10-2 입지 후보지의 인근지역 주민 수

단위 : 천명

후보지역	X지역	Y지역	Z지역
주민 수	85	95	120
학생 수	45	15	38

분석절차

분석은 다음 절차에 따라 회귀분석을 이용했다.

(1) 데이터 입력 : 종속변수인 연간매출액, 또 연간 매출액에 영향을 미치는 2개의 독립변수, 인근 주민 수 및 인근 학생수 데이터를 입력하여 분석을 위한 준비를 한다.

(2) 엑셀 등 통계기능이 있는 소프트웨어 패키지 중에서 회귀분석을 위한 명령 절차를 수행한다. 종속변수를 연평균 매출액(Y)으로 하고, 독립변수

를 인근 주민 수(X_1), 인근 학생수(X_2)로 하여 중 회귀분석을 수행시킨다.

(3) 위 데이터에 의해서 분석한 결과, $Y = 136.8 + 7.4X_1 - 3.3X_2$ 의 회귀모델을 구할 수 있고, 이 회귀식의 설명력은 89.5%임을 알 수 있었다.

(4) 회귀모델에 의해서 3개 지역의 예상매출액을 추정한 결과, X지역 617 백만 원, Y지역 662 백만 원, Z지역 760 백만 원으로 Z지역이 가장 높게 나타났다.

위 결과를 볼 때, 다른 조건이 동일하다면 후보 지역 중 Z 지역을 선정하는 것이 가장 높은 매출을 기대할 수 있을 것이다.

자원의 확보

장비

창업 단계에서 생산에 이용될 장비를 구하는 방법은 여러 가지가 있다. 새 것을 구입하는 방법, 리스, 임차 또는 제작하는 방법 등이다. 새로 사거나 자체 제작하는 일은 특별한 노하우를 필요로 한다. 따라서 창업자 자신이 그런 노하우를 가지고 있지 않을 때는 동업자가 그런 능력이 있든지 확인하거나, 또는 그런 노하우가 있는 종업원을 고용해야 할 것이다. 무엇보다도 가장 중요한 것은 첫째, 그 장비가 제대로 동작해야 한다는 점이고, 둘째로는 가능한 한 경제적으로 들여 놓을 수 있어야 한다는 점이다.

장비를 획득할 때 비용을 절약하는 방법의 예를 보면 다음과 같은 방법들을 확인할 수 있다[77].

- 기계를 헐값에 빌리거나, 생산능력의 일부를 할애 받는 방법, 또는 시간을 정해 나누어 쓰는 방법 등을 찾아 본다.
- 공장의 공간과 사무공간, 비서 또는 회계까지도 나누어 쓰는 방법을 강구해 본다.
- 시설을 자작으로 제작하거나 설치를 자신이 직접 시도하여 비용을 절감하는 방안을 검토한다.

이런 일이 가능 하려면 얼마간의 창의적인 복안이 있어야 하며, 거기에다가 도움의 기회를 찾아낼 수 있도록 인적 네트워크가 형성되어 있어야 한다. 또한 미리 어떤 필요가 생길지를 파악하고, 어떤 사람이 자신이 원하는 기계의 출처를 알려줄 수 있을지 예상하여 자신의 필요를 알려 두어야 한다.

대기업에서 라인 일부를 독립시켜 창업하는 경우는 흔히 기존 라인에 사용되던 장비를 싼 값에 할애 받을 수 있으며, 일 이년 동안은 판매에 대한 보장도 해 주는 일이 많다. 이런 경우가 아니라면 창업자 스스로 모든 것을 알아보고 구해내야 한다.

---

[77] Karl, H. Vesper, *op. cit.*, pp255-256.

창업자가 중고 기계를 아주 헐값에 구해서 썼는데, 그 기계가 성능이 아주 좋았으며 아무 문제가 없었다는 이야기는 흔히 들을 수 있는 이야기다. 미국의 실리콘 밸리에는 지금도 매주 경매시장을 훑고 다니며 파산한 닷컴기업의 중고장비를 사들이고 싼 사무실을 임대해 인터넷 업체를 세우는 "저비용(cheap) 창업"의 대열이 있다. 예비창업자는 파산한 회사의 청산 경매에 참석해서 이런 일이 어떻게 수행되는지 미리 알아둘 필요가 있다. 그밖에 중고 기계의 원천으로서는 장비의 판매 대리점, 중고장비 취급점, 지방신문의 광고 등을 통해서 알아 볼 수 있다.

이러한 일을 알아 볼 때, 창업자는 그 방면에 경험과 전문성을 가지고 있는 다른 사람의 조언과 도움을 받을 수 있다면 실패할 가능성을 줄일 수 있다. 그런 일을 가능하게 하는 인적 접촉을 유지하려면, 창업자 자신이 평소 부지런히 현장을 돌아다니며 사람을 만나는 일을 게을리 하지 않아야 한다.

공급자와의 거래

사업의 종류에 따라 차이가 있겠지만, 어떤 사업이든지 얼마간은 외부에서 구매해야 하는 부분이 있다. 창업기업의 경우, 공급자로부터 구매하는 일은 단순히 소매점에 들러 물건을 사는 일과는 사뭇 다르다. 창업자는 공급자로부터 '고객' 대접을 받지 못한다. 공급자 입장에서 볼 때, 창업자는 다른 기존의 고객들과는 달리 장차 얼마나 살지도 불투명하고 신용이 확실하지 않은 순진한 소량 구매자일 뿐이다. 따라서 창업자는 공급자의 우선순위에서 밀리고 문제시 되는 조건이 붙는 거래를 제시 받을 수 있다. 불리한 거래의 예를 들자면 선불을 주어야 주문을 할 수 있다든지, 공급자의 지연된 배송에 대해서 아무런 대응책이 없다는 등 여러 가지가 있을 수 있다. 이런 일을 방지할 한 가지 방법은 공급자의 평판을 미리 조사하는 것이다. 그 업체의 기존 고객, 경쟁자, 다른 공급자 또는 은행은 그 공급자에 대한 정보를 가지고 있을 가능성이 많다.

공급자의 평판이 괜찮다고 밝혀지더라도 창업자에게 권고할만한 예방책은 서면화된 계약을 맺도록 하라는 것이다. 물론 계약이 되었다고 문제가 모두 제거되는 것은 아니지만, 특히 그 구매 조건이 특별하고 중요한 것이라면 계약서가 요망된다.

계약서를 작성할 때 주의해야 할 사항은 중요한 조항을 빠뜨리지 않아야 한다는 점이다. 중요조항을 누락시키지 않으려면 업계 경험자와의 대화에서 중요조항이 무엇인지 배워야 하며, 다른 계약서를 참조하는 것이 도움이 된다. 그리고 그 분야에 경험이 있는 변호사의 자문을 받을 필요가 있다.

채용

창업자는 자신이 모든 일을 혼자 할 수는 없기 때문에 종업원을 채용하기 마련이다. 창업 초기에는 회사의 꼴도 갖추어져 있지 않아 외부로부터 종업원을 채용하기가 기존 기업의 경우처럼 쉬운 일이 아니다. 그래서 초기에 가족이나 친구 중에서 도움을 받는 수가 많다. 그런데 문제는 이렇게 데려온 사람들이 창업자가 기대하는 필요를 채울 수 있을 만한 재능과 능력이 있을지는 의문이다.

직원 고용에 싼 임금만을 강조할 수는 없는 일이다. 우선은 비용이 절감되는 것 같지만 겉으로 드러나지 않는 원가가 들어갈 수 있다. 무능한 사람은 창업자의 귀중한 시간을 빼앗기게 하고, 회사의 비능률, 각종 문제의 원인이 될 수도 있다.

전 직장의 동료는 요구되는 능력 면에서 잘 맞을지 모르지만, 전 직장에서 종업원을 빼 오는 일은 법적인 문제를 야기할 수도 있다. 미리 내다볼 수만 있다면, 자신이 전 직장을 그만 두기 이전에 이런 문제에 대한 협조를 받아 놓는 것이 유리할 수도 있을 것이다.

반면에 창업 단계에서 요구되는 능력보다 초과되는 능력자를 채용하는 것도 문제가 있다[78]. 이런 고급인력은 임금을 낭비하게 할 뿐 아니라 지속적으로 높은 수준의 보상을 해주거나 지분 참여의 길을 열어주어야 할 가능성이 많다. 창업하는 사람은 처음 1, 2년을 살아 남을 것이 첫째이지, 3년 뒤에 필요한 사람을 채용해서 미래를 쌓아 가는 것이 아니다.

어떤 과제에는 시간제 또는 임시직을 채용하는 것도 가능하다. 회계사, 서류정리, 비서, 손님접대, 판매인, 그리고 엔지니어나 기술자, 프로그래머까지도 인력 파견회사로부터 임시직을 구할 수 있다. 이렇게 함으로써 창업회사는 채용업무나 인사관리, 급여, 또는 복리후생 등의 일에서 벗어날 수 있다. 임시직을 쓰는 의사결정은 창업자의 사업 특성에 따라 달라진다. 사업에 계절성이 있다든지 영구적인 전문성을 요

[78] 조병주, K. H. Vesper, *op. cit.* p452.

하는 정도, 종업원에 대한 통제의 필요 정도, 요구되는 신축성 정도 등이 중요한 의사결정의 기준이 된다.

임시직을 쓰건 정규 고용을 하건 간에 그 사람의 신원과 배경에 대해서 철저히 점검해야 한다. 그리고 회사의 중요한 사업비밀이나 재산이 보호될 수 있도록 조심하지 않으면 안 된다.

최근의 벤처 기업에서는 종업원을 채용할 때 매우 깊이 있는 면접과정을 거치는 경우가 많다. 단순히 그 사람의 교육적 배경이나 학력만을 보는 것이 아니라 그의 사고방식이나 인생관 그리고 태도가 창업기업과 잘 맞아 떨어질지 보아야 하기 때문이다. 하지만 이렇게 할 수 있으려면 창업회사가 성과를 내고, 외부에 어느 정도 알려지기 시작할 때가 되어야 가능하다.

생산

최초의 주문은 창업자에게 커다란 축복과 같은 사건이다. 이 주문에서 신뢰를 받게 되도록 창업자는 온 신경을 다 쓰게 된다. 그러나 생산라인은 아직 완전하지 않을 것이고, 생산공정에 많은 문제가 해결되지 않아 어려움이 많을 수 밖에 없다. 이런 가운데 주문을 차질 없이 완성하여, 요구되는 품질이 보장되면서 납기 내에 인도되도록 해야 하기 때문에 초기 생산의 스트레스는 이만 저만이 아니다.

생산과 자금순환

주문이 증가하면 창업자는 희망에 넘친다. 그러나 늘어난 매출을 맞추어 내려면 운영자금이 갑자기 늘게 되어 창업자는 자금난에 휩싸이게 된다. 이렇게 되는 이유는 판매대금의 회수기간이 생산을 위해서 부품을 구매하고 인건비를 지불하는 데 드는 운영비용보다 늦기 때문이다. 따라서 창업 회사는 생산·판매에 걸친 운영주기를 단축하는 일을 전략적으로 관리해 내야 한다[79].

문제의 예방

문제가 폭발적으로 증가하는 시기가 있다. 창업회사는 대개 초기에는 물건을 외주해서 만들어 오다가 어느 시기부터 모든 것을 자가 생산하려고 시도하는 시기가 있는데 이 때 문제가 많이 생긴다. 제품에 대한 설계, 생산계획, 작업관리 등 운영관리에 대한 문제가 본격화하는 반면 창업회사의 관리능력은 여기에 못 미치는 경우가 많기 때문이다. 여기서 한 가지 원칙은 초기에 너무 성장을 추구하기 보다는 우선 능력에 맞게 살아 남는 것을 생각하라는 점이다.

생산 단계에서 일어나는 문제의 성격을 파악하는 것은 문제를 예방하기 위해서 유용할 것이다. 생산이 본격화되면서 일어나는 문제는 다음과 같이 다양하다.

---

[79] Karl, H. Vesper, *op. cit.*, pp266-271.

- 관리자가 문제의 본질에 대해서 사실은 모르고 있는 수가 많다.
- 원가가 예상치를 웃도는 경우가 많다.
- 제품 또는 서비스가 표준에 못 미친다.
- 납기를 맞출 수 없다.
- 원재료, 물자가 낭비된다.
- 불화가 터져 나온다.
- 부품이 잘 맞지 않는다.
- 원재료를 적시에 주문하지 못한다.
- 불량 원자재가 입고된다.
- 구매가가 너무 높게 책정되었다.
- 물품대 지불이 안되어 공급자가 공급을 끊는다.
- 공급자가 필요에 부응하지 못한다.
- 재고가 너무 과다하거나 진부화된다.
- 고객이 제 때 지불을 하지 않거나 물건 값을 떼어 먹는다.
- 은행잔고가 바닥난다.
- 지키지도 못할 주문을 접수한다.
- 필요로 하는 인재를 구하지 못한다.
- 창업회사에 대한 나쁜 소문이 유포된다.
- 은행이 신용 규모를 줄이거나 거절한다.
- 고객의 니드를 제대로 따라 주지 못한다.
- 핵심 종업원이 퇴사한다.
- 개선의 기회를 상실한다.
- 비싼 도구나 자재를 도난 당한다.
- 기계가 고장 난다.

- 종업원의 근태가 불량하고 일을 열심히 하지 않는다.
- 광고나 다른 이벤트에 대한 타이밍을 못 맞춘다.
- 약속을 잘 못 이해하거나 어기게 된다.
- 경쟁사에 의해서 추월 당한다.
- 세금문제로 골치를 썩인다.
- 공급자가 미지급금에 대해서 소송을 제기한다.

이런 일을 미리 대비했다고 하더라도 많은 문제는 결국 닥칠 것이고, 닥친 후에 하나씩 해결하는 수 밖에 없다.

품질 개선

품질 기반은 모든 기업 경쟁력의 바탕이 된다. 품질이 문제가 있는 상태에서 제조원가를 낮추거나 납기를 개선하려는 모든 노력은 결국 실패하게 될 것이다. 이런 상태에서는 창업회사는 매출 규모를 늘리고, 생산시설을 확장하려는 시도를 할 수도 없게 된다. 따라서 양산 단계의 초기에서 발생하는 문제점을 철저히 파악 하고 그 근본 원인을 규명하여 생산공정에 있어서 품질의 조기안정화를 이룩하는 것이 매우 중요하다. 특히 생산 단계 초기의 품질불량은 고객의 신뢰를 무너뜨려 이후의 판매에 미치는 영향이 크므로 철저히 대응해야 한다. 그리고 품질은 일단 목표 수준에 도달한 후에도 지속적으로 공정능력을 향상시키는 노력을 통해 제품의 품질과 생산성을 높여 나가야 한다.

창업자는 품질의 문제가 적어도 경영의 문제에 두루 관련되어 나타나는 것임을 이해해야 한다. 품질 결함은 제품과 공정의 설계에서 출발하여 종업원의 선발과 훈련을 포함한 제반 관리활동이 원인이 되어 나타나는 최종 결과이기 때문이다. 따라서 품질의 관리가 실질적인 효과를 거두려면 현장의 공정에 품질개념이 정착되어야 한다. 종합적 품질관리는 생산현장에서의 품질보증을 강조한다. 품질은 불량품이 발생한 뒤에 고쳐지는 것이 아니라 생산의 원천인 공정에서 발생한다는 원칙에 따라, "제품을 애초에 잘 만들 것"을 강조하는 것이다. 그런데 이렇게 되려면 창업기업의 경영자가 품질의 중요성을 깨닫고 솔선수범하여 품질운동에 리더십을 발휘하는 것이 매우 중요하다.

품질관리 기능은 일회성 활동이 아니라 지속적으로 전개되어야 한다. 지속적 개선을 위한 유용한 개념적 틀로서 데밍은 PDCA 사이클을 제시하였는데, 이 사이클을 끊임 없이 돌림으로써 품질의 지속적인 개선이 일어 난다. PDCA 사이클은 다음과 같은 순서로 전개된다.

1. **계획(Plan)**. 개선이 필요한 프로세스를 선정한다. 이를 위해서는 자료를 분석하는 방법이 필요할 것이다. 선정된 프로세스에 대해서 정성적, 정량적 개선 목표를 설정한다.
2. **실행(Do)**. 계획을 실행하며 진척도를 관리한다. 프로세스를 개선하기 위해서는 계속적인 자료수집이 필요하며, 프로세스에 변화를 줄 때마다 이를 기록하고 수정조치를 취한다.
3. **점검(Check)**. 실행단계에서 수집한 자료를 분석하여 계획단계에 설정한 목표에 얼마나 가까워졌는가를 찾

아낸다. 계획과의 격차가 크다면 계획을 다시 검토하는 일도 필요하다.

4. **조치**(Action). 결과가 성공적이라면 새로운 프로세스를 정착시키기 위한 표준화를 한다. 이 프로세스에 맞게 일할 수 있도록 문서화하고 필요한 교육을 시킨다.

11 창업 마케팅과 시장개척 전략

마케팅 기초

창업기업의 마케팅 전략

게릴라적 마케팅

제 11 장 창업 마케팅과 시장개척 전략

창업기업의 가장 시급한 과제는 시장을 확보하는 일이다. 기존 기업에 의해서 선점되어 있는 시장에 진입하는 일은 쉬운 일이 아니다.

마케팅은 고객을 창조하는 기능이다. 고객가치를 이해하고, 창조하고, 커뮤니케이션하고, 전달하여 고객을 만족시키는 일은 현대 마케팅 사고의 핵심이다. 그러나 창업기업은 자원의 한계로 인하여 일반적인 마케팅 프로세스와 다른 전략을 필요로 할 수 있다. 창업기업은 여러 가지로 우위를 점하고 있는 기존산업에서 시장 진입을 피해야 하기 때문에 기존 기업이 충족시키지 못하는 틈새시장을 찾아내고 공략해야 한다. 또한 시장 진입을 위해서는 여러 가지 교두보(진입쐐기)를 이용할 줄 알아야 한다.

기술을 기반으로 하는 혁신적인 창업기업의 경우, 자신이 가지고 있는 기술적 차별화를 바탕으로 산업 표준을 선도하여 새로운 시장을 개척할 수 있어야 한다. 기술 기반의 벤처기업이 주류 시장에서 인정 받으려면 초기 선구적 고객과는 다른 차원의 포지셔닝이 필요하다. 본 11 장에서는 창업기업이 시장을 개척하는 제반 전략과 마케팅 노력들에 대해서 알아 본다.

마케팅 기초

마케팅 관리의 흐름

시장 또는 고객이 없이는 기업의 생존은 불가능하다. 아무리 훌륭한 제품이라도 스스로 생각한다 해도 그 가치를 인식하고 구매해 줄 고객이 없으면 무용지물이다. 마케팅의 목적은 고객에 가치를 제공하는 것이며, 그것은 올바른 제품과 서비스를, 올바른 가격에, 올바른 장소에서, 올바른 시간에 소비자가 갖도록 하는 것이다. 마케팅의 목표는 늘 다시 찾는 반복구매자를 확보하는 것, 나아가서 고객이 다른 고객에게 호의적으로 구전하여 추천구매가 일어나도록 하는 것이다.

비록 종합적인 마케팅 프로세스는 일의 범위가 커서 창업기업에는 적합하지 않은 면이 있지만, 창업기업의 경우는 세분화된 시장에 대한 참신한 마케팅 전략을 수립하고 시행함으로써 사업 성공을 앞당길 수 있다. 반대로 창업자가 종합적인 마케팅에 대한 흐름을 잡지 못하고 그날 그날의 "불 끄기"에 바쁜 나날을 보낸다면 고객초점을 놓치기 쉽다.

그림 11-1 은 마케팅 관리의 전체적인 프로세스를 보이고 있다. 마케팅 프로세스를 통해서 창업기업은 적은 마케팅 비용을 효과적으로 사용하면서, 일관성 있고 조화 있는 마케팅 활동이 이루어지도록 해야 한다. 마케팅 프로세스의 핵심은 정확한 시장 이해를 바탕으로 목표시장을 제대로 선정한 후, 고객이 원하는 혜택을 충족시킬 수 있는 상품 또는 서비스를 만들어 내는 것이다. 마케팅 프로세스는 시장세분화, 목표시

장 선정, 시장 포지셔닝의 단계로 구성된다.

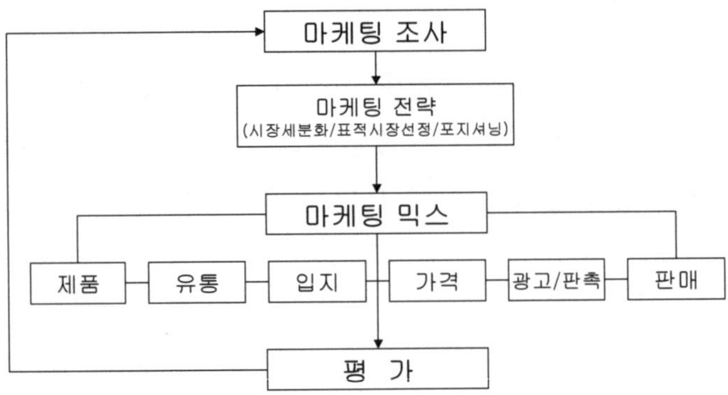

그림 11-1 마케팅 프로세스

시장 세분화

세분화 된 시장은 소비자의 니드(needs)가 동일하다고 평가되는 고객들의 집단으로 구성된 시장을 말한다. 창업기업은 전체 시장을 대상으로 마케팅 전략을 구사하기 보다는 특정 세분시장을 대상으로 하는 것이 한정된 자원으로 경쟁하는 데 유리하다. 시장 세분화(market segmentation)를 하기 위해서는 시장을 몇 개의 그룹으로 구분하는 것이 필요한데, 이 때 사용되는 세분화의 기준은 다음과 같다.

- 지리적 세분화 : 시장을 지역, 도시, 상권 등으로 구분
- 인구통계적 세분화 : 성, 연령, 소득, 직업, 교육수준 등

으로 구분

- 심리적 세분화 : 사회 계층, 라이프스타일, 개성 등으로 구분
- 행태 세분화 : 구매동기, 추구혜택, 이용량, 빈도, 로열티 등으로 구분
- 제품관련 변수 : 성능과 기능, 추구 가치(편리함, 안전성 등), 가격 민감성(hi-end, low-end 등), 제품 유형이나 제어 방식 등으로 구분

시장을 세분화 하다 보면 어느 수준까지 세분화하는 것이 바람직한지가 문제가 된다. 이 때 사용되는 판단 기준은 다음과 같다.

- 측정 가능성 : 규모, 구매력, 특성 등이 측정될 수 있어야 한다.
- 접근 가능성 : 개념적이 아니라 실제 도달 가능해야 한다.
- 중요성 : 시장 규모가 충분해야 한다.
- 실행 가능성 : 세분 시장 별로 효과적 마케팅 프로그램을 개발할 수 있어야 한다.

시장 세분화 작업이 끝난 후, 각 세분시장의 특성을 다시 한번 정리해야 한다. 예를 들면 세분 시장 별로 고객이 구매하게 되는 요인, 즉 핵심적 구매요인이 무엇인지 파악할 필요가 있다.

목표시장의 선정

시장을 세분화한 후 그 중 어떤 시장을 대상으로 개척할 것인지 결정해야 한다. 목표시장을 평가하고 선택하기 위해서는 고객에 가치를 가장 잘 줄 수 있고 이를 장기적으로 지속할 수 있어야 한다. 자원이 한정되어 있는 창업기업으로서는 세분시장 중에서 한 두 개만 선정하는 것이 좋을 것이다. 특히 틈새시장(niche market)을 찾아내는 것이 필요하다.

세분시장의 평가를 위해서는 창업기업의 강점, 약점뿐 아니라 시장 상황이 제기하는 기회와 위협을 종합적으로 고려해야 한다. 즉 시장의 매력도와 창업기업의 역량을 고려하면서 어느 영역을 선택할 것이며, 각 선택된 표적시장 별로 어떤 전략 대안이 전개될 것인지 결정한다.

창업기업이 선택할 전략대안은 크게 두 범주로 나뉠 것이다. 자사가 차별화하기 위해서 해야 할 일, 그리고 기존 경쟁자의 강점을 따라잡기 위해서 해야 할 일이다. 이 두 가지 방향은 상호 모순되기는 하지만 자원이 허락하는 한도 내에서 중요한 포인트를 놓치지 않도록 해야 한다.

경쟁우위 확보를 위한 포지셔닝

목표시장을 선정했으면 어떤 전략적 포지션을 설정할 것인지 결정해야 한다. 제품의 포지셔닝은 소비자들의 마음 속에서 형성되는 이미지로서, 소비자들이 쉽게 구매 의사결정을 할 수 있도록 마음속에 가격 등 중요한 속성의 관점에서 제품을 위치시키는 것을 말한다.

포지셔닝은 소비자의 지각, 인상, 감정 등이 복합적으로 작용하는 과정인데, 구체적인 포지셔닝 추진 절차로 다음 네 가지 사항을 체계적으로 정립할 필요가 있다.

- 이름과 영역 : 잠재고객이 무엇을 사는 것이고 제품의 영역이 무엇인지 알아야 한다.
- 고객과 목적 : 어떠한 고객이 무슨 목적으로 제품을 사용할지를 제시해야 한다.
- 경쟁시장 형성과 차별화 : 경쟁시장이 조성되어 경쟁제품 간에 비교를 할 수 있어야 고객이 제품에 대해 기대하는 바와 적절한 평가를 내릴 수 있다.
- 기업과 재무구조 : 고객은 회사가 현재의 시장에서 튼튼한 재무구조를 가지고 앞으로도 그 제품영역에 지속적인 투자와 개발을 할 수 있을 것이라는 신념이 있어야 안심하고 그 제품을 구입한다.

고객에게 자사의 제품을 포지셔닝 하기 위해서는 타 경쟁자의 제품과 차별화 되어야 한다는 점이 중요하다. 차별화의 영역에는 기능, 성능, 스타일, 디자인에 의한 제품차별화뿐만 아니라, 적기 배달, 설치 서비스, 수선, 고객 교육 등 서비스의 차별화, 그리고 브랜드 이미지에 의한 차별화가 포함된다.

창업기업의 마케팅 전략

진입쐐기의 이용

산업 내에 새로운 경쟁자가 나타나면 기존 기업과 같은 고객을 놓고 치열한 다툼을 벌이게 된다. 이런 상황에서 신참 창업기업이 경쟁력을 갖출 수 있도록 기존 경쟁자를 공략하려면 무엇인가 발판이 필요하다. 진입쐐기(entry wedge)는 시장에 생소한 창업기업이 무엇인가를 기틀로 삼아 시장진입을 구사하는 것을 말한다. 성공적인 창업기업들은 그 나름의 독특한 방법으로 성장의 기틀을 마련했음을 확인할 수 있다. 이와 같이 효과적인 진입쐐기는 창업 기업의 성장과 경쟁우위에 결정적인 교두보로서 작용할 수 있다. 신설기업이 일반적으로 구사하는 주요 진입쐐기에는 크게 신제품, 병행적 경쟁, 프랜차이징, 부분적 모멘텀의 활용 등이 있다[80]. 이들 방법은 늘 서로 배타적으로 사용되는 것은 아니다.

신제품

신제품 또는 새로운 서비스는 가장 강력한 진입쐐기 중의 하나이다. 진정으로 혁신적인 제품을 창업기업이 발명해 내는 것은 쉬운 일이 아니다. 혁신적인 신제품은 기술의 진전에 의해서 이루어지는 것으로, 1950년대에 트랜지스터를 채택한 라디오와 같은 예를 들 수 있다. 그러나 그것이 성공했

---

[80] Karl H. Vesper, *New Venture Strategies*, Revised Edition (Englewood Cliffs : Prentice Hall, 1990), pp192-251.

을 때의 보상은 크다. 신제품 또는 서비스로 진입쐐기를 박은 창업기업은 이어서 시장지배를 목표로 선도자 우위(first-mover advantage)를 기반으로 하는 마케팅 전략을 추구할 수 있다. 즉 지속적으로 관련 신제품을 출시하여 후발자에 차별적 우위를 누리며 시장점유율을 늘리고, 위협적인 후발주자에게는 가격경쟁으로 진입을 방어할 수도 있다.

신제품 또는 새로운 서비스로 시장에 진입하는 것은 그 보상이 큰 만큼이나 위험도 크다. 그만큼 도박적 요소가 크다는 것이다. 이 전략을 구사하려면 목표를 정확하게 공략해야지 그렇지 않으면 완전히 실패로 끝날 가능성이 매우 크다. 신중하고도 철저한 분석을 토대로 모든 노력을 집중하고 대량의 자원을 투입하며, 일단 시작되고 나면 궤도를 수정하는 것이 어렵다.

병행적 경쟁

많은 경우 창업기업은 신제품보다는 기존기업의 전략을 본뜬 모방제품(me-too products)을 가지고 시장에 진입한다. 이를 병행적 경쟁이라 한다. 기존의 상품을 모방한 것이기는 하지만 창조적 모방이 되어야 하는 것이 중요하다. 이는 모방의 대상이 된 혁신이 의미하는 바가 무엇인지 그것을 처음 실행한 사람보다 더 잘 이해하고 있다는 뜻이기도 하다. 창조적 모방은 누군가가 새로운 것을 만들 때까지, 그것도 거의 완성의 수준에 다다를 때까지 기다린다. 그런 다음 빠른 시일 내에 진실로 고객을 만족시킬 수 있는 혁신제품을 완성하는 것이다. 이는 기존 시장에 잘 받아들여지고 있는 상품 특성을 재창출하는 모방의 측면과 아울러 기존 상품이 충족시키지 못하고 있는 고객의 욕구를 겨냥하는 창조적 변형의 측면이 잘 조화되어야 성공적일 수 있다. 즉 기존기업이 시장, 경쟁, 자사에 대해서 잘 못 파악하고 있는 맹점을 꿰뚫어 보고 이를 공략해야 한다. 기존 기업이 보이는 맹점의 예에는 다음과 같은 것들이 있다[81].

- NIH 증후군("not invented here" syndrome) : 기존기업은 자만심에 빠져 자기들이 개발하지 않은 신제품에 대해서 거부감을 갖고 얕보는 증상이다.
- 고가정책("skim the market")의 맹점 : 고가시장과 고수익사업만을 고집하는 기업의 맹점이다.
- 기술적 터널 비전(tunnel vision) : 사용자의 관점보다는 기술에 기반한 제품의 성능에 스스로 만족해 하는 맹점이다.
- 최대화 콤플렉스(maximizer complex) : 최적화하기 보다는 모든 유형의 상품을 모든 유형의 고객에게 제공해야 한다는 최대화의 강박관념에 빠지는 맹점을 말한다.

창업기업은 기존기업의 이런 맹점을 적절히 공략하여 특정한 틈새시장을 표적으로 하여, 병행적 전략을 구사한다면 높은 위험을 감수하지 않고도 뛰어난 성과를 기대할 수 있다.

프랜차이징

창업자는 프랜차이즈(franchise) 방식으로 상대적으로 안전

---

[81] 정승화, *벤처창업론*, 박영사, 1999, p403.

하게 시장에 진입할 수 있다. 프랜차이즈의 가맹점이 되면 본사로부터 상품의 제조 및 판매 노하우를 습득하여 지리적으로 제한된 지역에서 영업할 수 있게 된다. 이러한 진입방법은 이미 어느 정도 성공적인 사업을 다른 시장에서 반복하는 것이므로 상대적으로 위험부담이 덜하다는 장점이 있다. 가맹점은 본사로부터의 지원 대가로 매출액에 비례하는 로열티를 본사에 지불하게 된다.

프랜차이즈 본사가 되는 일은 보다 어려운 과업에 속한다. 프랜차이즈 본사는 여러 가맹점을 통해 표준화된 제품·서비스를 여러 지역에 반복적으로 확산하여 기업을 성장시키는 것을 주 목적으로 한다. 본사는 가맹점을 증가시키면서 구매력과 인지도를 높이고, 훈련비, 광고비, 물류비 측면에서 규모의 경제 효과를 누리면서 성장하게 된다.

부분적 모멘텀의 사용

기존 기업이 충족시키지 못하는 고객요구를 모멘텀으로 하여 이를 복제하는 것을 말한다. 반복가능성, 자원의 불충분에 관한 정보 등이 이에 속한다. 과거 국내 시장이 무역장벽 등에 의해서 보호되어 있을 때 많은 기업들이 외국제품을 모방, 개발하여 성공을 거둔 바 있다. 소위, 수입 대체산업이라는 모방 전략을 구사한 것인데, 현재와 같은 세계화 시대에는 더 이상 통하지 않을 수 있으므로 유의해야 한다. 즉 모멘텀은 늘 변화하고 있다.

한 지역에서 잘 운영되고 있는 사업이라면 다른 지역에서도 성공적일 수 있다. 따라서 새로운 지역에 기존 업체와 똑같은 사업을 전개해서 쉽게 성공할 수도 있다. 또 어떤 경우는 기존기업이 히트 상품을 출시 했으나 생산능력의 부족으로 그 수요를 감당하지 못할 경우도 있을 수 있다. 이런 모든 것들을 부분적인 모멘텀으로 활용할 수 있다.

고객의 후원

어떤 경우는 고객의 부탁을 받아서 사업을 시작하기도 한다. 80년대 국내 신발업계 등은 외국 상표로 생산하여 공급하는 OEM에 의한 생산으로 성장한 바 있다. 그러나 OEM은 싼 노동력 등 원가우위를 경쟁력으로 할 때에 주로 효과가 있는 생산형태로, 원가우위 경쟁력이 없어질 때에는 다른 후발 개발도상국을 찾아 OEM 수주처를 옮겨 간다. 따라서 고객의 후원이 있는 동안 경쟁력을 하루 빨리 갖추어 독립할 준비를 해야 한다.

OEM과 유사하게 모회사의 후원으로 사업을 할 수 있는 경우도 있다. 대기업에서 생산 공정의 일부를 분사하여 독립한 경우, 초기 일정 기간 동안은 모 기업에 대한 납품이 보장되는 등의 후원이 따른다.

정부의 후원

한국 기업의 경우, 후진국에서 중진국으로 올라올 때까지 정부의 후원이 폭 넓게 적용되어 왔다. 예를 들면, 수출자금을 무이자 융자해 주는 등 다양한 특혜가 있었던 게 사실이다. 글로벌화되고 있는 현재에 이르러서는 특정 기업에 정부가 특혜를 주면 국내외적으로 불공정 거래의 시비에 휘말릴 뿐 아니라, 심한 경우 무역 보복조치를 당하게 된다.

과거 오랜 기간 동안 기업의 성장에 무제한적인 금융 혜택이 주어진 관계로, 환경 변화에 늦게 대응한 일부 기업의 지나친 부채 경영이 국가 경제에 심대한 타격을 입힌 것은 잘 아는 사실이다. 따라서 정부의 후원 등을 진입 쐐기로 사용한다 하더라도 기업의 본분은 스스로 경쟁력을 갖는 것임을 늘 잊지 말아야 한다.

산업의 수명주기 별 진입전략

시장진입에 있어서 중요하게 고려해야 할 변수의 하나가 해당 산업의 수명주기(industry life cycle)이다. 어느 산업이나 그림 11-2 와 같이 생성기, 전이기, 성숙기, 쇠퇴기의 네 단계를 거치는데, 이러한 수명주기에 따라 현재의 단계에 맞는 시장진입 전략을 취해야 한다[82].

산업 생성기의 시장진입

생성기에 시장 진입을 하고자 하는 창업자는 혁신을 통해 시장을 선도하고자 하는 사람이다. 이러한 시기에는 구조, 전략, 자원, 고객 등에 있어서 여러 가지 불확실성이 존재하므로 시장진입 자체가 여러 가지 위험부담을 갖게 된다.

다양한 불확실성 하에서 창업자는 불확실 요인을 통제하는 기지를 발휘해야 하며, 발 빠르게 속도경쟁을 하여 시장진입의 초기 발판을 마련하는 것이 중요하다. 초기 진입에 성공하면 이어서 지속적 경쟁우위를 확보하기 위한 노력이 이어져야 경쟁자의 공략을 피할 수 있다. 초기 생성기의 소비자

---

82 Marc J. Dollinger, *Entrepreneurship : Strategies and Resources*, Burr Ridge, IL : Irwin, 1995, p165

는 크게 혁신적 소비자 내지 선각자로 구성되며 고가의 제품을 구입하는 것을 주저하지 않는다.

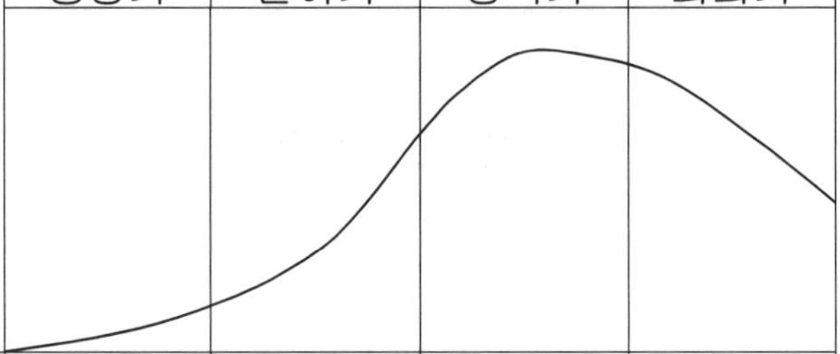

	생성기	전이기	성숙기	쇠퇴기
수요	고소득 구매자	시장침투의 급속한 증가	대규모 시장의 대체수요	고객지식의 증가
경쟁	기술기반의 소수경쟁자	신규진입/합병, 대량생산, 생산능력의 부족	표준화, 가격경쟁, 생산능력의 과잉	생산과잉, 가격전쟁, 산업재편, 퇴출

그림 11-2 산업의 성장주기

전이기의 시장 진입

전이기는 급속히 성장하던 산업이 어느 정도 안정기에 접어들기 시작하는 기간이다. 이 시기에는 특히 생산능력이 소비에 비해서 부족하고, 고객의 취향이 다양해 지면서 이에 따라 경쟁의 구도가 재편성된다. 산업의 성장이 빠르게 진행되는 가운데 다수의 경쟁자가 신규로 진입하면서 경쟁에 필요한 여러 가지 자원이 희소해지고 그 가격도 오르게 된다. 제조비가 상승하고 판가는 떨어지면서 업체의 마진을 줄어들게 된다. 따라서 이 단계에서 생산 효율이 낮은 업체는 퇴출될 수 밖에 없어 산업의 재편이 일어난다.

이러한 상황에서 시장에 진입하여 생존하기 위해서는 우선 보유하고 있는 자원기반을 합리화해야 한다. 적정 효율을 올리지 못하는 분야에서 철수하여 불필요한 자원을 삭감해야 한다. 특히 이 시기에는 경쟁에서 탈락한 경쟁자를 싼 값에 흡수, 합병하거나 자산을 싸게 매입할 수 있는 기회가 없는지 주시해야 하며 수평적 통합에 의해 규모의 경제를 달성할 기회를 찾아야 한다.

성숙기의 시장 진입

성숙기의 산업은 대체로 성장이 둔화되고, 혁신적인 제품이 개발되지 않을 뿐 아니라 고객의 취향이 세련화 되고 경쟁업체가 소수로 집중화 되면서 제품과 공정의 점진적 개선에 노력하는 양상이 된다. 소수의 기존 업체들은 경쟁보다는 담합과 같은 협조적 관행을 통해 경쟁업체의 신규 진입을 최대한 억제하려는 행태를 보인다.

이런 가운데 신규 창업자가 성숙시장에 진입하기 위해서는 다음과 같은 방법이 유용하다.

- 성숙 산업 내의 남아 있는 기술적 틈새 시장을 찾는다.
- 기존 업체의 사업관행을 재구성하고, 서비스의 범위를 재 정의하는 시도를 하여 창조적 모방에 의한 시장진입을 꾀한다.
- 기존 업체에게 특화 된 상품을 제공하여 시장진입을 시도한다. 예컨대 기존업체에 대하여 저비용의 외주처가 되는 방법을 들 수 있다.

쇠퇴기의 시장진입

쇠퇴기에는 기술적 대체품의 출현과 고객 수요의 변화에 따라 상품의 판매량과 판매액이 감소한다. 대부분의 창업자는 유망 성장산업에 진입하려 하며 될 수 있으면 사양산업은 회피하려 하지만, 진입에 유리한 조건이 있다면 쇠퇴기 산업에의 진입도 생각해 볼 수 있다. 예를 들어 기존 기업 중에 성공적이지 못한 사업을 조기에 매각하려 하거나 청산하려는 기업이 있을 때 그것을 싼 값에 취득하여 시장에 진입할 수 있다. 쇠퇴기라 하여도 경우에 따라서는 오랜 동안 수확할 수 있는 여전히 매력적인 시장이 남아 있을 수도 있기 때문이다.

첨단기술 마케팅

첨단기술 시장을 지향하는 창업기업이 도약하기 위해서는 초기의 선구적인 기술수용자 시장으로부터 다수의 실용주의적인 주류시장 고객으로 이행하지 않으면 안 된다. 초기의 혁신적 구매자로 구성된 시장과 실용적 주류 시장 사이에는 커다란 단절이 놓여 있는데 이를 캐즘(chasm)이라 한다. 혁신적인 첨단기술을 구사하는 창업기업이라 해도 이 캐즘을 뛰어 넘지 못하면 결국 실패할 수 밖에 없다.

기술수용주기

첨단기술에 기반한 창업기업의 마케팅에 있어 거치는 그 운영의 초점은 그림 11-3에서 보는 바와 같이 기술, 제품, 시장, 그리고 기업이라는 네 가지 차원으로 변화한다. 이러한 변화는 고객들이 신제품을 수용하는 기술수용주기에 의한 것인데, 각 단계에 따라 고객에게 의미 있는 가치의 영역도 변하게 된다[83].

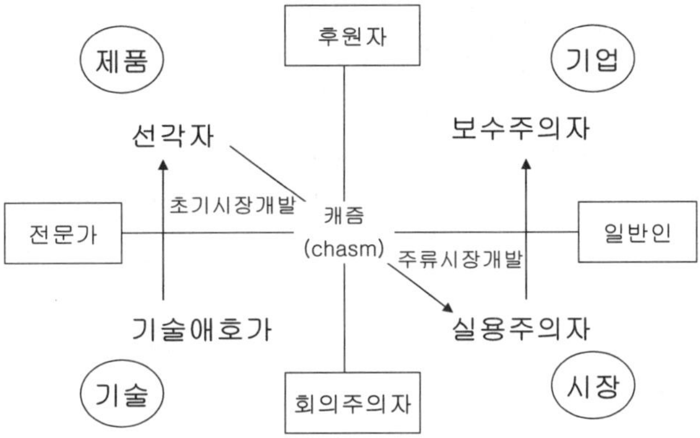

그림 11-3 기술수용주기에 따른 경쟁력 포지셔닝

기술애호가와 선각자에 의해서 주도되는 초기시장에서는 기술과 제품이 주요 가치 영역이다. 반면 실용주의자와 보수주의자에 의해서 주도되는 주류시장에서는 시장과 기업이 주요 가치영역이 된다.

초기시장에서 주류시장으로 넘어갈 때 마케팅 전략과 소비자와의 의사소통 방법을 바꾸는 어려운 과정, 즉 캐즘을 뛰어 넘어야 한다. 초기시장과 주류 시장 사이에는 제품에 대한 신뢰로부터 시장 선도력을 장악하는 과정은 시장선각자의

---

[83] 조프리 A. 무어(유승삼 역), *벤처마케팅*, 서울 : 세종서적, 1997, p180

호의적인 지원환경에서 다수 실용주의자의 회의적인 환경으로 옮겨가는 부자연스러운 이행과정이다.

제품중심의 가치는 빠른 제품개발, 쉬운 사용법, 멋진 구조, 가격경쟁력, 그리고 독특한 기능 등에 중심을 두지만, 시장중심적 가치에서는 다수의 사용자 기반, 제삼자 지원, 실질적 산업 표준화, 유지비용, 그리고 질 높은 지원 등에 마케팅의 의미가 부여된다. 효과적으로 첨단기술의 마케팅 활동을 수행하기 위해서는 이와 같이 기술 수용주기에 따른 적절한 시장 포지셔닝에서 출발해야 한다.

게릴라적 마케팅

소규모의 창업기업으로서는 한정된 마케팅 예산으로 인하여 다양한 시도를 모두 구사해 볼 수는 없다. 그래서 창업기업은 시장의 작은 틈새를 얻는 것을 목표로 마케팅전술을 구사할 필요가 있다.

게릴라적 마케팅은 적은 규모의 자원을 가지고 대규모 경쟁자와 경쟁하고자 할 때 이용할 수 있는 마케팅 전술이다. 레빈슨은 창업기업이 적용할 수 있는 다음과 같은 5 단계의 절차를 제시한다[84].

1단계 : 계획을 써 본다. 이 계획은 종업원, 공급자, 투자자,

---

[84] Levinson, Jay Conrad, "Plan of Attack", Inc., Jan. 1997, Vol. 19 Issue 1, p84.

이사진 등 마케팅 파트너가 쉽게 이해할 수준으로 간단히 작성하면 된다. 그러나 계획을 세우기 전에 시장과 산업에 대한 조사를 해서 회사의 경쟁우위는 무엇이고 어떤 마케팅 선택안이 좋을지 결정해야 한다.

계획에 포함되어야 할 내용에는 마케팅에서 추구할 목적, 강조하고자 하는 고객가치, 누구에게 설명할 것인가, 사용할 마케팅 기법은 어떤 것들인가, 공략할 틈새 시장은 어디인가, 고객의 마음에 어떻게 포지셔닝할 것인가 등의 사항이다. 이런 내용은 구사하려고 하는 판매 수단을 평가할 수 있게 해준다.

다음은 "피크 익스피리언스(Peak Experience)"라는 가상의 모험여행업자의 계획이다.

피크 익스피리언스 마케팅 계획

사람들의 무료 전화 요청이 오면 멋 있는 강과 야외 여행 장면, 친숙하고 자상한 여행가이드, 맛 있는 음식을 보여주는 비디오를 보낼 것이다. 우리는 여행사로서 모험을 좋아하는 34세 내지 59세까지의 기혼 및 미혼 남녀를 고객으로 해서 750 달러 내지 3,700 달러까지의 여행상품을 제시할 것이다. 광고 수단은 무료 전화, 보도자료, 포스트카드 엽서, 웹사이트, 연설, 브로셔, 비디오, 추천 프로그램, 뉴스레터, 여행관련 유인물에의 광고, 지역 출판물에의 광고 게재 등을 포함하여 다양한 도구를 쓴다. 또한 여행 관련 잡지에 전문적인 글도 게재할 것이다. 여행사, 유선 TV에의 스포트 광고,

여행업 박람회, 주요 도시에서의 무료의 모험여행 크리닉 제공 등도 시도할 것이다. 하나의 틈새 시장으로서 우리는 호화 서비스를 제공할 것이다. 우리는 모험여행에서의 검증된 전문성을 가지고 흥분을 분출시키고 성실성을 인정 받는 회사로 자리매김할 것이다. 금년에는 회사를 실질적으로 성장시키는 해로 삼기 위해서 매출의 10%를 마케팅에 투입할 것이다.

2단계 : 일정표를 만든다. 1단계에서 작성된 활동들을 52주에 걸쳐 주 별로 표시해 본다. 계획표는 표 11-1 에 일부 기술된 것과 같이 52개의 행과 5개의 열이 있다. 1열은 몇 주차인지를 쓰는 주 번호이다. 2열은 활동의 제목이다. 3열은 어떤 광고매체를 쓸 것인가를 표시하고, 4열은 그 주의 판매비 지출 예산이다. 그리고 5열은 실제 활동을 한 결과를 평가하여 등급점수를 매기는 난이다. 물론 점수화 하는 것이 쉬운 일은 아닐 것이다. 과거의 평균 실적이 있다면 그 수준의 평균을 'C'로 하는 것도 한 가지 방법이다.

3단계 : 공격을 개시한다. 게릴라적 마케팅은 모든 수단을 다 쓰는 데는 일년 반 정도 지속적인 공격이 이루어질 것이다. 따라서 너무 조급하게 성과를 기대하면 안 된다. 가능한대로 다양한 방법이 구사되어야 하지만, 단 계획이 너무 복잡하면 실패하기 쉽다. 창업기업으로서는 미리 정해져 있는 우선순위에 의해서 다양한 방법이 구사되는 것이지만 경쟁자가 볼 때에는 매우 혼돈스러울 것이다.

표 11-1 마케팅 일정표

주	마케팅 수단	매체	비용	평가
1	컨트리 지역 지프 여행 Arches 국립공원	우편엽서	$1,000	A
2	Sierra 하이킹 Yosemite 에서 Taho호수까지	지역 하이킹 클럽에서 연설	$ 0	B-
3	강 탐사 악마의 계곡을 통과해서 Snake강	주간 전국 잡지에 광고	$1,500	C+
4	강가 캠핑여행 Idaho의 Hot Spring	지역 여행그룹을 위한 여행 크리닉	$250	A-

4단계 : 공격을 유지하면서 그 효과성을 검토한다. 어떤 마케팅 도구는 제대로 작동하기도 할 것이고, 또한 실패하는 수단도 생길 것이다. 늘 상세한 기록을 남겨서 성공과 실패를 가져오는 중요한 차이가 무엇인지 파악하는 데 도움이 되도록 해야 한다. 고객에게 어떻게 자사를 알게 되었는지 물어볼 수도 있고, 무료 비디오 테이프를 제공한 고객에게 전화로 반응을 조사해볼 수도 있을 것이다. 마케팅 수단의 효과성을 파악하는 데는 3개월 내지 6개월을 넘지 말아야 한다.

5단계 : 마케팅 전술을 개선한다. 제대로 작동한 마케팅 수단은 남기고 나머지는 버린다. 목표는 매주 높은 점수가 나오도록 하는 것이다.

12 초기매출의 유발

제 12 장 초기매출의 유발

이 단계는 주요 고객들에 대한 최초의 실질적인 판매가 일어나는 것을 말한다. 초기매출에서 성공한다면 사업은 크게 성장할 가능성이 엿보이는 것이다. 반면 그렇지 못했을 때는 매출 성장에 걸림돌이 될 수 있다.

여기서 잊지 말아야 할 일은 판매를 일어나게 하는 것은 궁극적으로 '고객'이라는 점이다. 다시 말하면 상품을 팔려고 하기 이전에 먼저 상품을 구매해 줄 고객을 알아내고, 고객을 만들어 내야 하는 것이다. 이번 12 장에서는 초기매출 유발의 다양한 방법들에 대해서 알아 본다.

개요

창업기업의 초기 매출은 대개 창업자에 의해서 만들어진다. 매출의 대상은 전 직장일 수도 있고, 고객이 먼저 알고 찾아와 주기도 하며, 만남을 통한 연줄에서 오기도 한다.

초기 매출이 일어나는 형태는 다음과 같이 다양하다.

- 창업을 하기 전부터 축적된 관계에서 발생된 주문에 응함

- 공개입찰에 견적을 제출함
- 광고에 의한 매출 유발
- 상점 공간을 확보하거나 산업 박람회 등에 출품함
- 전화 또는 방문에 의한 인적 판매를 이용함
- 판매원 등 대리인을 고용함

창업회사는 이들 방법 중 한 가지를 사용할 수도 있고 여러 가지를 혼합해서 사용할 수도 있다.

초기매출의 예

최초 주문을 받는 모습은 매우 다양하다. 어떤 서비스 회사는 단지 구전에 의해서 고객을 확보하고 있으며, 다른 경우는 전화번호부의 광고로부터, 잡지의 광고, 또는 디렉트메일(direct mail)로 전단이나 카탈로그를 보내어 최초 매출이 일어나고 있다.

다음은 초기 매출이 일어나는 다양한 모습들의 예이다.[85]

- 기술, 서비스 면에서 탁월한 제품을 개발하여, 시제품 상태에서 관련 업계의 부품상에 제시했더니 즉시 주문하겠다는 반응을 보임
- 자신의 취미나 업무 경험을 살려 유용한 제품을 만든 후, 일부를 자기가 쓰고 또 가까운 친구들에게 선물을 했더니 반응이 좋아서 그 제품을 취급하는 대리점에 제시하여 주문을 획득함

---

[85] Vesper, K. H., *New Venture Mechanics*, pp206-239.

- 발명이 취미인 사람이 자신이 발명한 제품을 여기 저기 보여서 판로를 개척함
- 기술적으로 진전된 제품을 개발했지만 매출이 일어나지 않더니 신문광고를 하니까 비로소 판매가 유발됨
- 주위에 어떤 상품에 대한 충족되지 않는 니드가 있음을 알고, 주문을 먼저 확보한 후 생산용 기계를 한대 사서 사업을 시작함
- 처음에 소량으로 도매상에 방문판매로 시작하다가 어느 시점에서 광고를 했더니 매출이 늘어 도매상에 납품을 하게 됨

위 예에서 보는 바와 같이 다양한 방법에 의해서 초기 매출이 유발된다. 사례들을 통해서 볼 때, 초기 매출이 일어나는 양상은 다음과 같이 다양하다.

고객 요구에 응답

- 고객의 자발적인 주문이나 요청에 응함
- 관공서의 입찰공고 등에 응함

광고

- 전단을 돌리고, 전단에 주문 방법을 기재함
- 신문이나 잡지, 또는 TV에 광고를 내 보냄
- 카탈로그를 준비하여 우송함
- 우편 리스트를 얻어 주문 안내 편지를 보냄
- 창업회사의 제품과 서비스를 알리는 글을 게재함
- 제품이나 서비스를 알리는 행사를 주관함

- 무료 샘플을 내 보내서 써보게 함

진열

- 가게를 임대하여 개점함
- 밴(van)을 개조하여 이동 점포를 만듦
- 박람회에 부스(booth)를 설치함
- 다른 사람의 점포나 부스 한 부분을 할애 받아 진열함
- 거리의 모퉁이에서 시험 판매를 해 봄

인적 판매

- 전화로 제품안내를 함
- 문전 방문판매를 시도함
- 세미나를 개최하고 가능 고객을 초청함

타인을 고용하여 판매

- 판매원을 고용함
- 독립 판매 대리점과 계약함
- 자신의 상품 또는 서비스를 취급하도록 도매상과 협상함
- 기업체의 구매 담당자를 만나 주문을 접수함
- 커미션을 받고 판매해 주는 팀을 구축함
- 구매 에이전트에 자사의 상표로 판매하도록 협상함

초기매출 유발의 방법들

고객 요구에의 응답

고객의 자발적 주문

창업기업이 초기 매출을 일으키려면 많은 노력이 드는 것이 보통이다. 그러나 어떤 경우는 창업자가 애써 고객을 찾지 않았는데도 고객이 스스로 찾아 오거나, 고객이 이미 확보되어 있는 경우도 있다. 이렇게 되는 경우의 사례를 보면 창업자의 능력이 출중하고, 성실성을 인정 받으면서 자연스럽게 기회가 생기는 것을 알 수 있다. 즉 초기 매출은 외부로부터 발생되고 있지만 그 이전에 이미 창업자 자신의 노력으로 주문이 획득될 수 있는 여건을 만들고 있는 것이다.

요컨대, 고객이 먼저 알고 주문해 오는 경우는 창업자가 그의 능력을 인정 받을 만큼 오랫동안 열심히 정성껏 일해 왔다는 사실이 밑바탕이 되고 있는 것이다.

입찰

입찰의 기회는 보통 그 일을 할 자격을 갖춘 창업회사에 주어진다. 입찰은 특히 건축분야와 관공서의 업무에 자주 이용되며, 산업계에서도 개별수주형 공정의 기계 등은 입찰에 의해서 구매된다. 입찰 시 어떤 경우는 수의계약 식으로 낙찰자가 미리 내정되는 수가 있다. 일례로, 그 입찰의 제안서 사양을 개발하는 일을 지원한 업체는 수의계약 등 유리한 위치에 설 수 있다.

입찰에 성공하려면 한 두 번의 실패에 실망하지 말고 끈기 있게 여러 번에 걸쳐 입찰에 응해야 한다. 또한 제안서를 검토하는 담당자 등과 대인적 네트워크를 유지하면 입찰 시 중요한 요인이 무엇인지 알고 사전에 준비할 수 있으므로 대인 접촉을 최대로 개발해 두어야 한다.

광고에 의한 초기매출 창출

잘 알려져 있지 않은 창업기업의 입장에서 광고는 유일한 판매 수단일 수도 있다. 광고에는 비용이 들어가야 하지만, 잘 살펴 보면 적은 비용에 이용할 수 있는 광고수단이 많이 있다.

무료 광고의 기회

창업기업의 업종은 흔히 기존 사업체와 달리 일상적이지 않고 독특할 가능성이 크다. 이런 특성에 의해서 전문지 등의 기사로 취급될 경우와 같이 무료로 광고를 게재할 기회가 생긴다. 창업을 지원하는 단체의 홍보 행사나, 기술 혁신을 통한 창업인 경우 기술지, 전문지 등은 무료 게재의 기회를 제공한다. 전문지에 게재된 글은 비용도 별로 들이지 않고 큰 광고효과를 거둘 수 있다.

그러나 광고의 위력이 늘 좋은 결과만을 낳는 것은 아니다. 과대광고가 되어 회사의 평판을 급격히 악화시키는 경우, 광고는 오히려 창업기업을 실패로 몰아가는 원인이 될 수 있다.

광고

성공적인 촉진을 위해서는 신문, 잡지, 라디오, 텔레비전에의 광고 등 다양한 미디어를 선택할 수 있다. 광고를 위해서는 사진, 식자, 디자인 등 전문가가 동원되어야 하는데, 여기에 들어가는 비용이 만만치 않다. 물론 비용이 들어가는 만큼 효과가 크게 날 수 있지만, 자금의 여력이 충분하지 않은 창업기업으로서는 쉽게 고려하기 어려운 것도 사실이다. 더구나 단발성의 광고는 성과를 올리기 어렵기 때문에 동일 광고를 여러 차례 올려야 할 필요가 있다.

광고 비용을 줄이기 위해서 잘 찾아보면 광고분야에 전문성도 있으면서 비용을 많이 들이지 않아도 되는 신참 광고 대행업체를 만날 수도 있다.

신문이나 잡지 광고 중에는 전화번호, 주소를 게재하고 주문을 청하는 문구를 넣어 직접 판매에 이어지게 하는 광고가 많이 있다. 광고에 의한 직접판매 방식으로 성공한 기업 중에는 유명한 델 컴퓨터사(Dell Computer)가 있다. 이들 기업은 대기업으로 성장한 오늘날에도 전화나 인터넷 주문에 직접판매 방식으로 대응하는 사업형태를 유지하고 있다.

전화번호부의 광고, 전단, 포스터도 주문을 직접판매 방식으로 구하도록 하는 광고매체다. 우편은 광고나 카탈로그 또는 샘플을 보내는 유용한 수단이다. 우편에 의한 판매는 두 가지 형태가 있다. 하나는 주문을 요청하는 편지를 우편으로 보내는 디렉트 메일(direct mail)이고, 다른 하나는 어떤 광고 매체를 쓰든 간에 고객의 주문을 우편을 통해서 보내는 메일 오더(mail order) 형태가 있다. 디렉트 메일은 대상 고객을 한정하여 직접 본인에게 우송하기 때문에 다른 광고 매체에 비해서 내용이 전달될 확률이 매우 높다는 장점이 있다. 그러나 디렉트 메일의 성패 여부는 얼마나 관련성 높은 고객 리스트를 입수하느냐에 달려 있다. 고객 중에는 분명 이익을 가져다 주는 고객이 따로 있다. 디렉트 메일에서는 중요한 고객을 식별하고, 이들과 장기적인 관계를 형성할 수 있게 관리한다면 좋은 성과가 기대될 수 있다[86].

디렉트 메일에는 우송료, 고객 리스트 확보비, 인쇄비, 봉입비 등의 비용이 들기 때문에 창업기업으로서는 처음부터 너무 많은 리스트를 대상으로 하지 말고 우선 천 명 정도를 대상으로 하여 반응을 살핀 뒤 대상자를 늘려 나가는 것이 좋다.

최근에는 홈페이지를 만들고 전자우편을 이용해서 매출을 유인해 내는 방법이 부각되고 있다. 홈페이지는 창업기업의 활동을 광고하는 매체가 될 수 있을 뿐 아니라 더 나아가 전자상거래로 연결될 수 있는 무한한 가능성이 있는 매체다.

점포 개점

초기매출을 유발하기 위해서 전형적으로 요구되는 일은 고객이 들러서 창업자의 물건을 살 수 있는 접점을 만드는 것이다. 점포를 낼 때, 초기부터 제대로 된 점포를 낼 수도 있지만 초기에는 임시적인 형태로 시작할 수도 있다. 예를 들어 자동차를 이용한 이동 상점이나 다른 사람의 점포 한 모

---

86 고객관계를 과학적으로 관리하는 일의 중요성에 따라 최근 '고객관계관리(customer relationship management : CRM)'가 부각되고 있음

통이를 임시로 사용한다거나 판매를 겸하는 산업박람회를 이용하면서 시험판매를 해볼 수 있다.

상품을 전시하고 팔 수 있는 상점을 얻어 개점하는 것은 창업에 있어서 가장 흔히 이용되는 방법이다. 상점이 있으면 고객이 상점을 찾게 되므로 창업자는 애써 고객을 찾아 다닐 필요가 없어진다. 상점을 열기 위해서는 상권을 분석하고 적당한 장소에 빈 점포를 선택하여 임대하는 수순으로 진행된다.

상점을 내어 사업을 시작하는 일은 창업의 여러 다른 국면에 비하여 비교적 이해하기 쉬운 일에 속한다. 이렇게 상점을 낸다는 일이 누구나 할 수 있는 일로 인식되다 보니, 결국 경쟁을 심화 시키고 마진을 낮게 하여 창업기업을 오히려 실패로 유도하는 원인이 될 수도 있다.

업종에 따라서는 초기부터 큰 투자를 투입하는 것이 필요한 창업도 있을 것이다. 그러나 그럴 필요가 크지 않다면 우선 작게 시작하고 점차 조금씩 키워 나가면서, 확신이 서면 좀더 정식으로 상점을 내는 식으로 위험을 줄이는 것이 좋다.

상점의 성공을 좌우하는 요인 중에서 무엇보다도 중요한 것은 위치(입지)일 것이다. 소매점이나 음식업의 경우 특히 위치가 매출에 중대한 영향을 주는 것으로 알려져 있다. 그러나 위치 외에도 가격, 서비스의 품질, 장식과 진열, 촉진, 제품공급과 재고관리 등이 효과적으로 결합되어야 한다.

산업박람회

산업박람회는 대개 기존 기업이 출품하는 것이 보통이지만 창업기업도 초기매출의 개발을 위해서 산업박람회를 이용하고 있다. 산업 박람회를 통하여 직접 판매를 유발하거나, 가능성이 있는 잠재 고객을 확보하고, 대리점이나 도매상을 선발하고, 시제품에 대한 초기 반응을 수집하여 개선 아이디어를 얻고, 혹은 단순히 창업기업을 알리는 등 다양한 목적을 달성할 수 있다. 창업기업은 꼭 전시에 참여하지는 않더라도 업계 동향을 알기 위해서라도 산업박람회에 관심을 가질 필요가 있다.

산업박람회에의 참여는 비용과 시간을 들여야 하는 일이므로 위에 열거된 목적 중 무엇을 얻고자 하는지 확실히 해 두어야 한다. 경험자들에 의하면 산업박람회를 가장 효과적으로 이용하기 위해 유념해야 할 사항은 다음과 같다.

- 매출로 이어질 가능성이 없는 사람과 시간을 낭비하지 말라.
- 구매하지 않을 사람들이 증정품에 몰려 든다.
- 배경, 진열에 너무 글자를 많이 넣지 말라.
- 제품의 사용시범이 특히 효과가 크다.
- 측정 가능한 척도를 써서 결과를 측정하라.
- 반복해서 보여주는 것이 성과를 낳는다.
- 미리 선전하여 알리고 또한 전화와 편지로 폴로업하라.
- 최대한 전시장에서 좋은 장소를 협상하라.
- 다른 전시자와 차별화 하라.

- 미리 비용이 얼마나 드는지 알아 두라.
- 부스(booth)는 전문가에 의뢰하여 설계하라.
- 관련 산업협회로부터 박람회에 대한 권고사항을 구하라.

인적 판매

광고를 하여 매출을 유발하는 방법을 쓸 수 있는 창업회사도 있는 반면에 대부분은 이 방법을 쓸 여유가 없는 수가 많다. 이럴 경우, 창업자가 직접 나서서 잠재적인 구매자를 만나서 인적 판 방법으로 주문을 획득할 수 밖에 없다.

창업기업의 인적 판매는 흔히 창업자가 전에 근무하던 직장에서 고객을 확보했을 때 많이 이용되는 방법이다. 이전의 직장이 초기 매출을 유발하는 이유는 창업자가 이미 창업기회를 모색하는 단계에서 고객이 누구이며 그 고객이 무엇을 원하는지 알기 때문이다. 이 점이 바로 이전 직장의 영업사원이나 엔지니어로 일했던 사람들이 창업을 하게 되는 이유이기도 하다. 이런 방법으로 창업을 하고자 하는 예비창업자는 업무를 통해서 잠재적인 고객과 튼튼히 연결해 두어야 한다. 만약 자신의 업무가 잠재고객과 직접 관계되어 있지 않은 경우에는 직무를 바꾸어서라도 잠재 고객과의 연결 고리를 긴밀히 할 것이 권고된다.

창업자의 인적 네트워크를 통한 판매유발과는 달리, 잠재고객이 창업자에 대해서 우연히 알게 되어 주문을 해 오는 경우도 있다. 창업자가 이런 부탁 일거리를 잘 처리해 줌으로써 부탁 형식의 주문이 계속 늘어나는 예가 많다.

한편 창업자가 잠재적인 고객에게 잘 알려져 있지도 않고, 또한 창업자 자신도 누가 고객인지 잘 모르는 경우도 있다. 이런 때는 어쩔 수 없이 이곳 저곳 팔릴만한 곳을 방문하여 유망 고객이 어디에 있는지 짚어 나갈 수 밖에 없다.

인적 판매의 장점 중 하나는 창업자가 주문을 얻고자 잠재고객을 만나면서 자신의 제품을 어떻게 수정해야 하는지에 대한 단서를 잡을 수 있다는 점이다. 이런 과정을 통해서 초기 매출이 커다란 매출로 자라날 수도 있고, 반대로 그 일만을 전념 하기는 어려운 정도의 수준에 머물 수도 있다.

창업 사례들을 보면 많은 경우에 창업자 자신이 개인적으로 주문을 얻어와서 사업을 시작함을 알 수 있다. 고객이 먼저 알고 주문을 해오는 가능성에 대해서는 큰 비중을 두지 않아야 한다. 창업자는 고달프겠지만 자신을 내몰아 주문을 찾아오도록 해야 한다. 창업자는 전문적인 세일즈맨이 하는 방법대로 하루에 몇 명을 만나고 그 중 몇 건의 주문을 획득했는지 성과를 측정하는 방식으로 자신의 업적을 평가하는 것이 필요하다. 이런 평가를 통하여 점차 보다 효과적인 판매방법을 알 수 있게 될 것이다.

중간상에 대한 직접판매

창업자는 최종고객에 접근하여 인적 판매를 할 수도 있지만 중간상을 대상으로 직접판매를 시도할 수도 있다. 최초, 중간상에 샘플이나 소규모 주문으로 시작하여 반응이 좋으면 큰 주문으로 연결되도록 한다. 중간상들은 특히 어떤 상품이 팔리고 안 팔리는지 판단하는 데 뛰어난 사람들이다. 따라서 창업자는 상품개발의 단계에서부터 관련이 깊은 중간상을 찾아가 상의함으로써 제품개발이나 공정개선, 광고, 재고의 규모 등에 대한 조언을 들을 수 있다. 또한 그들의 조언을 들어 개선된 제품에 대해서는 그 중간상으로부터 초기 주문을 획득할 가능성이 더 커질 것이다.

중간상에 판매를 할 때는 그 할인율이나 수수료 구조에 신경을 써야 한다. 할인율 및 수수료 구조가 달라지게 되는 요인에는 대개 다음과 같은 내용이 포함된다.

- 어떤 채널을 통해서 제품이나 서비스가 최종 고객에게 가는가.
- 그 채널이 창업기업에 주는 서비스는 무엇인가.
- 그 산업에서 일반적으로 받아 들여지고 있는 관행은 무엇인가.
- 그리고 창업기업이 중간상과 어떻게 협상했는가.

창업자가 고려해야 할 중간상에는 다음과 같은 것들이 있다.

독립소매점. 독립소매점에 대한 접촉은 그 점주나 관리인, 또는 구매담당자가 될 수 있다. 대부분의 창업자에 있어서 이들과 만나는 일이 익숙하지는 않겠지만 실제로는 간단히 전화를 해서 구매담당자를 찾으면 만날 수 있다.

백화점과 체인점. 백화점이나 체인점과 같이 규모가 큰 소매점들은 보다 공식적인 구매담당자를 배치하고 있다. 구매담당자들이 전형적으로 묻는 질문은 다음과 같은 내용을 포함한다.

- 이 제품이 어떻게 작동하는가?
- 주문량에 따라 가격은 어떠한가?
- 어떻게 포장되며, 진열은 어떻게 하는가?
- 납기는 어떠하며, 신생기업으로서 납품약속을 잘 지킬 보장이 있는가?
- 고객으로부터 반품된 상품에 대한 대책은?
- 서비스가 필요하거나 부품이 필요하다면 어떻게 대처할 것인가?
- 어떤 성능검사를 거쳤는가?
- 다른 점포에도 납품하고 있는가, 또 그때의 반응은?
- 장차 이 제품을 개선할 계획은 있는가?
- 디자인, 색상, 구성 등 얼마나 다양한 모델이 제공되는가?

이러한 질문에 대한 대답을 미리 구상하는 것이 필요하다. 그리고 가능하면 유사 제품을 구매해본 구매담당자와 미리 만나서 목표 가격 등 핵심사항을 알아보는 것도 도움이 될 것이다.

도매상. 도매상들은 형태와 규모가 매우 다양하다. 그래서 창업자는 어떤 도매상을 접촉해야 할지 알아 보는 일이 쉽지 않다. 한가지 유용한 방법은 창업자가 개발한 상품을 취급하고 있는 소매상을 둘러보고, 이들로부터 도매상을 추천 받는 것이다. 도매상등은 대개 소매점이 확립되지 않은 상품을 취급하려 하지 않는다.

대리인에 의한 판매

일단 창업자가 최초 매출을 일으킨 후 계속 매출이 늘어날 것으로 전망되면 영업을 전담할 인력을 채용할 필요를 느끼게 된다. 여기에는 다음과 같은 방법이 있다.

대리점

창업기업만을 위한 대리점을 구하는 것은 현실성이 없다. 그보다는 기존의 제조업체를 위한 대리점을 접촉하여 제품 구색을 보강하기 위해서 창업자의 제품을 추가해 주도록 요청하는 것이 가능하다. 특히 지리적으로 먼 지역까지 자체의 영업사원을 보내기는 어려우므로 이런 곳에는 대리점을 유치하는 것이 좋다.

대리점 후보를 찾기 위해서는 기존 업체의 광고를 참고하면 된다. 기존 업체의 광고나 카탈로그에는 그들의 대리점이 표시되어 있다. 또 산업박람회에 출품하여 관심을 보이는 대리점을 찾을 수도 있다.

대리점에 대한 수수료가 판매액에 연동되어 있는 경우가 많다. 이런 경우에는 대리점이 하나도 물건을 못 팔았다면 수수료는 나가지 않는다. 그러나 이것을 공짜로 생각하면 안 된다. 왜냐하면, 대리점을 개발하기 위해서는 교육을 시키고, 인쇄물을 만들어 주며, 샘플 제작 등 많은 부대 비용이 발생하기 때문이다.

영업사원

창업기업의 입장에서 볼 때, 영업사원은 대리점에 비해서 회사 방침에 따라 통제하는 것이 보다 용이할 것이다. 영업사원을 어떻게 채용하고 훈련시키고 동기 부여할 것인가에 관해서는 많은 문헌이 나와 있지만 창업회사의 특성을 고려하여야 한다. 영업사원을 채용하면 판매 실적이 크든 적든 고정된 비용이 발생한다. 그래서 적합한 사람을 채용하고 그들을 활용하는 일이 중요하다. 영업활동의 관리에는 여러 가지 표준 예측치와 실제 성과를 비교, 평가하는 활동이 요구된다. 가능 고객에 대한 일일 방문회수, 판매 종결까지의 방문회수, 훈련의 양, 영업 지원용 자료, 출장의 양, 만나야 할 가능 고객의 수 등에 대하여 표준치와 실적치가 관리되어야 한다. 또한 효율을 높이는 업무 방식, 예컨대 전화로 미리 고객과의 약속을 확인하는 일, 우편으로 폴로업(follow-up) 편지를 보내는 일 등은 시간을 절약하고 경제적으로 영업활동을 하게 하는 중요한 습관이 될 수 있다.

딜러

창업회사의 제품이 강력하여 자체만의 딜러망을 가질 만하다고 판단되면 창업회사는 자체 딜러를 두어 전문적으로 자사 제품만을 팔도록 할 수 있다. 딜러는 창업회사의 훈련 지원 내지 다른 도움을 받는 대신 프랜차이즈 권한을 갖고 수수료를 부담하게 된다. 그러나 창업기업이 초기부터 딜러망을 구축할 만큼 마케팅력이나 자금력을 갖는 경우는 드물다고 할 수 있다.

판매방법의 조합

창업 기업이 초기 판매를 유발하는 이상의 방법들은 상호간에 배타적인 것이 아니라 오히려 상호 보완적이다. 여러가지 방법을 동시에 적용해 볼 수도 있고, 어떤 때는 한가지 방법을 먼저 실험해 볼 수도 있을 것이다. 이렇게 각 방법을 조금씩 시도해 보면서 자연히 창업기업에 적절한 방법을 찾아 내게 된다.

13 기업의 성장과 변화관리

사업위기의 관리

기업의 처분과 수확

제 13 장 기업의 성장과 변화 관리

사업이 성장하는 상황에 접어들면서 창업자는 더 큰 모순과 도전에 직면하게 된다. 예기치 않은 위기가 닥칠 수도 있으며, 또 기업가가 직면하는 자극적인 도전인 수확의 기회가 생기기도 한다. 제 13 장에서는 기업이 성장단계로 들어가면서 겪게 되는 관리의 문제로서 위기관리, 그리고 기업의 처분과 수확의 문제를 알아 본다.

사업위기의 관리

사업위기의 원인

창업기업은 중견기업에 비해서 창업 후 수 년 내에 위기에 봉착할 확률이 높다. 이미 앞에서 고찰한 바와 같이 매출이 증가할 때가 오히려 자금 상의 위기일 수 있다. 따라서 창업가는 사업을 성공적으로 성장시키는 역량과 함께, 창업 초기에 사업 위기가 발생하여 사업체가 도산하게 되기 전에 기업 부실화의 원인을 조기에 규명하고, 효과적으로 대처하는 능력이 필요하다. 사업의 부실화 징후를 사전적으로 예측하여 적절한 예방 조치를 취하는 능력이 있다면 창업 기업이 위기를 극복하고 성장으로 나아갈 확률이 그만큼 높아지는 셈이다.

창업 기업은 대체로 조직이나 관리력의 한계로 인하여 재무적 기획능력, 운전 자금관리, 자산의 활용 등에 있어서 실책의 여지가 많게 마련이다. 예를 들면 제품의 개발에 있어서 시장의 니드에 맞추지 못하거나 기능 상의 문제를 해결하지 못한 채로 출시할 수도 있고, 처음으로 틈새시장을 개척해야 하는 창업기업의 경우, 주관적으로는 훌륭한 제품을 개발했음에도 불구하고 효과적으로 매출을 창출하는 방법을 몰라 시기를 놓치는 수도 있다. 품질문제로 제조원가가 치솟아 원가를 통제하기 어려운 지경에 이르는 경우에 자금 부족을 메우기 위하여 지나친 감축경영을 하면서 경영 상의 어려움을 가중 시킬 수도 있다.

사업위기를 겪은 창업자 중에는 흔히 전반적인 사업 위기의 원인을 불경기, 이자율 변동, 정부 정책 변화, 인플레이션, 경쟁업체 진입, 산업의 사양화 등 기업 외적인 요소에서 찾기도 한다. 그러나 이러한 외적 어려움은 어느 기업이나 겪는 것이다. 결국 창업 기업의 성공은 창업 기업가의 경영능력에 크게 기인한다고 보아야 한다. 실패의 원인을 제공하는 내부 경영의 영역은 전략적 문제, 경영 상의 문제, 자금과 회계 부실 등이 가장 큰 요인이다.[87]

[87] Jeffry A Timmons, *New Venture Creation*: Entrepreneurship for the 21st Century, Forth Edition(Burr Ridge: Irwin, 1994): 598-600.

전략적 문제

틈새시장을 잘 못 인식하여 수익성을 내는데 실패하고 무리하게 성장만을 추구하는 경우는 현금의 유동성을 악화시키게 된다. 기회 분석 없이 아이디어에만 의존하여 기술적으로 대단한 상품이라고 여기면서 새로운 시장을 개척하려고 하는 것도 위험하다. 비 관련 다각화의 위험은 시너지 효과도 없는 무관한 업종에 투자하는 경우에 발생한다. 현금흐름을 고려하지 않은 채 무리한 대규모 프로젝트를 추진하는 것은 수금이 예정대로 되지 않는 경우 인원보충, 장비확보 등에 문제를 야기할 수 있다. 공급 업체나 고객과의 관계에 대해서도 내재된 경제성을 이해하지 못해 불합리한 지불방법을 채택하여 원가 상승의 요인을 발생시킬 수 있다. 또한 전반적으로 우발적인 상황에 대처하기 위한 방안을 미리 준비하고 있어야 한다.

관리 상의 문제

기업이 성장함에 따라 창업 기업가는 차츰 직접 실무에 종사하기 보다는 관리자를 통솔하는 방법으로 경영하여야 한다. 이 때 요구되는 경영 노하우와 경험 부족이 위기를 불러올 수 있다. 기업이 성장 궤도에 들어가는 어느 단계에서는 전문 경영 체제의 구축이 안 되면 성장에 장애를 일으킬 수 있다.

특히 신생기업의 재무관리는 단순한 장부 정리 수준에 머무는 경우가 많다. 창업기업의 규모가 커지는 시점에서는 단순한 장부 정리의 차원을 넘어서 현금의 흐름을 예측하고, 이에 따른 자금 조달 계획과 방안을 강구할 수 있는 전문인력이 필요하다. 또한 유능한 경리사원과 같은 핵심 구성원이 이직하는 것도 관리 문제를 야기하여 위험에 빠뜨릴 수 있다. 마지막으로 자금력이 충분하지 않은 창업기업으로서는 대기업에서 일반 회계기준에 따라 사용되는 발생주의 회계원칙보다는 현금주의 회계를 적극 활용해야 한다.

재무회계 시스템, 통제 체계의 문제

가격책정을 잘 못 해서 적정 이윤이 나오지 않는 문제라든가, 매출만을 신경 쓰고 외상매출금의 회수 기간이 장기화하는 문제 등은 통제체계의 문제라 할 수 있다. 이 밖에도 과도한 차입 의존도, 현금 예산이나 추정의 미비, 경영진에 대한 보고 미비, 표준원가 체계의 미비, 그리고 원가 구성에 대한 몰이해 등의 문제도 기업부실의 원인이 된다. 창업 기업이 초고속 성장을 하여 기업의 재무 능력을 초과하는 경우, 그러한 성장을 뒷받침하기 위해서는 차입이 불가피한데, 이를 위해 단기 차입에 과도하게 의존하게 되면 이자 비용 부담이 과중해지고, 시장의 반응이 가시화되기 전에 가용 현금이 딸릴 수 있다. 문제가 발생할 수록 차입금은 곧 빠지게 되므로 연쇄적인 기업 부실의 원인을 제공한다.

기업부실의 유형과 전개과정

기업의 부실, 또는 실패(failure)는 경제적 부실, 기술적인 지급 불능 상태, 그리고 법적인 파산으로 구분된다.[88] 이는

---

88 정승화, *벤처창업론*, 박영사, 1999, PP452-454

부실에서 시작하여 완전 파산까지의 전개과정을 반영하고 있다. 경제적 부실이란 기업이 이익을 내지 못하는 상태를 말한다. 기업의 총 수익이 총 비용에 미달하거나, 평균투자 수익률이 자본 비용에 미달하거나, 또는 실현된 수익률이 업종의 평균 수익률에 미달하는 사태가 발생한 것을 말한다. 이 모든 경우는 요약하자면 수익성이 부진하여 기업이 자생력을 잃어 간다는 것이다. 그림 13-1 은 일반적인 부실의 과정을 보이고 있다[89].

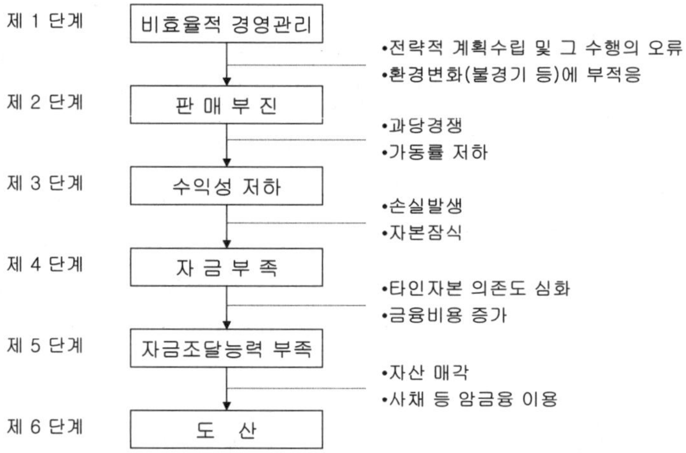

그림 13-1 부실의 과정

지급불능 상태란 기업의 유동성이 부족하여 만기가 된 채무를 상환할 수 없는 상태를 말한다. 통상적으로 부도가 났다고 하면 기술적 지급 불능(technical insolvency) 상태를 말한다. 하지만 만기가 도래한 채무가 없더라도 기업의 총 부채

[89] 김형철, *창업과 벤처경영*, 신론사, 2001, p346

가치가 총 자산 가치를 초과하여 실질적인 순자산 가치가 마이너스가 되는 경우도 지급 불능 상태로 볼 수 있는데 이를 실질적 지급 불능(real insolvency, 또는 bankruptcy insolvency) 상태라고 말한다. 기술적 지급 불능은 파산의 원인이 되기도 하지만 일시적 유동성 부족으로 인해 발생하는 흑자 도산과 같은 경우는 자금의 융통에 따라 기업이 곧 정상으로 회복될 수도 있는 상태이다. 보다 위험한 것은 실질적 지급 불능이다. 실질적 지급 불능의 원인은 일시적 유동성 부족뿐만 아니라 만성적인 결손 누적에 의한 것이다.

파산이란 법원에 의해 파산 선고가 내려지거나 파산적 지급 불능의 상태를 말한다. 기업의 총 자산 가치가 총 부채 가치에 미치지 못하여 실질적 지급 불능의 상태에 들어갔을 때 채권자들이 법원에 회사 정리를 신청하고 법원이 이에 따라 청산이나 사업 재편, 또는 파산 선고 등의 결정을 내린다. 파산 선고가 내려지면 기업은 해산된다.

표 13-1 은 한국 중소기업들이 도산하는 원인들을 열거하고 있다.

특히 중요하게 거론되는 원인으로서는 거래기업의 도산이나 경영부진, 매출채권의 회수 부진, 그리고 경영자의 자질 및 능력부족 등을 들고 있다. 이러한 부실의 원인과 관련하여 부실에 이르는 경로는 다음과 같이 크게 네 가지로 구분할 수 있다.

표 13-1 한국 중소기업의 도산원인[90]

순위	도산의 원인	비율(%)
1	거래기업의 도산 또는 경영부진	46.6
2	판매대금의 회수부진	38.3
3	경영자의 자질 및 경험부족	36.9
4	사채차입의 과다	29.6
5	기술력의 미약	29.0
6	마케팅의 부족	28.0
7	제품의 진부화 및 대체품의 출현	23.0
8	대기업과의 경쟁	22.3
9	소비자 수요의 변화	17.7
10	과도한 고정자산 투자	15.7

주 : 비율은 300개 업체에 대한 복수응답이며, 도산원인별 업체수의 구성비를 나타냄.

자본부족형. 애초에 자기 자본이 부족하여 차입금이나 사채 등 외부 자금 조달에 과중하게 의존하고 급급하게 되면서 만성적인 자금 부족을 겪는 부실 유형이다. 운전자금이 부족하게 되면 자연히 임금도 체불되며, 결과적으로 종업원의 사기가 저하되는 문제를 겪는다. 또한 원자재의 적기 공급에 차질을 빚고, 시설이 노후화 되어도 교체하지 못해서 불량률이

90 자료 : 박정식, 신동령, *경영분석(서울: 다산출판사, 1991)*,p263. 정승화, op. cit. 재인용

증가하고 생산성이 떨어진다.

확장파멸형. 무리한 시설 투자를 단행하거나 타 기업을 인수·합병하여 기업의 확장을 꾀했으나 경영 성과로 나타나는 데 문제가 생겨 부실화 되는 유형이다. 사업 확장에 따라 타인자본에 대한 의존도가 심화되고, 금융 비용이 늘어나면서 손실이 발생한다. 이것이 자본 잠식으로 이어지고, 금융 기관이 차츰 대출을 기피하게 되어 도산에 이르게 된다.

방만경영형. 경영자의 무능력과 경험 부족으로 무분별하고 비효율적인 경영을 하게 되어 부실화 되는 유형이다. 판매 소홀과 부실 채권의 과다 보유가 발생하고, 재고 과다로 인해 덤핑 처분을 하게 되고, 무분별한 사채 조달이나 낭비적인 경비 지출을 한다. 이러한 형태의 방만한 경영은 수익성의 악화를 가져와 손실이 누적되고 자금난이 가중되어 결국 회사가 도산하게 된다.

연쇄도산형. 중견 또는 대기업의 계열회사가 도산함으로써 부실 채권이 발생하여 모기업이 덩달아 부실화 되는 유형이다. 부실한 기업을 인수하는 경우에도 채무 상환의 의무와 정상화 자금의 공급이라는 부담이 발생하기 때문에 연쇄 도산형 부실화가 전개 될 수 있다.

기업부실의 예측

위기의 잠복기간

벤처기업을 포함하여 기업의 부실화가 하루 아침에 나타나는 경우는 거의 없다. 어떤 원인에 의해 위기의 초기 징후가 나타난 후 이것이 구체적인 형태의 위기로 가시화할 때까지 보통 18 개월에서 5 년 정도가 걸리며 1 년 이내에 구체적인 위기로 나타나는 경우는 거의 드물다. 수년에 걸쳐 서서히 진행되는 것이므로 이를 사전적으로 감지하고 예측할 수 있다면 기업의 도산을 조기에 방지하고, 나아가 기업을 성장의 궤도에 올려 놓을 수 있는 예방적 조치를 취할 수 있다. 이러한 예측이 빠르면 빠를 수록 문제의 해결은 쉬워진다. 위기의 초기 징후가 감지되었을 때 경영자의 리더십과 구성원들의 몰입으로 이를 성공적으로 극복할 수 있다. 반대로 하루 하루의 생존에 급급한 모습을 보이면서 근본적인 대책을 세우지 못한다면 구성원들은 사기가 떨어지고 조직의 생산성이 급격하게 하락하면서 회사는 회복의 기회를 놓치게 된다.[91]

위기를 겪는 회사는 대체로 몇 가지 징후가 나타난다. 이익 마진이 감소하고, 고객으로부터 반품이 증가하며, 유동성이 급격히 고갈된다. 간혹 이런 징후에 대해서 내부 경영진은 그 심각성을 인식하는 데 실패하며, 사업을 하다 보면 늘 겪게 되는 일상적인 어려움으로 치부하는 수가 많다. 그러나

---

91 Timmons, J. A., *New Venture Creation* : Entrepreneurship for the 21st Century, 5th ed., Irwin McGraw-Hill, Boston, MA., 1999, pp553-554.

은행, 공급자, 또는 고객과 같은 외부 이해 당사자들은 이런 징후를 놓치지 않고 회사의 경영에 대해서 예의 주시하게 된다. 뒤 늦게 내부의 경영진들도 회사에 위기가 닥치고 있음을 인식하게 되지만 이 때는 이미 이해 당사자들의 호의적인 반응도 얻기 어려워지고 경영진들은 당황한 나머지 회사의 성장을 위해서 사용해야 할 귀중한 자원을 당장의 위기를 해결하기 위해 허비하게 된다.

종업원들도 부실의 징후를 일찍 느끼는 위치에 있다. 반품이 증가하고 채권자의 전화에 응대하면서 종업원들은 회사의 상황이 어려움에 봉착하고 있음을 알게 된다. 불안감과 불확실성은 종업원의 사기를 떨어뜨리는 중요한 요인이다. 사람은 기본적으로 직업 안전을 위협 받는다고 느끼면 다른 어떤 동기부여도 되지 않는다. 이는 모든 사람의 몰입이 가장 필요할 때 왜 사람들은 더 비협조적이 되고 서로 다른 사람 탓을 하는 행동을 보이는가에 대한 근본적인 이유이다. 결국 위기는 이사회나 채권자 등 외부의 개입을 부르고 회사는 타의에 의해 부도를 당하게 된다.

문제발생의 예측

기업부실이 오랜 기간에 걸쳐 발생하고, 여러 가지 기본적인 사항에 대한 문제점이 누적되어 나타나므로, 만약 위기를 예측할 수 있다면 이를 극복하는 데 큰 도움이 될 것이다. 부실의 징후를 예측하는 방법에는 다음과 같은 유형이 있다[92].

[92] 김형철, *창업과 벤처경영*, 신론사, 2001, p371

1) 부실화 징후의 식별에 의한 방법

부실화 되기 전의 기업에서 공통적으로 나타나는 경향이 있는 독특한 경영행태나 심리를 관찰하고 분석하여 기업의 부실을 예측하는 방법이다. 기업회생 전문가들은 정성적으로 문제의 징후를 판단하는 방법들로서 다음과 같은 징후를 주시한다[93].

- 경영진, 이사, 회계사, 경영고문 등의 인사이동
- 제때에 재무보고가 이루어지지 못함
- 감사의견이 적정이 아닌 한정의견으로 나옴
- 경영자의 이상 행동(전화를 피하거나 출근이 늦어짐)
- 새로운 경쟁관계 형성
- 대형 프로젝트의 개시
- 연구개발비의 삭감
- 자산 감소
- 신용한도액의 감소

이들 징후가 한 가지 발생한 후, 계속해서 다른 징후들이 연속해서 발생한다면 이미 문제가 심각한 상태로 내재되어 있다고 볼 수 있다.

2) 부실 원인분석에 의한 방법

---

93 Timmons, J. A., *New Venture Creation : Entrepreneurship for the 21st Century, 5th ed.*, Irwin McGraw-Hill, Boston, MA., 1999, p556.

기업부실의 원인이 있는지를 살펴보고 그 상태나 정도를 관찰, 분석함으로써 기업부실을 예측하는 방법이다.

3) 평점방식에 의한 방법

여러 가지 재무비율 중에서 부실예측, 신용평가 등의 분석 목적에 적합한 몇 개의 재무비율을 경험적, 주관적 방법으로 추출하여 부실의 정도를 점수로 환산한다. 보통 금융기관에서는 재무비율 외에 기업의 신용도를 나타내는 연혁, 은행거래 관계, 경영자 등의 평가요소를 추가하여 신용평가나 여신심사의 기준으로 활용하고 있다.

4) 부실 예측모형에 의한 방법

회귀분석 모형을 이용한 예측 등을 들 수 있다. 예컨대 어떤 부실판정 모형은 회귀모형의 독립변수로서 자기자본비율, 유동비율, 자본금 경상이익률, 총자본 회전율 등을 써서 높은 예측력을 보이고 있다.

기업의 부실의 예측을 위해서 이용되는 보다 간단한 모델로서 슐만(Joel Shulman)이 제시한 "순 유동 잔고 대 총 자산 비율(net-liquid-balance to total assets ratio)"이 있다. 이는 대차 대조표에 나타나 있는 유동 자산과 유동 부채를 운영부문과 금융부분으로 나누어 순 유동자산을 산출하였다. 순 유동잔고는 기업이 위기상황에 대처하기 위해 보유하고 있는 특정한 사용목적이 없는 현금이다.

순 유동 잔고 대 총 자산 비율 = 순 유동 잔고 / 총 자산

여기서 순 유동 잔고(NLB) = 재무 자산 – 재무 부채
= (현금 + 유가 증권) – (어음+단기 채무)

슐만의 모델은 현금의 중요성을 강조하고 있기 때문에 창업기업으로서는 살펴볼만한 가치가 있다. 일단 이러한 실질적 유동성 지표가 악화되면, 보다 정밀한 재무분석을 통하여 부실을 예측해 보아야 한다.

기업회생전략

예측하지 못한 사업 환경의 악화 속에서 유동성 위기를 겪고, 실패를 맛 본 기업들이 부도의 상처를 씻고 다시 뛰는 것이 쉬운 일은 아니지만 기업의 회생에 적극적인 의지와 성과를 보여 주는 기업들도 상당히 존재한다. 회생 기업들의 사례를 보면 실패한 기업의 회생을 위해서는 비용과 자산이라는 두 가지 축에서 긴축 전략(retrenchment strategy)을 전개하는 것을 알 수 있다.

비용 긴축이란 관리상의 간접비, 재고, 재료비, 마케팅 및 영업비 등을 전반적으로 감축하는 것이다. 비용 긴축은 일반적으로 실패하고 있는 기업이 제품·서비스를 재조정하거나 구조조정을 하지 못하고 있을 때 취하는 방안이다.

또 하나의 전략은 자산 긴축이다. 이는 전략적 방향을 재조정하는 자산의 구조 조정을 포함한다. 이를 위해서는 기업이 전략적 유연성을 발휘해서, 성과가 좋지 않은 자산을 처분하고 새로운 경쟁 우위 달성이 가능한 영역에 재투자해야 한다.

기업회생 계획은 판매량, 가격, 수금, 협상 성공률 등 관련 변수들이 모두 유동적이기 때문에 예측에 기반하여 적절한 모니터링과 통제수단이 가동되어야 한다[94]. 이들 변수는 가능하면 가장 비관적인 결과일 때의 시나리오를 준비하는 것이 좋다. 회생계획은 내부 종업원으로 하여금 불확실하던 업무분장과 책임소재를 명확히 함으로써 통제체계의 문제점을 바로 잡는 계기가 될 수 있다. 또한 외부 자문단이나 채권자들에게 문제의 치유와 부채의 상환 계획을 현실성 있게 설명할 수 있도록 함으로써 교섭력을 회복할 수 있게 된다. 회생계획에는 다음과 같은 대안들이 고려된다.

즉각적인 현금확보. 매출채권은 가장 유동성이 있는 비 현금자산이다. 상환기간에 따라 충분히 큰 할인율을 제시하여 고객이 즉시 지불할 수 있도록 협상할 수 있다. 재고는 매출채권보다는 유동적이지는 못하지만 빠른 시간에 현금을 확보할 수 있는 요소이다. 제품 재고의 덤핑판매에 대해 회생전문가들은 상반된 견해를 갖고 있다. 현금확보에는 도움이 되겠지만 기업회생 후 가격을 원상태로 돌리려면 고객들의 반대에 부딪히게 될 것이다. 또 하나의 방법은 임금과 부채 상환 외의 지급을 동결하는 것이다. 이렇게 하면 짧은 기간 동안의 현금흐름을 좋게 할 수 있다.

---

94 Timmons, J. A., *New Venture Creation : Entrepreneurship for the 21st Century, 5th ed.*, Irwin McGraw-Hill, Boston, MA., 1999, p561.

채권자와의 협상. 기업부실의 징후가 보이면 채권자들은 모든 채권이 불이행될 것으로 여기고 경영자에 대한 신뢰감이 없어진다. 따라서 무엇보다도 채권자들로 하여금 아직 채무불이행의 상태가 아니며, 창업기업이 문제를 기꺼이 해결하고자 하는 의지가 있고, 또한 협상력이 있음을 인식시키는 것이 중요하다. 채권자라 하여도 기업의 파산을 좋아하지는 않기 때문에 매우 적절한 시나리오를 구비한 회생계획을 마련하여 채무의 상환이 가능하다는 확신을 줄 수 있다면 보다 나은 협상력을 가질 수 있다. 계획에는 인원감축, 자산운용, 부채상환계획의 수정 등 자세한 실행방침이 포함되어 있어야 한다.

인원감축. 비용감축의 80%는 인원감축에 있을 정도로 해고는 회생단계에서 불가피한 것이다. 이 때 해고는 조직 내에 한번에 발표하고 일시에, 또한 나중에 재차 시행될 필요가 없을 정도로 충분히 시행되어야 한다. 왜냐하면 종업원들은 자신의 직업에 대한 안전이 보장되지 않는 한 생산성을 회복하기 위한 동기부여는 불가능하기 때문이다.

회사의 정리

대부분의 사람들은 기업의 도산이 기업 활동의 마지막이라고 인식하고, 무슨 수를 쓰더라도 도산은 막아야 할 것으로 알고 있다. 그러나 많은 기업들이 재정적인 어려움을 겪고 있으면서 이를 극복하는 데 있어서 그들은 회사 정리의 과정을 준수함으로써 사업상의 역경을 극복하는 것이다. 그러한 기업들은 계속적으로 고용을 창출하고, 세수를 올려 주며, 또 성장을 거듭하고 있다. 다시 말하면 도산 과정을 거치면서 기업가들은 자신을 단련시키고 보다 뛰어난 경영인으로 거듭날 수 있는 것이다.

대부분의 경영 악화의 원인을 자세히 살펴보면 기업가들의 경영상의 미숙보다는 예측하기 힘들고 경영 통제력 밖에 있는 환경적 요인이 대부분이다. 이러한 점들을 살펴볼 때 고난에 닥친 경영자들이 다음에 보다 높은 수준의 경영 활동을 펼칠 수 있도록 도산이라는 훈련 과정을 거치는 것도 때로는 유용하다고 할 수 있다.

파산(bankruptcy)이란 채무자가 채무의 완전 변제가 불가능하게 되었을 때 다수 채권자 간에 공평한 변제를 받도록 하고, 채무자에게는 그 채무를 면책하여 재기의 기회를 부여하기 위해서 만들어진 제도이다.

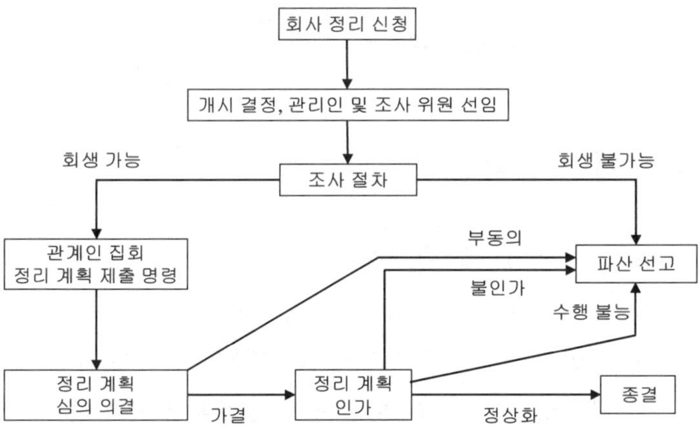

그림 13-2 회사 정리 절차 흐름도

그림 13-2 는 우리나라 기업에 있어서 회사 정리의 흐름도이다. 우리나라는 현재 부실기업에 대해서 법정관리나 화의 개시 요건을 점차 완화하여 손쉽게 기업갱생 절차를 밟도록 하는 추세이다. 도산에 처한 기업이 갱생 절차를 신청하면 법원은 1 개월 내에 형식요건만을 검토한 후 개시결정을 내리게 된다. 법원은 개시 결정 후 신용평가 회사 등 조사위원을 통한 실사를 거쳐 회생 불가능한 기업에 대해서는 반드시 파산 선고를 내려 즉각 퇴출시킨다.

이러한 제도의 취지는 그 동안 회사정리 및 화의 개시 결정을 받아 내기가 쉽지 않아 부실 기업이 회생의 기회를 잃어버릴 뿐만 아니라, 회생에 실패한 기업에 대하여 법원의 파산선고가 안 된 채로 그대로 방치되어 기업의 퇴출이 제대로 이루어지지 않았기 때문이다.

기업의 처분과 수확

투자 회수 전략

농부들은 봄에 씨앗을 뿌리고 여름에 온갖 노력을 기울여 가꾼 후 가을에 익은 곡식을 거두어 들인다. 농부의 수확(harvesting)과 달리 벤처 기업의 수확은 조직의 구조나 소유주가 바뀌기는 하겠지만 파산하여 청산되는 경우를 제외하고는 대부분 그 존재가 유지된다. 벤처의 수확은 특정 벤처의 창업자 또는 전 소유주가 계량적 또는 비계량적 가치에 해당

하는 보상을 받고 특정 벤처의 소유권을 타인에게 넘겨주는 것을 의미한다.

훌륭한 기업을 키워 내기 위해 시간과 노력을 투입하는 창업 기업가에 있어서 성공한 기업을 처분하고, 함께 투자한 투자자로 하여금 투자된 자본을 회수하도록 하는 수확의 과정은 커다란 성취라 할 수 있다. 물론 보다 바람직한 것은 돈보다는 기업을 키워내는 과정 자체에서 동기가 부여되는 기업가라 할 수 있다. 월트 디즈니는 "나는 돈을 벌기 위해서 영화를 만드는 것이 아니라 영화를 만들기 위해서 돈을 번다."라고 했다.

그러나 아무런 회수 전략도 없이 상황에 이끌려 갑자기 수확을 고려하기 보다는 현명한 수확과 투자 회수 전략을 취함으로써 보다 나은 결과를 이끌어 낼 수 있다는 것은 당연한 사실이다.

창업자는 무엇보다도 사전적으로 수확의 목표를 설정해야 한다. 사업 은퇴 등에 직면해서야 수확의 방법을 따지는 것이 아니라 창업 초기부터 일찍이 사업의 당연한 과정으로서 준비된 수확을 해야 한다는 것이다.

벤처를 수확해야 하는 이유

일반적으로 벤처를 수확해야 하는 이유는 창업자의 은퇴, 기업의 파산 등으로 국한해서 생각하는 경우가 많지만 그 외에도 여러 가지 이유가 있을 수 있다.[95]

---

[95] Fry, F. L., *Entrepreneurship: A Planning Approach, West Publishing Company*, Minneapolis:St. Paul, Mn., 1993, p. 429.

- 창업자의 은퇴, 이주, 가정환경의 변화, 스트레스 등 창업자 개인 상황의 변화
- 창업자가 가지고 있는 기대에 비하여 못 미치는 성과
- 새로운 기회의 추구
- 개인적인 부의 추구
- 상속
- 성장의 촉진

수확에 있어서 기회의 창

시장 진입에 있어서와 같이 수확에 있어서도 기회의 창이 존재한다. 창업자에게 자신이 키워낸 회사를 처분하는 것은 마치 자기 자식을 버리는 것과 같은 기분을 자아내는 것이 보통이다. 그래서 많은 창업자들이 위협적인 신기술이나 경쟁 업체의 출현으로 회사 전체가 망해버리는 상황이 오기 전까지는 결코 회사의 매각을 생각하지 않는다. 그러나 이러한 위협적 상황이 도래한 후 회사를 처분하면 제값을 받지 못하게 된다. 따라서 창업자는 항상 회사가 적시에 적당한 가격에, 그리고 적절한 이유가 있을 때 처분하고자 하는 전략적 시각을 견지해야 한다. 즉, 회사의 처분에 이어서도 전략적 창(strategic window)이 존재하는 것이다.

기본적인 개념은, 전략적 창이 닫히는 순간에 처분하기보다는 그것이 열리기 시작 할 때 처분하는 것이 바람직하다는 것이다. 이 시점은 보통 남들이 보기에는 너무 이른 시기일 수 도 있다. 그러나 이 시점을 놓쳐서 처분하게 되면 회사의 가치가 급격히 하락 할 수 있다는 것을 명심해야 한다.

벤처 수확의 방법

창업자가 그 동안 자신이 일군 사업을 좋은 조건으로 수확하기 위해서는 가능하면 자신의 사업을 캐피털 카우(capital cow)로 만들어야 한다. 중견 기업에 있어 많은 이윤을 창출하는 사업단위인 캐시 카우(cash cow)가 있는 것과 유사하게 창업 기업의 경우에는 캐피털 카우가 있을 수 있다. 대부분 고수익 벤처는 창업가가 투자하고자 하는 돈보다 훨씬 많은 현금을 생성해 낸다. 성공적인 창업 기업은 현금이 풍부하여 융자 상환이나 재투자를 위한 자금도 여유 있게 된다. 이는 노력과 재산을 투여한 창업자에 대한 수확의 기회이자 회사에 자금을 대준 융자자에게 좋은 투자 회수 기회를 제공한다.

일반적으로 벤처를 수확하는 방법에는 다음과 같은 것들이 있다.

종업원 지주제. 종업원 지주제, 또는 우리사주제(employee stock ownership plan)란 회사가 종업원에게 자사 주를 취득하여 보유하게 하는 제도이다. 이는 외부의 공개적인 시장이 아직 미비한 창업 기업의 주식을 종업원들에게 매각함으로써 창업자가 자신의 투자금의 일부를 회수하여 개인적 유동성을 확보할 수 있는 방법이다. 또한 종업원으로서는 주주로서 주인의식이 확산되어 열성적으로 근무할 수 있게 되는 동기부여 효과가 있다.

경영진 매수. 창업자는 회사 지분을 파트너나 핵심경영진에게 매각함으로써 현금을 회수 할 수 있는데, 이를 경영진 매수(management buy out)라 한다. 그러나 대개의 경우 경영진이 회사를 소유 경영 할 의지가 있다고 하여도 소유권을 매수 할 만큼 충분한 재정적 능력이 모자라는 것이 보통이다. 이러한 상황에서 창업자는 매수 초기에 일정액을 현찰로 결제하고 나머지는 사업의 운영을 통해 수년간 상환하도록 하는 조건을 제시 할 수 있다. 이 때 향후의 수익성 전망에 따라 매수 대금을 연동시키도록 하는 경우가 있는데, 이렇게 되면 경영진의 노력 여하 내지는 도덕성에 따라 창업자의 회수금이 의존될 수 밖에 없는 상황이 벌어진다. 즉, 경영진이 설비 투자 등으로 회사를 확장시키는 전략을 취하면 단기적으로 수익성이 떨어져 매수 대금을 최소화 할 수 있기 때문에 창업자의 각별한 주의를 요구한다.

인수·합병 및 전략적 제휴. 창업자는 타 기업과의 합병을 통해 현금을 회수 할 수 있다. 인수·합병(M&A)이란 어떤 기업이 경영 전략의 실현을 위해 자본, 거래, 인적 측면에서 실질적인 지배를 위해 지분을 취득하는 것을 말한다. 전략적 제휴 시에는 창업자들에게 절실하게 요구되는 자본을 자신들이 보유한 기술에 관심을 갖는 대기업으로부터 상당한 정도 끌어 올 수 있다. 이러한 계약에서는 대개 매수자가 창업기업의 주도권을 완전히 매수한다.

즉시매각. 대부분 사람들은 현금을 주식보다 더 좋아하기 때문에 매각을 가장 이상적인 회수 방법이라고 생각한다. 주가는 예측 불허이고 얼마나 떨어질지 모르기 때문이다.

기업공개. 창업 기업에 있어서 캐피털 카우가 되는 것 이외에 가장 신뢰할 만한 자금조달 수단은 기업을 공개하는 것이다. 주식시장이나 장외 시장에 주식이 공개되면 창업자는 사회적으로 인정 받는 보람을 느끼며 성취감을 맛 볼 수 있게 된다. 자신이 일궈낸 회사가 국내·외의 증권 거래소에 상장되는 것을 모든 창업자가 꿈꾸고 실현시키고자 하고 있지만 일부 선택된 기업만이 기업을 공개하고 있으며 기업공개에 따른 비용도 만만치 않은 점을 명심해야 한다. 기업 공개란 구체적으로 주식을 신규로 상장하기 위해서 증권거래법에 의한 모집 또는 매출의 방법으로 주식을 새로이 발행하거나 이미 발행된 주식을 매도하는 것을 뜻한다. 기업 공개는 창업자 등 소수의 대주주가 소유하는 주식을 일반 대중에게 분산시켜 당해 기업의 주식이 증권 시장을 통해 자유롭게 거래될 수 있게 함으로써 직접 금융방식에 의한 기업의 자금의 원활한 조달을 가능케 하고 자본과 경영의 분리에 의한 경영합리화를 도모 할 수 있게 한다. 기업 공개를 원하는 법인은 금융 감독 위원회에서 제정한 유가 증권 인수 업무에 관한 규정과 한국 증권 거래소에서 제정한 유가 증권 상장 규정상의 기업 공개 요건을 충족시켜야 한다.

기업공개의 장점과 단점

기업공개는 사회적으로 인정 받는 계기가 되어 주식공모를 통해 성장을 위한 현금을 확보하는 것이 용이해진다. 또한 인수 및 합병이나 장기차입, 종업원지주제 등의 제도를 활용하여 투자 자금을 회수할 수 있게 되어, 창업자는 막대한 현금의 확보로 개인적인 꿈을 실현할 수 있게 된다.

이런 장점이 있는 반면에, 창업기업은 일단 기업공개 후에는 표준회계 원칙을 적용해야 하기 때문에 운영 상의 비밀이나 융통성을 기하기 어렵게 된다. 이제부터는 주주에 대한 배당 등 조정하고 만족시켜야 할 이해 당사자가 늘어나며, 회사의 통제권이 창업자로부터 점차 상실되는 단계를 밟을 수 있다. 또한 주식공개 자체에 비용이 많이 든다는 점도 문제로 지적된다.

14 창업에서 경영으로

창업직후의 함정과 경영지침

경영의 실천적 원리

제 14 장 창업에서 경영으로

기존 기업이 '혁신'을 강조하는 것만큼이나 창업기업에 있어서는 '경영'이 강조되어야 한다. 창업되어 새로 시작하는 기업은 이제 경영관리를 잘 해야만 성장할 수 있는 것이다. 제 14 장에서는 창업 단계에서 경영의 단계로 이행하는 데 따라야 할 지침에 대해서 고찰한다. 이 내용은 주로 피터 드러커(P. F. Drucker)의 가르침에서 온 것이다.

창업직후의 함정과 경영지침

창업기업에는 아이디어가 있다. 제품과 서비스도 갖추어졌을 것이고, 꽤 큰 규모의 매출도 일어났을 수도 있다. 이제는 분명 원가도 발생할 것이고, 이익도 발생할 것이다. 그런데 신생 창업기업이 가지고 있지 못한 것은 바로 '경영'이다. 창업기업이 살아가고, 운영되며, 조직된 '현재'가 있음으로 해서 사람들이 자신이 어디로 가고 있으며, 무엇을 하기로 되어 있고, 그 결과는 무엇이고 어떠해야 하는지를 알게 해야 한다. 그러나 창업기업이 하나의 '사업체'로서 '경영'되지 못한다면, 그들의 아이디어가 아무리 훌륭하고, 자금을 아무리 많이 모집했고, 제품이 좋고, 수요까지 많다고 해도 결코 생존할 수 없다.

이런 사실을 거부한 경우 창업된 많은 신생기업을 망가뜨렸는데, 그 예가 19세기의 위대한 발명가 토마스 에디슨(Thomas A. Edison)이다. 에디슨의 꿈은 성공적인 사업가로서 큰 기업의 장이 되는 것이었다. 그러나 그는 탁월한 기업가였지만 경영자로서는 최악이었다. 에디슨은 그의 발명품인 전구를 이용할 수 있도록 전력회사를 어떻게 설치해야 하는지 정확히 알고 있었다. 그는 자신의 창업기업이 필요로 하는 자금을 어떻게 얻어야 하는지도 알고 있었다. 그의 제품은 즉각적인 성공을 거두었으며, 실상 수요에 맞추어 댈 수도 없을 정도였다. 그러나 에디슨은 창업 기업가로 머물러 있었다. 또는 그는 경영한다는 것이 그저 우두머리(boss)가 되는 일로 생각했을지도 모른다. 그는 매니지먼트 팀을 만들기를 거부했다. 결국 그가 설립한 4, 5개의 회사들은 모두 어느 정도 규모로 성장하자 마자 모두 도산 직전에 이르게 되었고, 에디슨이 물러나고 다른 전문경영자가 들어와서야 그 기업이 재기할 수 있었다.

신생 창업기업들이 흔히 겪는 경영관리 상의 함정에는 다음 네 가지가 요구 조건을 만족시키지 못하는 데 있다[96].

- 첫째, 늘 시장에 초점을 맞추어야 한다는 것이다.
- 둘째, 재무적 예측을 통해서 현금흐름과 요구되는 자금의 수요를 늘 계획해야 한다.
- 셋째, 최고경영자 팀을 형성해야 한다는 것이다.

---

[96] Peter F. Drucker, *The essential Drucker on Management*, Harper Collins, 2001

- 넷째, 창업자는 자신의 역할과 일할 영역, 다른 경영자와의 관계에 대해서 의사결정을 해야 한다.

함정 1 – 시장초점의 상실

흔히 신생 기업이 실패한 후, "다른 사람이 들어와 우리 시장을 빼앗기까지는 잘하고 있었다. 우리는 그들이 무엇을 하는지 이해할 수 없었다. 그들이 제시하는 제품·서비스는 우리 것과 완전히 달랐다."라는 변명을 들을 수 있다.

신생 창업기업이 성공하는 시장은 흔히 그들이 처음에 의도했던 영역이 아닌 경우가 많다. 고객은 처음에 생각하지도 않았던 목적으로 창업기업의 제품을 구입하기도 한다. 창업기업이 이런 사실을 염두에 두지 않는다면 예상 못한 시장에 대응하지 못하고, 시장 초점을 따라 잡지 못한다면, 기회는 다른 경쟁 업체에 가게 될 것이다.

창업기업이 혁신적인 제품 중에는 원래 의도하지 않았던 용도로 사용된 예가 허다하다. 3M의 스카치 테이프는 지금처럼 소비재 시장이 아니라 원래 산업용으로 쓰려고 만들었던 것이었다. 시제품을 가지고 원래의 시장인 산업재 시장에 팔려고 다녀 보았으나 잘 팔리지 않았다. 그 제품을 설계한 엔지니어는 제품이 거의 폐기될 무렵 어느 날 집에 그 시제품을 가지고 왔는데, 그의 딸이 밤 사이에 머리를 말아 올리는 용도로 스카치 테이프를 사용하는 것을 발견하였다. 3M의 경우는 새로운 시장에 대응하여 성공한 드문 예에 속한다.

그런데 대다수의 창업기업들은 자신이 개발한 제품이 새로운 용도로 사용되면 그것을 받아들이기 보다는 사존심 상하는 일로 여긴다. 그리고는 이 제품이 그 용도로 사용되도록 설계한 것이 아님을 열심히 설득하고 다닌다.

그러므로 창업기업은 그들의 제품이나 서비스가 미처 생각하지 못했던 곳에서 수요가 발생할 수 있다는 가정 하에 제품을 내 보내야 한다. 만약 창업기업이 처음부터 이와 같은 시장 초점의 개념이 없다면 필경 다른 경쟁자가 그 시장을 가져갈 것이다.

창업기업이 시장초점을 유지하는 것이 그렇게 어려운 일은 아니다. 첫 걸음은 예기치 않은 성공이나 예기치 않은 실패를 예외로 보지 않고 오히려 체계적으로 그것을 찾는 것이다. 둘째로는 실험을 해보라는 것이다. 처음에 예상하지 못했던 곳으로부터 창업기업의 제품에 흥미를 보이는 고객이나 시장이 있었다면 제품이나 서비스를 시험해 보도록 샘플을 보내줄 필요가 있다.

시장초점을 유지하려면 창업기업의 경영자는 시장에서 고객을 만나보고, 또는 영업사원의 의견을 듣는 등 회사 밖에서 보내는 시간이 많아야 한다. 신생 창업기업은 자신의 제품이나 서비스를 정의하는 것은 고객이지 자신이 아니라는 점을 체계적인 실무를 통해서 몸에 배게 해야 한다. 마케팅의 초보적인 격언처럼, 사업이란 고객을 개조시키는 대가가 아니라 고객을 만족시키는 대가로 존재하는 것이다.

함정 2 - 재무계획의 부재

시장초점을 상실하는 질병이 신생 창업기업의 초기 단계에 나타나는 전형적인 질병이라면 적정한 재무적 초점을 상실하는 것은 성장의 문턱에서 맞는 다음 단계의 함정이라 할 수 있다. 무엇보다도 이 위기는 빠르게 성장하려고 하는 단계에 발생한다.

창업기업이 성공적으로 제품이나 서비스를 출시 시켰고 이제 가파르게 성장하기 시작했다고 하자. 주위의 주목을 받기 시작하면서 화려하게 등장했던 기업이 어느 날 갑자기 지불불능에 빠진다. 그 이유는 언제나 1)오늘을 위한 현금의 부족, 2)사업확장에 필요한 자본조달 능력의 부족, 3)비용지출, 재고, 외상매출금을 관리하는 능력의 부족에 기인한다. 이런 능력의 부족이 종종 동시에 발생하면서 창업기업을 위기에 빠지게 한다. 그러나 그 가운데 어느 한 가지 질병에만 걸려도 신생 벤처기업은 심각한 지경에 이르게 된다.

일단 재무적 위기에 빠지면 이것을 헤쳐 나오기는 매우 어렵거나 상당한 대가를 치러야 한다. 그렇지만 재무적 위기는 미리 예방할 수 있다. 창업자가 돈의 흐름에 무관심할 수는 없겠지만 흔히 욕심을 부리는 경향이 있다. 그래서 이익에 초점을 맞춘다. 그러나 이익이란 현금흐름, 자금, 관리 등의 모든 과정을 거친 후 맨 뒤에 오는 것이다. 이런 일을 거치지 않고 이익이 생길 것으로 믿는 것은 환상일 뿐이다. 적어도 일년이나 일년 반의 기간이 지나야 이익이 실현되기 시작한다.

사람이 성장하기 위해서는 많은 영양공급이 필요하듯이 창업기업은 성장하면서 더 많은 현금과 자금을 필요로 한다. 이익은 기록상으로만 나타날 뿐 실현된 것이 아니다. 만일 신생 벤처기업이 이익을 기록했다면 그것은 허구일 가능성이 크다. 오지 계정 상의 균형을 맞추기 위한 회계 상의 처리에 지나지 않는다. 제품의 증가, 시장의 확대, 경로의 추가가 필요할 것이며, 이를 관리할 인력을 고용해야 한다.

창업기업은 적어도 일년 앞의 현금수지를 미리 신뢰성 있게 계획해야 한다. 대체로 보수적인 가설로 최악의 경우를 염두에 둔 계획을 만드는 것이 좋다. 은행가의 경험법칙에 의하면 들어올 돈은 두 달 늦게 들어올 것으로 예측하고, 나갈 돈은 두 달 일찍 나갈 것으로 예측하면 좋다고 한다. 지나치게 보수적으로 예측한 경우에는 물론 예측보다 초과 분의 현금 잔고가 생길 것이다.

창업기업이 현금부족 사태가 되면 여러 가지 어려움을 겪게 된다. 모든 바쁜 일을 제쳐 놓고 자금을 구하려 뛰어 다녀야 하며, 설사 자금을 구할 수 있었다 하더라도 그 조건이 매우 불리한 경우가 많다. 현금수지에 대한 계획이 안 되면 가장 중요한 기회를 잡을 시기에 핵심인재들이 옆길로 빠져서 시간과 정력을 낭비하게 된다.

또 한가지 창업기업이 성장하면서 나타나는 현상은 자금구조가 안 맞게 된다는 점이다. 경험에 의하면 매출이 40 내지 50 퍼센트 정도 증가할 때마다 새로운 자금 구조가 필요하다고 한다. 창업기업의 규모가 커지면서 주위의 친지나 가족으로부터 모은 종자돈은 더 이상 적합하지 않게 된다. 이제 보다 큰 규모의 투자를 유치할 수 있도록 엔젤이나 벤처투자회사의 자금을 유치하도록 해야 한다. 이와 같이 외부의 자금을 유치하기 위해서는 사업계획서를 참신하게 정리해둘 필요가 있다.

현금과 자본부족이 위기를 극복하는 일과 아울러 창업기업은 늘 경영상의 통제체계를 적합하게 유지해야 한다. 사업통제의 고삐를 놓치면 이것을 다시 다잡기가 쉽지 않으며, 시간을 지체하여 통제능력을 회복했을 때는 이미 시장은 다른 경쟁자의 손에 넘어간 뒤이다. 사업 통제는 사업 상 중요한 분야가 무엇인지 생각해보는 것으로부터 출발한다. 그것은 제품의 품질일 수도 있고, 서비스, 외상매출금, 재고, 또는 제조원가일 수도 있다. 창업기업의 경우 가장 중요한 통제 영역은 네 다섯 군데를 넘지는 않을 것이다. 특히 통제 영역 중에 반드시 포함시켜야 하는 것 중에는 판매 및 일반관리비를 들 수 있다. 매출이 늘면서 성장이 속도보다 더 큰 속도로 관리 인원을 증가시키는 일은 창업기업이 통제를 잃어 관리 구조와 실무가 더 이상 수행해야 할 과업에 적합하지 않다는 첫 번째 신호다.

창업기업의 사업 통제가 지나치게 정교할 필요는 없다. 중요한 것은 창업기업이 경영진이 무엇이 중요한 영역인지를 알고 늘 주의를 환기하고 있어야 하며 필요한 행동을 신속하게 취할 수 있어야 한다는 점이다.

함정 3 - 경영팀 구축의 실패

신생 창업기업은 시장에서 성공적으로 검증을 받았고, 필요한 재무 구조도 갖추었다. 그럼에도 불구하고 몇 년 후 심각한 위기에 봉착할 수 있다. 더구나 이제 '성인'이 되려는 문턱에서 갑자기 이해 못할 어려움에 처하게 되는 것이다. 제품도 일류 평판을 받고, 전망도 좋은데 회사가 왜 성장할 수 없는가? 이익도 제품도 어떤 주요 분야도 성과로 연결되지 못 해서인 것이다.

이렇게 되는 이유는 언제나 동일하게 최고경영자의 역량부족 때문이다. 그 동안은 한 사람 또는 두 사람에 의해서 경영되어 왔지만 이제 성장이 되어 그 한계를 넘어 선 것이다. 이렇게 되면 최고경영자 팀이 필요해진다. 그러나 최고경영자 팀이 필요하다고 느꼈을 때는 이미 너무 늦었다고 볼 수 있다. 이렇게 되면 그 기업은 지체 장해에 빠져 오랫동안 헤매게 되며, 종업원의 사기는 떨어지고 비전을 잃고 조소적이 된다. 결국 성장의 문턱에서 좌절될 수 밖에 없다.

치료법은 간단하다. 창업기업이 최고경영팀이 당장 필요한 시기보다 미리 최고경영팀을 구축하는 것이다. 최고경영팀은 하루 아침에 형성될 수 없다. 만들어졌다 해도 제대로 기능하기까지는 긴 시간을 요한다. 팀은 상호 신뢰와 이해에 기반해서 일해야 하는데 이렇게 되는 데는 상당한 기간이 필요한 것이다.

그러나 신생 창업기업이 많은 수의 최고경영팀 멤버를 거느릴 수는 없는 일이다. 그 비용을 감당할 수 없기 때문에 결국 소수의 팀으로 모든 일을 다 할 수 있도록 조직화해야 한다. 중요한 요점은 창업자가 모든 일을 자신이 다 해야 한다는 생각을 버리는 것이다. 이런 생각을 버리지 않는 한 결국 몇 달 혹은 한 두 해 후에는 관리의 위기를 맞게 된다.

창업기업이 여러 가지 지표에 비추어 삼 내지 오 년 후에 두 배로 성장할 것으로 예견되면 창업자는 경영팀을 새로 구상해야 한다. 창업자를 포함한 경영팀은 사업 상의 핵심 활동을 통해서 생각해야 한다. 무엇이 회사의 성공과 생존을 위해서 핵심적으로 중요한 영역인가? 이런 모든 핵심영역을 목록화 해야 한다. 만약 여기에 어떤 불일치가 발견되면 이것에 대해서는 경영팀 내에서 심각하게 토의해야 한다. 핵심 활동은 교과서에서 찾아지지 않는다. 업종이 같다고 주요 영역이 같지도 않으며 각 기업마다 특수한 상황에 따라 달라질 수 있다. 한 기업은 생산의 문제가 핵심으로 보는 데 비해서 다른 기업은 고객 서비스에 우선순위를 두는 식이다. 그러나 모든 기업에서 핵심 업무로 포함시켜야 할 것이 있는데 사람의 관리 문제와 돈의 관리 문제이다.

그 다음으로 해야 할 일은 창업자를 비롯한 경영팀 모두는 "내가 제일 잘 할 수 있는 일은 무엇인가? 그리고 내 부서의 핵심 구성원이 실제로 잘 하는 일은 무엇인가?" 라는 질문을 제기해 보아야 한다는 것이다. 이것도 역시 경영팀 내의 합의가 필요하다. 만약 합의가 이루어지지 않는 부분이 있다면 그 부분에 대해서는 심각하게·재 검토가 되어야 한다.

그리고 나서는 이어지는 질문은 "그 사람의 능력에 잘 부합한다는 점을 판단 기준으로, 각각의 핵심 활동을 누가 일차적으로 책임을 질 것인가? 각 개인은 어떤 핵심활동에 잘 맞는가?"라는 점이다.

그리고 나서 경영팀을 만드는 작업이 시작된다. 창업자는 자신의 적성이 아니라면 사람과 일을 관리하는 일을 맡지 않도록 스스로 자제해야 한다. 아마도 창업자 개인은 제품과 신기술에 강점을 가지고 있을 수도 있다. 이 사람의 핵심 활동은 운영, 생산, 물적 유통, 또는 서비스일 수도 있다. 또는 돈 관리가 그 사람에게는 잘 맞고 사람의 관리는 다른 사람이 더 적합할 수도 있다. 이런 식으로 모은 핵심활동이 그 방면에 성과를 낼 능력이 있는 것으로 판명된 누군가에 할당되어야 한다.

"최고경영자는 이런 일을 맡아야 한다"라고 정해져 있는 법칙은 없다. 물론 최고경영자는 최종적인 의사결정권자이고 궁극적인 책임을 지는 사람이다. 그리고 이런 의사결정을 하기 위해서 최고경영자에게는 적절한 정보가 제공되어야 한다. 그러나 최고경영자의 평소 업무는 회사가 필요로 하는 일이 무엇이고, 그가 어떤 사람인가에 따라 달라질 문제다.

마지막으로 각 영역의 목적과 목표를 정해야 한다. 각 분야의 책임을 맡기로 한 사람은 그 분야가 제품개발이든 사람이든 또는 돈이든 다음과 같은 질문을 받아야 한다. "이 회사는 당신에게 무엇을 기대할 수 있는가? 우리가 당신에게 책임 있다고 생각하는 선은 어디인가? 당신은 무엇을 성취하려고 하며, 언제까지 이룰 것인가?"

초기에 경영팀을 반드시 공식적으로 만들 필요는 없다. 우선 비공식적으로 시작한 후 일년 정도 잘 돌아가나 확인한 후 공식화 하는 것도 좋을 것이다. 그 과정에서 경영팀의 구성원들은 자신의 직무, 함께 일하는 방법, CEO 또는 다른 동료들이 일을 잘 할 수 있게 하도록 자신이 해야 할 일 등 많은 학습이 일어날 것이다. 그렇게 이삼 년 지난 후 창업기업이 성장해서 최고경영자팀을 필요로 할 때 회사는 쉽게 하나의 최고경영자팀을 갖게 된다.

만약 최고경영자팀이 필요해질 때까지 팀을 구축할 준비가 안 되어 있다면 이는 경영의 위기를 자초하는 행위가 될 것이다. 창업자는 너무 많은 일을 걸머지는 바람에 중요한 과업이 방치된다. 이렇게 되면 창업기업이 취하는 방향은 둘 중의 하나인데, 하나는 창업자가 자신에 맞고 흥미 있는 한두 가지 분야, 예컨대 제품개발 분야에만 초점을 맞추는 것이다. 물론 그 영역이 핵심 영역이긴 하지만 모든 핵심 영역을 커버하는 것은 아닌 데 문제가 있다. 한 두 해 지나다 보면 중요한 분야가 등한시되어 창업기업은 엄청난 곤경에 처하기 시작한다. 그러나 이 경우에는 제품 분야라도 제대로 될 가능성이 있다.

또 한 가지 가능성은 창업자가 양심적 판단에 의해서, 예컨대 사람과 돈의 문제가 가장 핵심적인 영역이라고 보고 그 일을 맡는 것이다. 그의 능력이나 흥미는 창업의 수단이 되었던 신제품의 개발 분야다. 그러나 그는 양심의 판단에 따라 사람과 자금의 관리를 맡은 것이다. 그러나 그 분야에는 재능이 없기 때문에 성과는 보잘것없을 수 밖에 없다. 그러면서 한편으로는 시간의 부족으로 자신이 잘 할 수 있고 회사가 자신에게 진정으로 필요로 하는 제품개발은 방치될 수 밖에 없다. 이렇게 몇 년이 흐르면 그 회사는 신제품도 없고 인사관리, 자금관리도 없는 빈 껍데기가 될 것이다.

드러커는 창업기업이 경영팀의 균형 있는 경영이 필요한 훨씬 이전에 경영팀을 미리 준비해야 한다고 강조한다. 한 사람에 의해서 경영되는 것이 더 이상 작동되지 않게 되기 훨씬 전에 창업자는 팀이 함께 일하는 법, 사람을 신뢰하는 법, 그리고 그들에게 책임을 부과하는 법을 배워야 한다. 창업자는 자신을 돕는 사람들에 의해서 '스타'가 되는 것 보다는 팀의 리더가 되는 법을 배워야 한다.

함정 4 - 창업자 자신의 역할정립 실패

최고경영자 팀을 구성하는 일은 아마도 창업기업이 창업에서 경영으로 넘어 가는 데 있어서 가장 중요한 단계일 것이다. 그러나 창업자에 있어서 이것은 첫 걸음일 뿐이며, 그는 이후 자신의 장래가 무엇인지 결정해야 한다.

창업기업이 성장해 가면서 창업자들이 최초 가졌던 역할이나 관계는 가차 없이 변한다. 창업자가 이 사실을 부정한다면 그는 창업기업을 위태롭게 하고 종국에는 망하게 할 것이다.

창업 기업가는 이런 사실에 싫지만 수긍한다. 창업 기업가가 기업의 성장에 맞추어 자신을 변화시키기를 거부하다가 기업과 함께 자신도 좌절하는 실패담을 들을 수 있다. 그러나 그들은 창업자의 역할을 변화시켜야 한다는 사실을 수긍하면서도 어떻게 해야 하는지에 대해서는 아이디어가 없다. 그저 "내가 좋아하는 일은 무엇인가?" 또는 잘해야 "내가 적합한 분야는 어디인가?" 정도인데, 실제로 올바른 질문은 "객관적으로 볼 때, 창업기업이 현재와 장래에 걸쳐 경영 상 필요로 하는 것은 무엇인가?"라는 것이다. 창업기업이 성장하는 가운데 방향이나 특성, 즉 제품, 서비스, 시장, 구성원 등을 바꾸어야 할 필요가 있을 때마다 창업자는 이런 질문을 던져야 한다.

창업자가 그 다음으로 제기해야 할 질문은 "내가 잘 하는 일은 무엇인가? 회사가 요구하는 모든 필요 분야 중에서 내가 탁월하게 제공할 수 있는 일은 무엇인가? 내가 앞으로 수년간 꼭 해보고 싶은 일은 무엇인가? 이 일이 창업기업에 진정으로 필요한 일인가? 이 일은 중요하고 핵심적이며 필요불가결한 기여가 될 것인가?"와 같은 내용이다.

에드윈 랜드(Edwin Land)는 폴라로이드 유리와 폴라로이드 카메라를 발명한 사람인데 1950년대까지 약 12년 내지 15년 정도 자신이 회사를 운영했다. 그리고는 회사가 급히 성장하기 시작하자 랜드는 경영팀을 발족시키고, 자기 자신은 최고경영자의 역할에 알맞지 않다고 판단하여 자신이 적합한 분야인 기초 연구의 자문역으로 물러 앉았다. 회사의 일상 업무는 다른 사람에게 맡긴 것이다.

레이 크록(Ray Kroc)은 맥도널드를 창업한 사람인데 위의 예와 비슷한 결론에 도달했다. 그는 80을 훨씬 넘어 세상을 떠날 때까지 사장으로 재임했다. 그러나 그는 회사를 경영하는 최고경영팀을 두었으며, 그 자신을 '마케팅 양심(marketing conscience)'이라는 부문에 임명하였다. 그는 죽기 직전까지 매주 두세 군데의 맥도널드 레스토랑을 들러서 품질을 세심하게 검사하고, 청결도와 친절도를 검사하고, 그리고 무엇보다도 고객을 만나서 이야기하고 그들의 말을 들었다. 이것이 회사로 하여금 패스트 푸드 업에서 리더십을 유지하게 하는 데 필요한 변혁을 일으키게 했던 것이다.

헨리 포드(Henry Ford)의 이야기는 또 다른 교훈을 준다. 그가 1903년에 사업을 시작하려고 마음먹었을 때 창업에 앞서 먼저 관리, 재무, 유통, 마케팅, 판매, 인사 등을 포함한 경영팀을 구성했다. 포드 자신은 자신이 잘 아는 분야인 설계와 생산에 한정하여 맡으려 했다. 그가 발견한 사람 중에 제임스 쿠젠스(James Couzens)라는 사람이 있었는데, 이 사람은 포드사의 성공에 있어서 포드만큼이나 공로가 있는 사람이다. 포드사의 정책과 실무 중 가장 잘 알려진 유명한 1913년도의 '일일 5달러 급여' 정책은 포드에게 명성이 주어졌지만 실은 쿠센스의 아이디어로서 포드가 처음에는 반대했던 정책이었다. 쿠센스가 너무나 효과적으로 일하면서 포드는 점차 그에게 질투심을 느꼈고 1917년 그를 해고시키게 된다. 쿠센스가 '모델 T' 정책이 진부화 되었다고 주장하면서 회사에 축적된 막대한 이익잉여금을 써서 차기 모델을 개발해야 한다고 제안했던 것이다.

포드 모터 회사는 쿠센스가 사임하면서 성장과 번영을 멈추게 된다. 그 뒤 포드가 최고경영자 역할을 모두 혼자 거머쥐고 자신이 속했던 분야의 일을 잊어버리게 되자 몇 달 지나지 않아 회사는 하강의 길로 들어 섰다. 포드는 '모델 T'를 사실 상 아무도 사지 않게 될 때까지 무려 10년간이나 여기에 매달려 있었던 것이다. 그리고 회사의 쇠퇴는 쿠센스가 사임하고 삼십 년이 흐를 동안 계속되었고, 헨리 포드가 죽고 난 후 그 손자인 젊은 헨리 포드 2세가 거의 거덜 난 회사를 승계한 후에 비로소 회복되기 시작했다.

외부 자문의 필요성

성장 중인 신생 기업에 공식적인 이사회가 꼭 필요한 것은 아니다. 또한 공식적인 이사회가 창업자가 필요로 하는 자문의 역할을 제공하지 못하는 수가 많다. 그러나 창업자는 자신의 의사결정에 대해서 이야기를 나누고 자문을 구할 사람이 필요하다. 이런 사람을 사내에서 찾기는 어렵다. 누군가 창업기업의 필요에 대한 창업자의 평가에 대해서라든가 창업자의 강점에 대해서 이의를 달 수 있어야 한다. 그 문제의 일부분이 아닌 누군가에 의해서 시장초점, 재무예측, 경영팀의 구성 등 창업기업의 장기적 생존에 필요한 사항에 대해서 질문이 제기되어야 한다.

이렇게 창업기업이 경영을 회사 정책과 실무에 갖추게 되면 큰 기업으로 성장할 것이다. 많은 창업기업, 특히 하이테크 벤처에 있어서 이상 논의한 경영원칙들을 무시하고, 심지어 경멸하기까지 한다. 그들의 주장은 이런 것이다 - 지금까지 논의한 원칙들은 '경영'에 관한 것이지만 우리는 경영하는 사람이 아니라 '기업가'이다. 그러나 이런 생각이 비공식적이라는 데 문제가 있는 것이 아니라 무책임하다는 데에 문제가 있다. "법 없는 자유는 없다"라는 것은 오래 된 지혜이다. 법 없는 자유는 특권이며 곧 독재로, 폭정으로 이어진다. 그렇기 때문에 신생 창업기업은 기업가정신을 유지하고 강화해야 하는 것이다. 창업기업이 성공하기 위해서는 요구에 필요한 준비를 해야 한다. 이것은 무엇보다도 창업 경영의 핵심인 책임이다.

경영의 실천적 원리

신생기업이 창업초기에 빠질 수 있는 함정을 극복하고 이제 사업은 본 궤도에 올라섰다면 이제부터 창업자에 부과되는 역할은 달라진다. 창업자는 이제 기업가이기보다는 경영자가 되어야 하는 것이다. 창업자는 처음 아이디어를 가지고 이것을 부화시켜 새로운 사업으로 만들어 놓았다. 이제 이 사업은 존속되어야 하고 성장해야 한다. 성장하고 존속하는 일은 만들고 기르는 일과 성격이 다르다.

기업을 성장시켜야 할 경영자로서 창업자는 다음 질문들을 늘 염두에 두어야 한다.

- 사업을 한다는 것은 본질적으로 어떤 것인가? (사업의 목적, 고객, 이익에 대한 관점)
- 현재의 사업을 혁신하고 성장시키려면 어떻게 해야 하는가?
- 사람들을 자율적이고 생산적이게 동기부여 하려면 어떤 관점을 가져야 하는가?

사업에 대한 관점

사업의 목적

사업은 그 기본을 사람들 간의 관계에 두고 있다. 상호간에 혜택을 주고 받는 호혜의 관계를 말한다. 사업이란 구체적인 생활 상의 관계에서 경제적 제약을 극복하면서 서로가 혜택을 주고 받을 수 있도록 조직화 하는 일이다[97].

고객과의 관계에서 고객은 자신의 필요를 만족시켜 생활 상의 도움을 받아야만 다시 찾게 된다. 따라서 사업은 나 자신의 문제나 필요를 생각하기 이전에 타인인 고객의 일을 해결하기 위해서 하는 것임을 분명히 인식해야 한다. 그래서 사업 성공을 가름하는 중요한 척도는 반복적인 거래자의 비율이다. 관계의 반복적 순환이 바로 사업의 본질이기 때문이

---

97 조병주, Karl H. Vesper, *op. cit.*, p549

다. 재방문 고객을 어떻게 하면 많이 만들 것인가를 궁리해 보면 그것은 고객에 대한 꾸준한 관심과 보살핌 외에 다른 방법이 없을 것이다. 어떤 새로운 필요를 느끼고 있는지, 또 지금 어떤 문제에 봉착해 있는지 미리 가늠해 보고 이것에 맞추어 내 사업 내용을 규정하고 준비하는 것이다. 이렇게 하여 계속 찾아 오도록 하는 조건을 만들어 놓는 것이다.

이런 맥락에서 볼 때, 사업이란 거래 상대자(고객)가 경제적 이익을 얻도록 해 주는 데 진력하는 행위라고 정의할 수 있다. 창업자가 늘 달고 다녀야 할 질문은 "나는 지금 어떤 문제를 해결해 주려고 하고 있는가?"이다. 그리고 이 질문을 실행하는 수단은 정성을 다한 베풂에 있다.

이런 원리를 설명하기 위해서 드러커는 사업의 목적은 유일하게 "고객을 창조하는 일"로 보아야 한다고 말한다[98]. 이렇게 볼 때 경영자에게 가장 중요한 질문은 "무엇이 고객에게 가치가 되는가"이다. 다시 말해 사업의 목적을 '돈을 번다'는 장사행위로 간단히 보아서는 첫 단추가 잘 못 꿰어진 것과 같다.

이익에 대한 이해

드러커는 사업의 목적을 이익을 내는 일로 보는 것은 또는 이익의 극대화로 보는 것은 부적절할 뿐 아니라 해롭기까지 하다고 경고한다[99]. 드러커는 이윤동기가 사업의 목적을 정의한다는 증거가 없다고 말한다. 심장병 전문의사의 일을 이해

---

[98] Drucker, P. F., *Management - Tasks, Responsibilities, Practices*, Harper & Row pub.,1973, p.61.
[99] Drucker, *op. cit.*, p.60.

하는 데 그가 이익을 내서 생계를 꾸려 간다는 사실과 무슨 관계가 있는가?

그런데 기업의 목적을 이익으로 보아서는 안 된다는 점이, 기업에 있어서 이익창출이 중요하지 않다는 것을 말하는 것은 아니다. 이익이 없는 기업이 사회에 얼마나 큰 짐이 되는가는 부실기업의 처리에 들어가는 공적 자금의 막대한 규모에서 우리 모두 실감하고 있으며, 드러커 자신도 금융비용만큼조차 이익을 내지 못하는 기업은 사회로부터 박탈하는 것이나 다름 없다고 강하게 경고한다. 사회적으로 생산적인 데 써야 할 생산자원이 헛되이 낭비될 뿐 아니라 그 사업체에 고용되어 있는 사람들과 거래관계에 있는 모든 사람들이 얼마나 큰 고통을 받는가? 따라서 이익을 내지 못하는 사업체는 사회에 범죄를 저지르는 것과 같다. 드러커에 의하면 이익은 사업경영의 목적이 아니라 바로 제약요인이며, 사업을 제대로 하고 있음을 보이는 피드백 신호라는 것이다.

그러면 얼만큼의 이익을 내야 하는가? 충분하고 많은 이익을 내야 한다. 왜냐 하면 이익은 미래의 불확실성으로부터 오는 위험을 보전하기 위한 프리미엄이기 때문이다[100]. 사업으로부터 최소한 반드시 얻어야 할 이익은 미래의 위험을 보전하는 데 필요한 만큼의 이익, 즉 사업체가 부를 창출하는 능력을 유지하여 존속될 수 있을 만큼은 벌어야 한다. 이렇게 이익의 기능을 인식한다면, 단지 회계 상의 이익이 조금 난다고 즉시 이를 나누어 가질 성격의 것이 아님을 짐작할 수 있다. 이익은 미래의 위험을 보전하고 새로운 투자를 위

---

[100] Drucker, P. F.(1973), *op. cit.*, pp.71-73.

한 재원으로 축적해야 하는 것이다.

성장으로 가는 조건

사업가설에 대한 세 가지 질문

경영자로서의 창업자는 사업이 성장하는 과정에서 끊임 없이 스스로 제기해야 하는 질문으로 다음 세 가지를 들고 있다[101]. 이 세가지 질문은 자신이 영위하고 있는 사업에 대한 기본적인 가설을 반영하고 있다.

- 우리의 사업은 무엇인가?
- 우리의 고객은 누구인가?
- 우리가 고객에 주는 가치는 무엇인가?

개인사업과는 달리 사업체는 이제 창업자의 생애와 관련 없이 존속되어야 한다. 그러려면 자원, 조직, 정책, 의사결정, 투자, 시설, 생산, 제품, 시장, 사람에 관한 수 많은 경영활동 속에서 몰입이 일어나야 한다. 오늘날과 같이 변화의 속도가 빠른 가운데 사업의 성격을 명확하게 알지 못하면 사업은 표류하게 된다. 인구구성이 변하고, 사람의 인식과 생활 양식이 변하며, 또 고객의 가치개념이 달라진다. 그렇기 때문에 사업에 대한 성격 규정은 일회적인 일이 아니라 계속 반복되어야 한다.

잘 나가던 기업이 갑자기 문제에 빠진 경우, 사람들은 대

---

101 Drucker, P. F.(1973), *op. cit.*, pp.74-94.

개 나태, 자만심, 관료제를 비난한다. 그러나 드러커는 보다 정확한 설명은 사업가설에 대한 혼란으로부터 찾아야 한다고 한다[102]. 사업가설은 환경, 사명, 핵심역량의 세 부분에 대해서 기업이 어떤 가정을 가지고 있는지에 관한 것으로 기본적으로 위의 질문과 같은 것이다. 환경에 관한 가정은 그 기업이 무엇을 위하여 존재하는가에 관한 것이다. 여기에는 사회, 자체의 구조, 시장, 고객, 기술 등이 포함된다. 사명은 그 기업조직이 무엇을 의미 있는 결과로 생각하는가에 관한 것으로 사업의 영역과 고객을 정의해야 한다. 마지막으로 핵심역량은 기업이 리더십을 유지하기 위해서 어디서 탁월해야 하는가를 정의한다. 이것들이 타당하게 유지되기 위한 조건으로는 변화하는 실상에 부합해야 하고, 위 세 요소간에 서로 적합성을 유지해야 하며, 조직 구성원에게 알리고 이해 시켜야 한다. 그리고 무엇보다도 이들 정의에 대해서 끊임없이 재 질문을 하고 시험을 거치게 하지 않으면 사업가설은 진부화 하게 된다.

드러커는 사업가설이 진부화 하는 것을 막기 위해서 경영자가 해야 할 일을 제시하고 있다. 이런 변화에는 경고적인 신호가 대개 있는데, 경영자는 이런 변화의 신호에 지체 없이 일찍 진단을 내려야 한다. 그 결과, 가설이 변하고 있다고 판단되면 즉시 혁신을 해야 하며, 이는 기존의 제품, 서비스, 정책, 공급채널을 폐기하는 것을 포함한다. 다시 말해 혁신은 고객을 창조한다는 사업목적과 함께 경영활동에 통합

---

102 Drucker, P. F.," The Theory of the Business" , Harvard Business Review, September-October 1994.(comp) 20 March 1996

되어야 할 본원적 속성이다.

사람관리에 대한 관점

창업 경영자는 기업이 성장 단계로 이행하면서 다양한 관리자와 직원에게 점차 업무를 이양하는 가운데, 자신은 보다 전략적인 분야에 집중하는 방식으로 사람관리의 틀을 잡아나간다. 특히 현재와 같은 지식경제의 시대에 있어서 기업 내에 종사하는 각자의 구성원은 각기 창의적이고 전문가로서 동기부여 되어야 하며, 창업기업과 같이 한정된 인적, 물적 자원으로 경영되어야 하는 형편에서는 더욱 그렇다.

흔히 자율적인 인간을 가정할 때 이를 Y이론적 관점이라 하며, 창업기업에서 장려되어야 할 관점으로 여겨진다. 그러나 창업기업의 경영자는 사람관리에 관한 관점에 있어서 X와 Y이론 중 어느 쪽이 중요하냐의 문제보다는 경영관리 자체의 틀을 잡는 것에 중점을 두어야 한다[103].

X이론과 Y이론

맥그리거(McGregor, D)는 "기업의 인적 측면"이라는 책에서 X이론과 Y이론의 가설을 제시했다. 이는 사람을 관리하는 데 기본적으로 두 가지 선택안이 있다는 것이다. X이론은 사람이란 게으르고 일하기를 싫어하며, 책임질 능력이 없다는 가정이다. 따라서 X이론에 의하면 사람을 관리하려면 '당근과 채찍'으로 몰아가야 한다. Y이론은 사람은 일하려는 심

---

103 Drucker, P. F., *Management - Tasks, Responsibilities, Practices*, Harper & Row pub.,1973, pp231-245.

리적 필요를 가지고 있으며, 성취와 책임을 원한다고 가정한다. X이론은 미성숙한 인간을 가정하며, Y이론은 성숙한 인간을 가정한다.

그러나 결론적으로 말하면, 사람의 속성을 X이론과 Y이론으로 묘사한다는 것은 논의를 위한 편의주의일 뿐이며 하나의 가설일 뿐이다. 세상에는 당연히 게으른 사람도 있고 성취동기가 강한 사람도 있다. 그리고 한 개인만을 생각해 보아도 어떤 때는 성취를 잘하다가도 어떤 때는 생산성이 형편없이 떨어지는 때도 있음을 알 수 있다. X이론과 Y이론은 사람의 속성이라기 보다 어쩌면 사람이 외부 환경에 의해 어떻게 동기부여 되느냐의 문제다. 즉, 경영자가 질문해야 하는 것은 인간의 속성은 X이론, Y이론 중 어떤 이론에 맞는가의 문제가 아니라, 자신의 현실은 무엇이며 오늘의 상황에서 사람들이 성취할 수 있게 하려면 사람과 일을 어떻게 구조화할 것인가의 문제이다.

흔히 X이론보다는 Y이론에 따라 관리해야 한다는 인간관계론 학자들의 주장에 대해서 생각해 보자. 사람들이 Y이론에 따라 자신의 일과 성취를 추구한다는 데에는 많은 증거가 있다. 허츠버그(Herzberg, F.)가 발견한 것도 특히 지식노동자들은 자신의 일에 성취가 내재되어 있을 때에만 진정으로 일한다는 것이었다. 그렇다면, 경영관리자들은 당연히 Y이론에 따라야 한다고 결론지을 수 있는가? 하지만 이런 생각은 사태를 너무나 단순화한 것이다. 예컨대 아직 성취할만한 능력이 없는 약한 구성원에 대해서 Y이론을 적용하는 것은 어쩌면 가혹한 것일 수 있다. 이런 사람은 아직 책임을 지기에는 너무 약하기 때문에 명령과 지시가 필요하다. 즉, Y이론을 적용하려면 X이론을 걷어치우기만 하면 되는 것이 아니라, X이론이 부여하는 안심과 확실성을 보장하는 그 무엇이 있어야 한다. 이것이 없다면 결과는 그럴 듯한 이상주의 끝에 결과는 실패로 끝날 것이다. 따라서 Y이론은 언뜻 생각하는 것처럼 관대한 것이 아니다. 이것은 미숙한 업무의 질을 받아 주는 것도 아니며, 제약을 없애 주는 것도 아니다. 이것은 X이론보다 더 엄격한 무엇인가를 요구하는 것이다.

그러면 X이론을 따라야 하는가? 한 가지 확실한 것은 X이론이 추구하는 '당근과 채찍'이 점차 작동되지 않는다는 점이다. 특히 창업기업의 경우는 더욱 그렇다고 볼 수 있다. 전통적으로 채찍으로 쓰였던 통제의 수단들은 쉽게 말하자면 직업 안정에 대한 공포를 이용하는 것인데, 이는 역시 분노와 저항을 일으키게 되고 동기부여를 하지 못한다. 단기적으로 굴복할지 모르지만 분노한 개인은 진정한 성취 보다는 하는 척만 하는 방법을 배운다. 당근도 마찬가지다. 급여나 스톡 옵션 등 물질적인 보상은 그 요구가 끝이 없기 때문에 동기부여 효과가 점차 체감할 뿐 아니라 자칫 다른 사람들로 하여금 공평성이 깨졌다는 불만을 사게 한다.

Y이론을 주장하는 사람들은 인간의 자아실현, 창의성, 전인성을 이야기한다. 그러나 사람들에게 이런 것을 인정한다고 하면서 부추기는 것은 심리적인 조작으로 빠질 수 있다. 자, 나는 당신을 인정했다. 그러니 성취해라. 만약 성취하지 못한다면 당신은 X이론으로 취급 당할 것이다라는 식이 되는 것이다. 다시 말해서 매니지먼트라는 구조가 없는 단순한 Y이론이란 것은 심리적인 조작을 채찍으로 쓰는 또 다른 X이론일 수 있다.

결론적으로 창업 기업의 경영자로서 중요한 일은 X이론, Y이론 중의 택일이 아니라 매니지먼트의 구조를 확실히 세워야 한다는 것이다. 매니지먼트의 구조를 확실히 한다는 것은 다양하면서도 창의력 있는 개인이 되도록 장려하면서도 기본적인 통제 체제가 명확하게 작동하는 상태, 즉 경영이 있는 상태를 말한다.

참고문헌

1. 국내문헌

국승규, 벤처기업의 선구자 정문술의 생애와 경영이념에 관한 연구, 전문경영인연구, 2001

김철교, 벤처기업창업과 경영, 삼영사, 2001

김형철, 창업과 벤처경영, 신론사, 2001

매일경제, 중기청 - 엔젤 투자자 성향분석, 2001. 3. 28

박정식, 신동령, 경영분석, 다산출판사, 1991

방용태, 벤처기업 창업전략과 경영환경, 두남, 2001

배종태, "우리나라 창업보육센터의 활성화 방안",21세기를 향한 과학산업단지와 벤처기업의 성공전략 한국과학기술원 신기술창업지원단, 국제 워크샵 자료, 1998. 8. 10

배종태, 차민석, 기업가정신의 확장과 활성화, 중소기업연구, 2009

서효원 외 역, Ulrich, K. T. and Eppinger, S. D. 저, 제품 설계 및 개발, 시그마프레스, 1999

설현도, 반도체 장치 제조 중소기업의 신속한 기술능력 축적과정에 대한 사례 연구, 명지대학교 금융지식연구소, 지식연구, 2007

이윤원, 특허경영전략, 기계산업, 2008

이장우, 벤처창업, 법문사, 2000

정대용, 창업경영, 21세기북스, 1998

정대용, 창업스쿨, 21세기북스, 1998

정승화, *벤처 창업론* : 박영사, 1999

정승화, 최영근, 한국 벤처 산업의 발전 과정, 벤처경영연구, 2008

조병주, 창업 기회원천 분석과 기회탐색의 전략적 의미, 중소기업연구, 1998

조병주, Vesper, K. H., 기회발견과 창업 메카닉스, 청아출판사, 1999

조프리 A. 무어(유승삼 역), 벤처마케팅, 세종서적, 1997

2. 외국문헌

Bhide, A. *et. al.*, *HBR on Entrepreneurship*, Harvard Business Press, Feb. 1999.

Cunningham, J. Barton, Lischeron, Joe, "Defining entrepreneurship", Journal of Small Business Management, Jan. 1991, Vol. 29 Issue 1

Deliotte and Touche, Writing and Effective Business Plan, 1993.

Dollinger, Marc J., Entrepreneurship : Strategies and Resources, Burr Ridge, IL : Irwin, 1995

Drucker, P. F. The essential Drucker on Management, Harper Collins, 2001

Drucker, P. F., *Innovation and Entrepreneurship*, New York: Harper & Row, 1985

Drucker, P. F., *Management - Tasks, Responsibilities, Practices*, Harper & Row pub., 1973.

Drucker, P. F., “The Theory of the Business”, Harvard Business Review, September-October 1994.

Fry, F. L., Entrepreneurship: A Planning Approach, West Publishing Company, Minneapolis:St. Paul, Mn., 1993, p. 429.

Gutner, Toddi, “A Springboard for Entrepreneurs”, Business Week, August 7, 2000.

Harper, David A., Towards a theory of entrepreneurial teams, Journal of Business Venturing, Volume 23, Issue 6, November 2008

Kuratko, Donald F. and Richard M. Hodgetts, Entrepreneurship: A Contemporary Approach, Third Ed. (Fort Worth, TX: Dryden, 1995)

Levinson, Jay Conrad, “Plan of Attack”, Inc., Jan97, Vol. 19 Issue 1

Merrifield, D. Bruce, “New Business Incubators,” Journal of Business Venturing, 2, 1987.

Roberts, Michael J. and Howard H. Stevenson, “The Start-up Process,” Harvard Business School Note 9-384-179, 1984.

Rock, A., “Strategy vs. Tactics from a Venture Capitalist,” Harvard Business Review,

September-October 1985.

Ronstadt, R., "The Corridor Principle", Journal of Business Venturing, 3, 1988.

Schumpeter, J. A., The Theory of Economic Development. Cambridge, Mass.: Harvard University Press.

Success, "8 Demons of Entrepreneurship", March, 1986.

Timmons J. A., Smollen I. E. and A. L. Dingee, New Venture Creation, 3rd ed., Irwin, 1990, p.42.

Timmons, J. A., New Venture Creation: Entrepreneurship for 21st Century, Forth Ed. (Burr Ridge: Irwin, 1994): 15-22

Timmons, J. A., *New Venture Creation: Entrepreneurship for the 21st Century*, Forth Edition, Burr Ridge: Irwin, 1994

Van Slyke, John R. and Howard H. Stevenson, "Pre-Start Analysis: A Framework for Thinking about Business Ventures," Harvard Business School Note 9-386-075, 1985.

Vesper, Karl H., New Venture Mechanics, Prentice Hall, Englewood Cliffs, N. J., 1993

Vesper, Karl H., New Venture Strategies, Prentice Hall, Englewood Cliffs, N.J. , 1990.

색인

저자약력

서울대학교 (이학사), 경북대학교(경영학석사),
아주대학교(경영학 박사),
LG그룹(LG전자, LG-EDS, LG인화원)

현, 한국사이버대학교 경영학부 교수
이메일 : kcmoon@mail.kcu.ac

저서 : 리더십산책(2003), CPIM 연구(2004),
경영학원론(2006), 혁신과 변화관리(2006),
피터드러커 경영박물관(2007),
현대 생산관리(2008)

창업론

2009년 8월 15일 초판 1쇄 발행

저 자 문 근 찬
발행인 김 준 호
발행처 한티미디어
주소: 121-869 서울시 마포구 언남동 570-20
전화: (02)332-7993~4 팩스: (02)332-7995

정가 15,000원 ISBN 978-89-91182-92-9 93320